中国加油（能）站发展蓝皮书

（2023—2024）

本书编委会　编

中国石化出版社
·北京·

图书在版编目（CIP）数据

中国加油（能）站发展蓝皮书．2023—2024 / 本书编委会编．— 北京：中国石化出版社，2024.5

ISBN 978-7-5114-7509-1

Ⅰ．①中…　Ⅱ．①本…　Ⅲ．①加油站－运营管理－研究报告－中国－2023-2024　Ⅳ．①F426.22

中国国家版本馆 CIP 数据核字（2024）第 086673 号

中国石化出版社出版发行

地址：北京市东城区安定门外大街 58 号

邮编：100011　电话：（010）57512500

发行部电话：（010）57512575

http：//www.sinopec-press.com

E-mail：press@sinopec.com

北京艾普海德印刷有限公司印刷

全国各地新华书店经销

*

710×1000 毫米 16 开本 17.75 印张 289 千字

2024 年 5 月第 1 版　2024 年 5 月第 1 次印刷

定价：198.00 元

编 委 会

序言

助力建设世界一流现代化综合能源服务商

近年来，“双碳”目标背景下，我国能源结构加速转型。在交通领域，汽车加快电动化转型。加油站作为油气能源销售、交通补能和非油品销售中心，必须随之转型，并朝综合能源服务的方向发展。

综合这几年我国汽车动力结构发展趋势以及企业转型实践看，我国加油站向加能站转型的大方向和总体思路是非常明确的，那就是以市场为导向，以经济性为驱动，以效益为标准，以资源条件为基础（站点条件、资金来源），以油—气—电—氢为总体顺序，宜电则电、宜氢则氢，近期先电后氢，中远期电氢等多元融合，并不断丰富站点服务内涵。

虽然发展方向明确了，但在实践过程中转型面临巨大困难。

从外部环境来看，传统能源过剩加剧，新能源革命加速推进，攻守均面临巨大压力。主要表现在：

一是成品油市场竞争态势依然严峻。供应侧，国内炼油产能仍处于新一轮增长周期，2024 年炼油企业检修明显减少，成品油资源整体供过于求。需求侧，国内成品油需求将直接跳过平台期进入下降通道，柴油消费 2019 年已经达峰，目前维持年均 2%~5% 的降幅；汽油消费预计 2024 年达峰、2025 年开始加速下滑。竞争侧，汽油峰谷差价拉大、柴油与 GDP 关联减弱，去年的市场整治有力推动客户回归主营渠道，经营规模恢复至 2019 年水平，但 2024 年的市场整治转为常态化监管，各级政府监管强度或难以维持，不公平竞争可能局部复燃。

二是新能源加速替代已是大势所趋。全国电动汽车已超 2000 万辆，保有量占比达 6%，渗透率达 31.6%，全年替代成品油 2128 万吨，其中绝大部分是汽油。从区域分布看，电动汽车替代“南强北弱、东快西慢”特点突出。据有关机构预测，2025 年国内电动汽车的渗透率将超过 50%，比预计规划目标提前 10 年。电动汽车快速发展的底层逻辑是“双碳”战略和国家能源安全，是电气化二次革命。国内可再生能源电力装机容量超 50%，发展趋势不可逆转，替代效应已突破“量变到质变”临界点。

三是客户消费需求发生根本性变化。随着后疫情时代客户消费习惯养成，数智技术与实体经济深度融合，居民消费更加注重产品品质和服务质量，出行能源需求更加多元，智能服务需求更加强烈。

从石油企业内部来看，有的企业把握新能源浪潮实现了弯道超车，有的企业仍然在缓步前行，转型发展“包袱恐惧”过大，对量效平衡的把握也不够精准恰当，突出表现在：

一是对新能源战略定位认识不到位。新能源是国家战略，是广泛、长期而深刻的经济和社会变革，交通领域电动化是其中的重要组成部分。这种趋势不可逆转，不以我们的意志为转移。部分企业对此抱有犹疑、观望的态度，想着坐收油品业务的传统红利，固执地认为充换电业务无利可图、不必发展，最终等来的只能是对手的超越和时代的抛弃。

二是对转型发展紧迫性认识不到位。在天然气资源接续能力不足、充换电业务刚起步、加氢应用处于培育期、非油服务盈利规模不大的情况下，成品油业务仍是当前和未来一段时期内的优势主业和创效根基。但受需求达峰、替代加快等因素的影响，综合考虑资源两端供需形势，销售企业优先消化自产资源，外采规模受限，价差空间收窄，经营创效能力将受到严峻考验，支撑其他业务培育成长的窗口期正在逐步收紧。

三是对组织变革必要性认识不到位。面对新经济新能源新业态蓬勃发展，现代商业组织变革越来越突出客户体验、价值创造，突出打造平台、建立生态，突出赋能一线、智能支撑，突出融合发展、效率提升，突出横向协作、资源共享，但销售企业普遍存在省地县片区管理层级多、链条长的问题，已经无法做到端对端快速响应市场和服务客户，无法适应现代化经营需求，亟须进一步深化体制机制改革。

四是对降本压费重要性认识不到位。未来日益同质化的竞争，首先是低成本运营的竞争。对销售企业来说，利润和费用形成的“剪刀差”将成为不得不面对的一大挑战。一方面，新能源快速替代逐步蚕食传统油气业务的利润创造；另一方面，企业的用工总量、投资规模、资产总量费用压力有增无减。

五是对营销网络价值再评估认识不到位。打造世界一流现代化综合能源服务商，营销网络是根基所在。但随着成品油消费达峰、新能源加速替代，零售增量严重受限，加之土地项目储备乏力，受城市发展规划影响，每年大量加油站被拆迁，特别是高速公路加油站续租难度大，有的被收回、被退租，导致机出零售规模不断下降，终端网络维稳面临严峻挑战，传统网络价值面临下降风险。如果不加快布局新业态、锁定客户群体、打造新的增长极，网络资产价值将进一步缩水，可能会出现更多低无负效加油站。

面对转型中的种种问题，如何通过加强顶层设计，推动加油站分步、分类、分层、有序、差异化加快转型？如何逐步提升客户补能的体验感？如何提高充电、加氢等多种补能方式的经济性从而实现顺利转型、良性发展？

《中国石油石化》杂志作为第一本站在国家和行业高度上全面报道石油石化行业的杂志，深耕石油行业 25 年，在加油站向加能站转型的关键时期，我们有责任也有能力及时、准确地监控加油站行业运行状态，洞察行业走势，为销售企业确定自己的发展战略与营销策略提出有价值的参考和指导意见。2023 年《中国石油石化》杂志社集合行业内众多专家与从业者的智慧撰写的《中国加油（能）站发展蓝皮书（2022—2023）》，为国家、行业、企业以及研究机构等了解行业现状、把握发展趋势提供了参考。

桃李春风又一年。《中国加油（能）站发展蓝皮书（2023—2024）》付梓在即。本书继续跟踪分析国内外加能站行业发展，剖析重大事件和热点问题，形成对加油（能）站行业发展态势的认识和判断，希望为行业发展提供有益的参考！

这，是我们的初心，也是我们的使命！

初福君

2024 年 3 月

目录

Ⅰ 综述篇

2023年，是百年未有之大变局全方位、深层次加速演进的一年，是世界经济增长动能不足的一年。面对复杂严峻的国际环境和艰巨繁重的国内改革发展稳定任务，在以习近平同志为核心的党中央坚强领导下，我国国民经济回升向好，高质量发展扎实推进。

对加油（能）站行业来说，2023年面对的是全球能源发展处在国际格局动荡变革期、极端气候灾害频发期、能源行业低碳转型期和新一轮技术革命爆发期“四期叠加”的复杂环境中；面对的是重心下移、跌宕起伏的国际油价走势；面对的是新能源替代加速，传统能源增长乏力的转型大势；面对的是市场预期不足，汽强柴弱、变化多端，竞争加剧的市场趋势；面对的是新经济新零售蓬勃发展，但数字化能力不匹配的技术劣势；面对的是综合能源服务网络点多面广，风险管控难度加大的管理态势。

挑战极为严峻，但加油（能）站行业秉持效益优先、坚持质量发展，迎难而上、攻坚克难，积极探索、勇于突破，在2023年开拓了转型发展的新局面。

一、2023 年我国加油（能）站发展环境

（一）经济环境

2023 年，是全面贯彻党的二十大精神的开局之年，是三年新冠疫情防控转段后经济恢复发展的一年。我国经济顶住多重压力实现了量的合理增长和质的有效提升。全年国内生产总值（GDP）超过 126 万亿元，比上年增长 5.2%，实现了增长 5% 的预期目标。

其中，第一产业增加值 89755 亿元，比上年增长 4.1%；第二产业增加值 482589 亿元，比上年增长 4.7%；第三产业增加值 688238 亿元，比上年增长 5.8%。消费成为拉动经济的主动力，最终消费支出拉动国内生产总值增长 4.3 个百分点。资本形成总额拉动国内生产总值增长 1.5 个百分点，货物和服务净出口向下拉动国内生产总值 0.6 个百分点。

2023 年，全国居民人均可支配收入 39218 元，比上年增长 6.3%。居民收入增速快于经济增速，说明居民收入增长的状况良好。我国旅游市场的数据十分亮眼，全年国内出游 48.91 亿人次，比上年增长 93.3%。

2023 年，我国贡献了全球 1/3 的经济增长，依然是世界经济增长的最大引擎。我国经济总量稳步攀升，为补能需求的释放带来了积极的影响。例如，居民消费水平提升，出行限制的解除，带动汽油消费的增长；农业用油，政府在交通、水利和新型基础设施方面的投资，促进了柴油消费的增长等。

（二）政策环境

加油（能）站作为车辆油、气、电、氢等能源的补充站，其发展与成品油市场、天然气市场、新能源市场、汽车市场等息息相关。2023 年，国家与地方政府出台了一系列相关政策，通过引导、规范、激励等，为加油（能）站发展营造了良好的政策环境。

1. 成品油政策

以《关于提高成品油消费税税率的通知》为代表的政策，体现出国家和地方政府不断加强成品油市场的监管和调控。例如，严格审核参与成品油行业运输、仓储、零售企业的资质；不断加大成品油市场整顿力度，坚

决打击非标油品作为发动机燃料销售、偷税漏税、偷运走私成品油等违法行为；完善进出口管理体制，统一进出口环节消费税征收标准；加强研究成品油行业的绿色低碳发展路径。相关政策规范了市场秩序，激发了市场活力，进一步促进了成品油行业的健康发展。

2. 天然气政策

以《关于核定跨省天然气管道运输价格的通知》为代表，国家和地方政府陆续出台了燃气安全、生物天然气产业示范、天然气储运、健全天然气上下游价格、数字化智能化开采等一系列政策支持天然气行业的发展，为天然气的广泛应用和天然气产储运销一体化建设与完善提供了坚实的政策保障。同时，加快建设陕北、川南、博孜—大北等重要天然气产能项目，加快建设中俄东线南段、西气东输三线中段等重大天然气管道工程以及天然气管输体系，显著提高了我国天然气生产、输送及稳定保供能力。

3. 新能源政策

以《氢能产业标准体系建设指南（2023 版）》为代表，国家和地方政府出台的相关政策更加具体化，制定并实施了具体行动方案，明确新能源发展重点领域的操作指南，包括充换电、氢能及光伏行业发展的具体指导政策。在政策加持下，我国充换电基础设施体系和氢能产业链更加完善，光伏产业持续赋能，各类新能源产业协调发展，推动油氢合建站、气氢合建站的建设数量持续增加，“光储充一体化”充电站、“制氢加氢一体化”加氢站等新型能源站更多地走进了大众视野。

4. 汽车政策

以《关于组织开展公共领域车辆全面电动化先行区试点工作的通知》为代表，国家和地方政府出台了一系列与汽车相关的政策，鼓励扩大新能源汽车消费，推动公共领域车辆的全面电动化，建设相关行业标准体系，驱动新能源汽车技术创新，规范新能源汽车市场秩序，培育新能源汽车产业生态圈，进一步推动新能源汽车的普及和发展。新能源汽车正加速占据市场，替代传统燃油汽车。这给加油（能）站传统加油业务带来了极大挑战，但为充换电、加氢、加气等新业务创造了更大的发展空间。

（三）资源环境

1. 原油市场

2023 年，全球油气市场和油气行业在调整重塑中渐进复苏。俄乌冲突带来的地缘溢价逐步消退，国际油价中枢整体下移，布伦特原油期货全年均价为 82.17 美元 / 桶，较上年下跌 17%，但仍处于近 10 年油价运行上沿。全球原油需求格局从 2022 年的“东升西降”转为“东升西稳”。全球原油供应“东减西增”，OPEC+ 减产保价稳定了全年供需平衡。

我国石油生产企业积极响应国家政策号召，大力推进增储上产。2023 年，国内原油产量 2.08 亿吨，同比增产 300 万吨以上。国内原油 2 亿吨长期稳产的基本盘得以进一步夯实，为我国能源结构调整和能源安全保障奠定了坚实基础。

2023 年，我国经济持续回升向好，社会生产、居民生活的燃料和原料需求均迅速回升，拉动石油消费量重回增长通道。全年石油消费量约 7.56 亿吨，同比增长 5.1%，扭转了 2021 年以来连续 2 年下滑的态势。

2. 成品油市场

（1）需求持续复苏

2023 年，我国成品油需求持续复苏，全年成品油消费量 3.66 亿吨，同比增长 12.2%。汽油、煤油、柴油消费量全面增长。

2023 年，从端午节开始，假日出行人数已超过 2019 年同期。其后的“五一”、暑假和“十一”，我国出行人数都创出了历史新高。2023 年，我国燃油汽车销量经历连续 5 年下滑后，出现了难得的正增长，回升到 2000 万辆以上，保有量较 2019 年增加了 24%。出行频次补偿式增长和燃油汽车保有量提高，为汽油消费的大幅增长提供了有力支撑。全年汽油消费量 1.56 亿吨，同比增长 12.5%。

2023 年，我国执飞航班数量持续回升，国内航线航班数量基本恢复至疫情前水平，港澳台航线航班数量已超出疫情前水平，但国际航线的航班数量受多种因素影响尚未完全恢复。全年航煤消费量 0.35 亿吨，同比增长 92%，已恢复至 2019 年消费规模的 95%。

2023 年，我国农业用油呈现小幅稳步上升态势，工矿用油增长 3%，但公路物流领域车用 LNG（液化天然气）对柴油的替代率达到 14%，同比提高了 3 个百分点。虽房地产行业表现不佳，但基建投资的稳定增长对冲了部分房地产的不利影响，建筑施工用油总体小幅增长。综合各行业柴油消费变化情况，全年柴油消费量为 1.75 亿吨，同比增长 3.3%。

（2）供应大幅增长

2023 年，盛虹石化、广东石化全面投产，我国总炼油能力增加至 9.2 亿吨 / 年。中国石化、中国石油持续提高原油加工量和成品油收率。地炼（地方性炼油厂）2023年获得的配额原油进口量较2022年减少1400万吨，对成品油增量贡献较小。全年我国成品油产量接近4.1亿吨，同比增长13.9%，较好地满足了国内市场消费增长的需要。

（3）市场规范有序

2023年，我国成品油产量增速超过需求增速，产需过剩量超过4200万吨。一方面，政府对成品油市场维持严监管态势，持续加码税收政策，隐性资源继续减少，提高了我国成品油市场的竞争公平性，未出现较为激烈的降价销售竞争。另一方面，因国际市场成品油裂化价差处于较高水平，成品油出口效益较好，我国炼油企业出口积极性较高。全年成品油出口量4190.55万吨，接近国内成品油产需差，平衡了国内市场。

3. 天然气市场

2023年，受主要消费市场库存高企、欧洲地缘政治带来的冲击有所抑制、需求不振影响，国际天然气价格明显回落。其中，美国亨利中心气价、欧洲（天然气虚拟交易中心）气价、亚洲现货均价分别为2.54美元/百万英热单位、12.89美元/百万英热单位、16.16美元/百万英热单位，同比下滑了60%、65%、54%。

2023年，我国天然气消费市场处于恢复性增长期，各消费领域均在不同程度恢复，但主要受城市燃气和发电用气拉动。全年天然气消费量3945.3亿立方米，同比增长7.6%。天然气供应量3981亿立方米，可供市场量3750亿立方米，同比增加199亿立方米。进口天然气1500亿立方米，同比增加162亿立方米，增长9.9%，创历史新高。其中，LNG进口量占2023年我国天然气总进口量的59%，超过管输天然气进口量，成为我国天然气进口的主要方式。

在2023年上半年市场增量不足90亿立方米的情况下，天然气销售公司在年中调整了销售价格策略。调整后，天然气供应价格远低于2022年，高位价格比2022年低1元/立方米以上。通过调整价格对增量市场进行引导，对天然气消费起到了一定刺激作用。

4. 新能源市场

2023年，我国光伏装机成本迅速下降。国内光伏组件价格自2010年来已从约20元/瓦降至2元/瓦以内，系统成本从近50元/瓦降至4元/瓦左右，对应降幅90%左右。光伏发电全面进入平价时代，光伏产业进入快速增长期。全年光伏新增装机216.88吉瓦，同比增长148.12%。其中，分布式光伏新增装机约96吉瓦，同比增长超过90%，成为光伏新增装机的主力。

2023 年，氢能技术突破相对较慢，制氢、储氢成本高的瓶颈依然存在。运输效率低、运输成本高、装卸时间长等因素，使得加氢站的氢气供应问题日益突出，在一定程度上制约了氢能交通产业的可持续性发展。

二、2023 年我国加油（能）站发展现状

（一）加油（能）站规模增长有限

1. 加油站主体数量增长缓慢

随着加油站经营审批权下放，我国加油站行业已形成国有、民营、外资企业共同竞争的格局。规模较小、缺乏竞争力的加油站加速被市场淘汰。面对庞大的中国成品油市场，外资正跑步入场，抢占市场份额。民营加油站网络进一步出现外资化、品牌化的特征，出现新型连锁模式，经营水平有较大跃升。

截至 2023 年底，我国境内加油站总量 112787 座，同比减少 1.99%。其中，中国石油加油站总数较 2022 年的 22586 座减少了 77 座，中国石化加油站总数较 2022 年的 30808 座增加了 110 座。二者合计占比 47.51%，同比增长 1.2 个百分点。中国海油在营加油站 1125 座，比 2022 年增加 47 座。民营加油站数量为 55270 座，同比减少 4.21%。外资在中国运营加油站 5000 余座。虽然加油站主体数量增长缓慢，但网络质量进一步提升，零售创效能力进一步增强。

2. 综合加能站遍地开花

我国能够利用多种能源形式的综合加能站已成为发展趋势。新能源汽车的快速发展对汽柴油替代作用渐强，对传统石油行业的终端网络布局提出了新的要求。加油、加氢、加气、充电等业务组合出现的综合加能站，提升空间进一步加大。众多企业涌入综合加能站新赛道，项目落地速度加快。

国有石油公司把升级转型“油气氢电服”综合站作为发展目标。在具备资源和销售终端优势的基础上，积极在现有加油站网络布局上转型升级，全面推进综合加能站的建设。截至目前，中国石化、中国石油通过在传统加油站基础上改建、扩建或者新建等方式，已实现加氢站、充换电站、分布式光伏发电站的遍地开花，同时在加氢站、制氢技术、氢燃料电池、储氢材料等多个领域开展了诸多工作。虽然综合加能业务处于培育

期，面临经营创效能力的严峻考验，但布局积极，更加快速地构建多能互补新格局，转型发展亮点纷呈。

不只石油石化企业，电力、燃气、热力等公司也纷纷转型为综合能源服务商，寻求延长产业链并抓住新机遇。各类配售电企业、能源服务公司同样将综合能源服务视为未来收益的增长点，在工作上取得了一些突破。

（二）加油业务不容乐观

1. 汽油销量增速放缓，柴油销量加速衰减

随着经济结构转型，“双碳”目标推进，新能源汽车加快渗透，我国成品油市场从“十三五”期间的增量竞争阶段全面进入“十四五”期间的存量竞争阶段。2023 年，新能源加速替代。我国新能源汽车渗透率达到 31.6%，全年替代成品油 2128 万吨，其中绝大部分是汽油。柴油与 GDP 关联减弱。

作为传统业务，加油站汽油销量增速放缓，柴油销量加速衰减，单站销量进一步下滑。中国石油、中国石化成品油销量高居首位，占总销量的七成左右，汽油销量占比高于柴油销量。其余三成左右的销量来自中国海油、中化、外资及民营等加油站。

2. 微利化、规范化趋势更加明显

加油业务的微利化、规范化趋势愈加明显。加油站竞争主体数量增加，市场集中度下降，行业整体利润下降，竞争日趋激烈。而且随着政策的逐步落实以及行业重新洗牌，成品油零售平均价格更贴近产业平均成本，利润空间进一步缩小。成品油流通的事中及事后监督，包括加油站管理以及油品流通过程中的工商、税务、安全等各方面的监管，加油站在经营过程中将更趋规范，进一步杜绝不正当竞争。

（三）加气业务相对活跃

我国天然气重卡技术已成熟，广泛适用于不同场景的长中短途运输，车用市场对其认可度日渐增加，重卡“油改气”稳步推进。2023 年，我国 LNG 重卡保有量提升速度加快，LNG 重卡销量达 15 万辆，较 2022 年增长超过 3 倍。

LNG 重卡蓬勃发展，促进 LNG 加气消费量稳步增加，进一步刺激对加气站等基础设施的投入。2023 年，我国 LNG 加气站达到 4661 座，同比增长 23%。整体布局相对完善，网络密度提升，LNG 重卡加气便利性增加。

由于加气市场是供需较为平衡的市场，与成品油相比，竞争并不激烈。

“三桶油”结合自身上中下游产业一体化的优势，利用自主投产的LNG工厂、代加工工厂以及进口LNG等便利资源，加快布局LNG终端市场。通过将LNG终端销售业务与成品油销售业务统一管理，对内部LNG加气站执行优惠价格，LNG零售价格基本低于其他加气站，在LNG加气站的市场份额逐步加大。其中，中国石油占比24%，同比增加3%；中国石化占比11%，同比增加6%；中国海油占比8%，同比增加2%。“三桶油”之外的其他企业占比57%，同比降低5%。

（四）新能源业务发展加快

2023年，我国加油站新能源业务发展加快，重点体现在光电氢多元并举、投资开发方式多样、经济效益差异较大等多个方面。

1. 充换电业务

截至2023年底，我国新能源汽车保有量达2041万辆，占汽车总量的6.07%。其中，纯电动汽车保有量1552万辆，占新能源汽车保有量的76.04%。我国电动汽车保有量迅速攀升，对充换电设施的需求随之剧增。

2023年，全国充电基础设施增量为338.6万台，同比上升30.6%。其中，公共充电桩增量为92.9万台，同比上升42.7%；随车配建私人充电桩增量为245.8万台，同比上升26.6%。截至2023年底，我国有换电站3567座，而2019年底我国换电站数量仅为306座。短短4年，换电基础设施扩张了11.6倍，且增长速度越来越快。

加油站作为传统的能源补充和服务网络，增设充换电场景，开展充换电业务具有天然的适用性。发展换电站和大功率直流快充新业务，成为成品油销售企业加速从传统油品销售向“油气氢电服”综合能源服务商转型的重要举措之一。充电网络实现高速发展，但盈利模式有待拓展。

2. 光伏发电业务

我国能源结构持续优化，太阳能发电得到了广泛关注。加油站罩棚、屋顶等位置面积较大，具有建设分布式光伏的有利条件。光伏发电在加油站行业的建设、推广力度不断加大，助力加油站节能减排、降本增效。

2023年，我国加油站光伏“自发自用、余电上网”项目稳步推进。截至2023年底，中国石油光伏站点数量约1300个，近三年年均增速达到425%。加油站通过积极探索与光伏企业、电力公司、新能源车企等合资合作的方式，推动分布式光伏发电应用；试点开展“光储充换一体化”示范项目，形成优势互补、利益共享的模式；增加光伏发电自用电量，最大限度提升加油站光伏发电利用率，提高光伏发电项目收益率。

3. 加氢业务

截至 2024 年 3 月 1 日，我国建成加氢站 414 座（包含建成、运营和暂停）。预计到 2024 年底，我国加氢站累计建成数量将突破 500 座。

2023 年新建成加氢站以合建站为主，占比 72%。其中，加注能力在 500~1000 千克 / 日的占比近 38%；加注能力在 1000 千克 / 日及以上的占比超 51%，占主要地位。投资建设主体以国企为主，占比近 72%。其中，中国石化建站数量最多，共建成 17 座；其次为中国石油，共建成 5 座。民企占比 17%，少数外企如壳牌及美国空气产品公司等，占比不足 4%。

由于氢能的整体成本仍然较高，限制了氢燃料汽车在私人消费市场的快速推广，加氢站"吃不饱"现象凸显。以广东为例，广东已建成加氢站 55 座，但真正投入运营的不超过 40%，平均单站加氢负荷率不超过 40%，每个站点亏损约 10 万元 / 月，持续经营面临困难。据了解，部分主营单位已经下调了 2025 年加氢站建设目标，以匹配市场实际需求增长，减少投资损失。

（五）非油业务快速发展

2023 年，加油（能）站继续向综合服务转型，做强做优以便利店为主的多元化实体服务，非油业务继续快速发展。

1. 发展规模不断扩大

2023 年，加油（能）站便利店数量继续增长。中国石油、中国石化加油站便利店数量增减不一，整体呈规模化发展态势。中国石化 2022 年便利店数量为 28172 家，2023 年增加 192 家，达到 28364 家；中国石油 2022 年便利店数量为 20600 家，2023 年便利店数量减少 1147 家，为 19453 家。中国石化、中国石油的便利店数量仍居我国连锁行业便利店总数前列，数量占全国便利店总数的比例超过 20%。

2. 业务范围不断扩展

2023 年，加油（能）站不遗余力地满足顾客期望，瞄准日益增长的潜力品类，如水果、低温乳制品、冷冻食品、短保面包、进口日化等，全面促进便利店经营结构高效提升。针对标准化程度高的品类，积极培育自有品牌。例如，中国石化孵化了卓玛泉、长白山天泉、鸥露纸、赖茅酒、三人炫、澳托猫汽服、易捷咖啡等自有品牌，中国石油培育了以"昆仑好客优选 +"为代表的自有商品体系。

加油（能）站与合作伙伴不断完善买车、用车、卖车的汽车全生命周期服务链；先后与多家企业合作，加快汽服业务布局，扩大洗车网点布局；探索整车销售，以及汽车金融、保险等业务；大力开展大客户团购业务，先后与多家知名商超以及铁路、高速公路等企业合作；加快布局站内快餐业务步伐，积极探索开发肯德基汽车穿梭餐厅，加大投运力度。

3. 营销方式不断丰富

2023 年，加油（能）站通过差异化营销，深化油非互促模式，拥有了区别于社会零售企业的强劲增长动力。

中国石油、中国石化非油业务进一步坚持市场导向，超前制订营销计划。创新营销模式，通过把宣介和体验阵地从店内前移至加油现场、增加店内功能专区、优化便利店布局、实施专业化陈列等手段，进一步强化单店销售能力。以重点品类为抓手，推动营销方式常态化，组合推出“商品＋服务＋油卡／油品”大礼包，助力“油卡非润”一体化营销，推动农资、食品、酒类、包装饮料、奶类等营销收入大幅增长。

中国石油、中国石化依托全国统一大市场的建设，更加注重自有品牌、单店店销、营销精准化，促进线上线下全渠道销售模式与跨界融合，探索“互联网＋加油站＋便利店＋第三方”的新商业模式，做强做优以便利店为主的多元化实体服务，全面推动非油业务快速高质量发展。

三、未来我国加油（能）站发展趋势

2023 年，我国经济社会发展主要预期目标圆满实现，交出了一份成色好、分量足的成绩单。展望 2024 年经济发展，在高通胀、高债务、高利率制约下，世界其他主要经济体增长动能趋弱、国际贸易下滑、全球经济增长放缓的概率仍不低。相比之下，中国经济发展继续保持韧性强和长期向好的基本趋势，但面临外部环境复杂性、严峻性、不确定性上升，国内有效需求不足等挑战。对加油（能）站行业来说，处于这样的经济背景下，面对传统能源过剩加剧，新能源革命加速推进，攻守均面临巨大压力。

（一）我国成品油市场发展趋势

1. 成品油消费增速放缓

新冠疫情期间积压的出行需求在 2024 年春节过后基本释放完毕。成品油市场的驱动力回归常态，影响成品油需求的核心因素重新回归到燃油汽车增长数量以及实体经济的活跃程度。2025 年，我国电动汽车的渗透率将超过 50%，比预计规划目标提前 10 年，替代效应已突破“量变到质变”临界点。

柴油消费 2019 年已经达峰，目前维持年均 2%~5% 的降幅。汽油消费预计 2024 年达峰，2025 年将开始加速下滑。预计 2024 年，受到高基数和新能源汽车快速增长的双重影响，我国成品油消费增速将显著放缓，成品油消费量为 3.67 亿吨，比上年增长 0.5%。其中，汽油、煤油消费量分别增长 1.9%、9.7%，柴油下降 2.7%。

2. 资源过剩规模继续扩大

我国炼油能力仍处于新一轮增长周期。2024 年，我国总炼油能力将增加 3100 万吨 / 年，规模以上地炼的总炼油能力将提高至 2.38 亿吨 / 年，平均炼油规模将达到 600 万吨 / 年。但随着“减油增化”的不断推进，预计主营单位的成品油收率较 2023 年下降。预计 2024 年成品油产量为 4.17 亿吨，同比增长 2%，增速较 2023 年明显放缓。

2024 年炼油企业检修明显减少，预计全年我国成品油市场产需过剩 5000 万吨左右，同比扩大约 800 万吨。因此，2024 年成品油市场仍存在一定不确定性。如果出口市场效益较好的话，商务部可能适量调高出口配额，满足我国炼油能力增长带来的资源销售需求。如果出口市场效益较差的话，预计炼油企业将适当调减成品油产量，避免国内资源过剩带来的价格竞争。随着市场整治转为常态化监管，各级政府监管强度或难以维持，不公平竞争可能局部复燃。

（二）我国加油站发展趋势

1. 终端网络数量趋于稳定

从世界范围看，各国加油站保有量均经历了由急速扩张到整合缩减的过程。2025 年前我国加油站总量仍将增长，将达到峰值 14 万座左右。2030 年将回归合理水平，约为 11 万座。缩减规律是高价值加油站不断入市、低效加油站不断退市的过程。新购建站点的经营者退出市场的可能性较高，不会导致站点总量的大幅减少。

未来，受城市发展规划影响，我国每年将有大量加油站被拆迁，特别是高速公路加油站续租难度大。加油站网络布局将进一步优化，通过规模效应进一步降低站点运营边际成本；将以效益优先原则，在设备设施、互联网应用、自助加油、智能营销等方面进一步着力，提高加油站运行效率。

2. 竞争将日益加剧

随着成品油消费达峰，新能源加速替代，零售增量严重受限，加油站行业的竞争将日益加剧，利润和费用形成的“剪刀差”将成为行业不得不面对的一大挑战。一方面，新能源快速替代和逐步蚕食传统油气业务的利润创造；另一方面，行业用工、投资、折旧费等压力有增无减。加油站行业将日益“微利化”，将进一步通过资源运作创效、做精做优零售、构建战略合作生态等实现开源创效，通过推广应用自助加油、数智化替代人工等措施实现降本。

3. 更侧重提供多元化服务

虽然加油站在“人・车・生活”生态圈打造方面进行了深入实践与探索，但在各项业务融合互促、营销资源叠加使用、多元需求一站式满足等综合服务功能提升上，依然有着明显不足。而居民消费更加注重产品品质和服务质量，出行能源需求更加多元，智能服务需求更加强烈。

加油站行业将更加侧重于提供多元化服务，提供更高附加值的产品，以加能服务为入口，线上线下融合，打造集购物服务、养车服务、生活服务、增值服务于一体的“人・车・生活”综合服务平台。进一步针对性地开发差异化产品和服务，在一定的顾客群体中建立品牌忠诚度。因此会出现较大的品牌整合，最终形成多个品牌、各有侧重的竞争格局。

（三）我国综合加能站发展趋势

1. 建设数量持续增加

在“双碳”目标的大背景下，建设以“零碳”加油站、“零碳”服务区为主体的新模式已经成为高速公路服务区、加油站等转型升级的必由之路，以适配新目标下的交通运输各部门的阶段性方向。现阶段主要能源供应企业都在坚定不移地迈向“净零”排放，加快推进能源转型和产业升级，争先打造世界领先洁净能源公司，加快向“油气氢电服”综合能源服务商转型，锻造强韧高效的产业链。例如，中国石化对充换电业务布局给予全方位的土地、资产、资金支持，全力在新能源领域打造新的产业链优势，支撑销售板块转型发展。

2024 年，传统能源企业将结合自身发展需求，与新能源产业进一步融合发展，发展新能源制氢、天然气掺氢输氢、气电调峰、油田分布式能源、海上光伏、综合加能站等新型业务。光、电、氢多元并举，以多样的投资开发方式，进一步加大油气氢电等能源混合建站，为用户提供一体化的能源解决方案。综合加能站的进一步合力发展，将使油氢合建站、气氢合建站的建设数量持续增加，为新能源汽车大规模普及应用助力。但是，充换电站受制于盈利模式等，加氢站受制于用氢成本、负荷率等，利润依然不乐观。

2. 智能系统优化进一步推广

数智技术与实体经济深度融合，加能站的智慧化已成为可持续能源系统不可或缺的一部分。未来，新型数字化、智能化技术在加能站将进一步应用实践。加能站将进一步围绕数字化营销、智慧加油站、智慧供应链、“人・车・生活”生态圈四大转型方向，将物联网、大数据、AI、云计算等数字技术与经营发展深度融合，形成涵盖全域、全场景、全链路、全周期的综合服务生态圈。

四、我国加油（能）站转型建议

根据我国汽车动力结构发展趋势，加油（能）站转型总体思路是以市场为导向，以经济性为驱动，以效益为标准，以资源条件为基础（站点条件、资金来源），以油—气—电—氢为总体顺序，宜电则电、宜氢则氢，近期先电后氢，中远期电氢等多元融合，并不断丰富站点服务内涵，加强顶层设计，推动加油站加快分步、分类、分层、有序、差异化转型。

1. 分步转型

根据中国石油规划总院对我国新能源汽车市场的模型预测结果和市场研判，并结合中国石油“三步走”总体发展战略，提出站点转型步骤：清洁替代阶段（2021—2025 年），新能源汽车保有量占比 10%，期末加油站转型比例达到 10%，并探索开发站外站；战略接替阶段（2026—2035 年），新能源汽车保有量占比 50%，期末加油站转型比例达到 50%，并规模开发站外综合能源服务站；绿色转型阶段（2036—2050 年），新能源汽车保有量占比超过 70%（保守估计），期末加油站大规模深度转型，大力开发站外综合能源服务站。

2. 分类转型

不同类型加油站转型压力和转型方向不同，要根据加油站的类型选择不同的转型路径。根据新能源汽车推广进程和分布特点，相应补能站点可以分为城市站、城际站和乡村站。

城市站应按照“一类一策”“一商圈一策”“一站一策”来开展业务转型，最大限度发挥终端资产价值。目前阶段选择站内增设充电、换电和加氢等补能设施，并且积极以补能为中心拓展业务和经营范围（快餐、4S店或提车点、汽服等），重塑服务业态、培育综合能源服务场景和大非油生态。

城际站大多分布在国道、高速公路服务区内。成品油销售企业在城际站发展新能源业务，具有显著优势，是最不容易被替代的站点，未来主要向快充、快换和加氢方向发展，同时辅以移动充电车、充电桩，并进一步拓展业务范围，加强盈利能力。

乡村站是成品油销售企业转型过程中最为困难的一类站点。新能源汽车下乡，多是随车配桩、分散充电，基本上不存在充电补能焦虑。所以乡村站未来转型方向应该朝着销售农用物资、机具设备、车辆及提供相关服务等方向发展。

3. 分层转型

不论是新能源补能业务，还是新型销售业务，均有明显的产业生态培育、产业规模和集聚效应。以新能源汽车补能为例，现阶段司机会优先选择配置20~30个充电桩（枪）的站点进行充电补能，而配置几个充电桩（枪）的站点平均利用率相对较低。基于对未来交通用油需求和对加油站需求的预测，现阶段在基本不流失油气客户的前提下，要分层选点、规模发展新能源业务和新型销售业务。

4. 有序转型

从我国区域推动次序来看，根据新能源汽车发展趋势，从东南中部地区向西南、西北、华北北部、东北逐渐地推进转型。从成品油销售企业的站点分类和层次来看，逐渐从高级别的站点开始（省会站、城市干道站、一类站等），发展到低级别站点（县乡农村、县乡道路站、四类站等）。各类站点转型没有严格的界限，应根据周边新能源汽车补能需求的具体市场情况，持续推动。最终，打造城市面状、城际线状、乡村点状的新能源业务网络。

5. 差异化转型

各地汽车动力结构现状和变化速度不同，因此，不同时期、不同区域综合服务站的内涵是动态变化的。现阶段，不同区域加油站转型综合能源服务站的类型应各有侧重。例如，从LNG重卡运营里程看，西北5省LNG市场发展前景较好，应适当侧重发展LNG站；东部、南部、中部和华北大部分地区新能源汽车发展基础较好，发展速度较快，应侧重发展充换电站和加氢站。其中，在换电试点城市和加氢示范城市群及周边地区应分别侧重发展换电站和加氢站。

Ⅱ 环境政策篇

一、2023 年我国成品油行业环境分析、政策变化及未来趋势

2023 年，新冠疫情政策调整，我国经济实现了平稳运行并焕发出新的活力，国家政策不断完善市场监管制度，促进了成品油市场的良性发展。相关技术取得突破性进展，产业链不断升级改进，进一步推动行业朝着低碳清洁方向发展。

2024 年，在“十四五”规划以及“双碳”目标的指引下，成品油企业将加快绿色转型，清洁技术将得到进一步发展及应用。在数字经济背景下，成品油企业加快数字化转型步伐，提升数字化嵌入程度，推动数字化与成品油行业融合发展，促进产业高质量发展。

（一）2023 年我国成品油行业环境与政策变化

1. 国家出台系列政策，促进行业健康发展

2023 年，政府相关部门出台一系列政策（见表 2–1），加强对市场的监管和调控，以激活市场活力，规范市场秩序，进一步促进了成品油行业的健康发展。成品油行业正深入贯彻党的二十大精神，积极稳妥推进碳达峰碳中和，逐步完善能耗总量和强度控制，推动能源清洁低碳高效利用，深入支撑能源革命。

表 2–1　国家层面出台成品油相关政策

时间	政策文件名称	重点内容
2023.1.6	《2023 年成品油（燃料油）非国营贸易进口允许量申领条件、分配原则及相关程序》	制定了 2023 年成品油（燃料油）非国营贸易进口允许量申领条件、分配原则及相关程序
2023.4.6	《2023 年能源工作指导意见》	支持纤维素等非粮燃料乙醇生产核心技术攻关和试点示范，研究推动生物燃料多元化利用。加强成品油生产管理，保障国Ⅵ B 标准车用汽油稳定供应
2023.6.30	《关于提高成品油消费税税率的通知》	为促进成品油行业规范健康发展，该通知将符合《成品油消费税征收范围注释》规定的部分成品油消费税政策执行口径作了明确规定，扩大了成品油消费税的征税范围

续表

时间	政策文件名称	重点内容
2023.11.13	《关于组织开展生物柴油推广应用试点示范的通知》	开展生物柴油推广应用试点示范推进能源革命、保障能源安全的有益举措，贯彻新发展理念、助力实现“双碳”目标，推进废弃物循环利用、保障人民餐桌安全
2023.11.20	《关于增发 2023 年成品油（燃料油）非国营贸易进口允许量的公告》	增发 2023 年成品油（燃料油）非国营贸易进口允许量 300 万吨

资料来源：国家能源局、国家商务部、国家税务总局官网

从《关于进一步深化石油天然气市场体系改革提升国家油气安全保障能力的实施意见》可以看出，我国将改革油气产品定价机制，有效释放竞争性环节市场活力，同时完善油气进出口管理体制，提升国际国内资源利用能力和市场风险防范能力。《2023 年能源工作指导意见》强调坚持积极稳妥推进绿色低碳转型，大力发展非化石能源，重点控制化石能源消费，扎实推进能源结构调整优化。

2. 地方政府积极响应，保障行业健康发展

地方政府积极响应并执行国家提出的这一实施意见，保障成品油行业健康有序发展。2023 年，各省市依据“双碳”目标和能源结构调整方向，制定本地区成品油行业的指导政策（见表 2–2）。指导重点在于成品油的监督规范管理、加强成品油流通市场整治等方面。同时，完善进出口管理体制，统一进出口环节消费税征收标准，并且加强研究促进成品油行业低碳发展的路径。

表 2–2　重点省市出台成品油相关政策

时间	省市	政策文件名称	重点内容
2023.6.5	深圳	《深圳经济特区成品油监督管理条例》	明确了成品油概念和范畴，政府各部门监管职责，工地、企业自用油规范。明确建立成品油智慧监管平台，旨在加强成品油监督管理，规范成品油经营和使用，促进成品油行业健康发展，保护和提升大气环境质量
2023.7.18	福建	《福建省工业领域碳达峰实施方案》	聚焦重点行业，厘清降碳路径，制定碳达峰实施方案，研究重点行业低碳发展持续推进，降低碳排放强度，控制碳排放量。“减油增化”，降低成品油产量占原油加工量的比重。鼓励石化化工企业节能升级改造，推动能量梯级利用、物料循环利用

续表

时间	省市	政策文件名称	重点内容
2023.10.10	浙江	《宁波海关关于进口油品计量单位换算标准及有关申报要求的公告》	为提高油品进口环节消费税征收一致性并确保海关统计数据的准确性，对进口油品计量单位的换算标准予以统一明确，并对法定数量申报要求作了统一规定
2023.10.24	云南	《关于恢复和扩大消费若干措施的通知》	鼓励成品油零售企业开展让利活动，与汽车销售企业开展新车、成品油跨界融合促销。优化成品油零售经营审批流程和销售网络布局，扎实推进成品油流通市场专项整治，净化消费环境，保障消费者权益

资料来源：深圳、福建、浙江、云南省政府官网

3. 经济恢复，成品油消费量增长

2023 年，我国成品油消费量 3.66 亿吨，同比增长 12.2%。疫情政策的转段变化，经济的恢复发展，是成品油消费量同比上升的重要因素。居民消费水平提升、出行限制的解除以及航空客运的全面恢复，带动汽煤油消费量的增长。农业用油，以及政府在交通、水利和新型基础设施方面的投资，促进了柴油消费量的增长。但是，在新能源加快步入高质量发展的新阶段，越来越多的替代能源被使用，成品油需求量的增长速度放缓。

4. 清洁技术取得突破，行业加快绿色转型

2023“石油石化好技术”年度推荐项目 34 项，其中有打破国外技术垄断、解决“卡脖子”难题的项目，也有惠及民生、低碳环保的清洁技术。自动化、智能化技术正在成为石油石化领域新技术的主攻方向。油品储运销售领域的技术研发能力和创新积极性不断提高，一系列技术的突破性进展，促进我国成品油行业的绿色低碳发展。

在“双碳”目标的指引下，炼化企业越来越重视降碳，逐步淘汰工艺落后、能效低、排放高、效益差的产能，向新材料、新能源、新业务等绿色低碳转型。成品油行业的三大龙头企业持续发力绿色低碳转型，保障国家能源安全，提高行业整体竞争力。

（二）2024 年我国成品油行业环境与政策趋势预测

1. 行业监管将进一步加强，市场管理体系将继续完善

2024 年，我国将不断完善安全生产过程，加大安全生产准入的监督力度。对参与成品油行业运输、仓储、零售的企业严格审核资质，对成品油市场整顿力度将进一步加大，坚决打击非标油品作为发动机燃料销售、

偷税漏税、偷运走私成品油等违法行为。为了更好地对行业内的企业进行监管，国家和地方政府将会完善对成品油行业生产端以及消费端的信息监控，不断推动成品油市场规范化发展。

2024 年仍是国内市场管理持续完善与成果巩固之年，将对行业内全流程内非合规资源进行更为有效的清除和管理，在生产、质量以及销售等方面的管理政策将会更加完善，促进成品油行业品牌化、数字化、综合能源化转型升级。例如，2024 年 6 月将正式施行新的加油机国标。

2. 汽油需求受到限制，航煤需求保持增长

零售方面，我国成品油零售价仍将主要根据国际原油价格进行波动调整。在“双碳”目标背景下，我国新能源汽车行业蓬勃发展，燃油汽车市场份额逐渐减小，汽油需求或将受到限制。房地产行业处于去库存化阶段，将在一定程度上抑制国内柴油市场的需求。与汽柴油市场不同，随着旅游业进一步复苏，国内及国际航空客座量逐步上升，航空运力增多，航煤需求将随之放量。

3. 继续推进成品油行业低碳转型，创新引领行业技术体系升级

我国将绿色发展纳入五大发展战略之一。中国石油明确“清洁替代、战略接替、绿色转型”三步走总体部署，中国石化提出积极推进化石能源洁净化、洁净能源规模化、生产过程低碳化、能源产品绿色化。2024 年，成品油行业将通过技术创新和提升能效而助力减排，加快推广节能环保技术，降低生产过程能耗和物耗水平，着力提升能源和资源利用效率，努力在绿色低碳发展中走在前列、做出表率。

成品油产业将实施“双碳”目标导向的技术发展策略，加大绿色低碳生产工艺、技术、装备的研发、示范和推广力度，实现产品生产、流通、消费及处置过程全生命周期的绿色发展，进一步增强节能低碳产品的供给能力，减少产品全生命周期碳足迹。同时加快石油石化产业数字化技术应用，大力推进炼化智能工厂建设。

4. 新能源冲击成品油市场，市场多元化竞争激烈

2024 年，成品油市场格局将进一步向多元化竞争深入发展。国有石油公司、外资企业、民营企业等各类企业参与其中，市场竞争激烈。国有石油公司凭借资源、渠道和规模等优势，在市场中占据主导地位。外资和民营企业则在服务、创新和价格方面具有竞争优势。政府将继续推动能源市场的市场化改革，鼓励外资进入能源领域。外资企业进一步展开对民营大炼化的投资。随着国内外炼油企业的竞相进入，我国成品油市场的多元化竞争将更加激烈。

二、2023 年我国天然气行业环境分析、政策变化及未来趋势

2023 年，我国油气体制改革逐步深化，新型能源系统建设加速推进，天然气表观消费量呈现出良好的复苏态势。展望 2024 年，我国天然气需求有望进一步改善，天然气消费量有望保持 6%~7% 的增长。生物天然气产业的发展、数字化智能化技术的创新、城市燃气盈利的改善，以及天然气下游的激烈竞争，将进一步推动我国天然气行业可持续高质量发展，助力降碳减排。

（一）2023 年我国天然气行业环境与政策变化分析

1. 国家出台多项政策，助推天然气产业快速发展

2023 年，国家陆续出台了燃气安全、生物天然气产业示范、天然气储运、健全天然气上下游价格、数字化智能化开采等一系列政策（见表 2–3）支持天然气行业的发展，为天然气的广泛应用提供了坚实的政策保障。例如，《2023 年能源工作指导意见》强调要研究修订天然气利用政策，保障天然气较快上产，持续增强供应保障能力。

表 2–3 国家层面出台天然气相关政策

时间	政策文件名称	重点内容
2023.2.27	《加快油气勘探开发与新能源融合发展行动方案（2023—2025 年）》	坚持生态优先、因地制宜、多元融合发展，初期立足于就地就近消纳为主，大力推进陆上油气矿区及周边地区风电和光伏发电，统筹推进海上风电与油气勘探开发，加快提升油气上游新能源开发利用和存储能力，积极推进绿色油气田示范建设
2023.3.8	《关于进一步加强节能标准更新升级和应用实施的通知》	在能源领域加快煤炭清洁高效利用、新能源和可再生能源利用、石油天然气储运、管道运输、输配电关键设备相关节能技术标准研制
2023.3.28	《关于加快推进能源数字化智能化发展的若干意见》	推动数字化智能化技术在煤炭和油气产供储销体系全链条和各环节的覆盖应用，提高行业整体能效、安全生产和绿色低碳水平。推动油气管网的信息化改造和数字化升级，推进智能管道、智能储气库建设，提升油气管网设施安全高效运行水平和储气调峰能力

续表

时间	政策文件名称	重点内容
2023.4.6	《2023年能源工作指导意见》	加快油气勘探开发与新能源融合发展，促进油气上游智能化、绿色化发展，研究修订天然气利用政策
2023.7.26	《关于深化矿产资源管理改革若干事项的意见》	竞争出让油气（包括石油、烃类天然气、页岩气、煤层气、天然气水合物）探矿权，按照自然资源部、财政部《关于制定矿业权出让收益起始价标准的指导意见》确定起始价
2023.8.9	《全国城镇燃气安全专项整治工作方案》	建立健全天然气上下游价格联动机制，合理疏导终端销售价格，规范城镇燃气工程安装收费行为
2023.8.31	《关于扎实推进城市燃气管道等老化更新改造工作的通知》	加快推进城市燃气管道等老化更新改造，精准补短板、强弱项，加快消除风险隐患、保障安全运行，全面提升燃气等市政基础设施本质安全水平，推进韧性城市建设
2023.9.20	《关于继续实施页岩气减征资源税优惠政策的公告》	为促进页岩气开发利用，有效增加天然气供给，在2027年12月31日之前，继续对页岩气资源税（按6%的规定税率）减征30%
2023.9.21	《城镇燃气经营安全重大隐患判定标准》	指导各地加强城镇燃气安全风险管控和隐患排查治理，防范重特大事故发生，切实保护人民群众生命财产安全
2023.9.27	《国家能源局关于组织开展可再生能源发展试点示范的通知》	主要支持粮食主产区和畜禽养殖集中区等有机废弃物丰富、禽畜粪污处理紧迫、用气需求量大的区域，因地制宜建设年产千万立方米级的生物天然气示范工程，带动农村有机废弃物处理、有机肥生产和消费、清洁燃气利用的循环产业体系建立
2023.11.7	《甲烷排放控制行动方案》	“十五五”期间，甲烷排放控制政策、技术和标准体系进一步完善，甲烷排放统计核算、监测监管等基础能力明显提升，甲烷排放控制能力和管理水平有效提高，煤矿瓦斯利用水平进一步提高，种植业、养殖业单位农产品甲烷排放强度进一步降低
2023.12.5	《关于核定跨省天然气管道运输价格的通知》	核定西北价区运价率为0.1262元/（千立方米·千米）（含9%增值税，下同），东北价区运价率为0.1828元/（千立方米·千米），中东部价区运价率为0.2783元/（千立方米·千米），西南价区运价率为0.3411元/（千立方米·千米）。上述价格自2024年1月1日起执行

资料来源：生态环境部、财政部、国家发展和改革委员会、国家能源局、住房和城乡建设部、应急管理部等官网

2. 地方政府出台相关政策，促进行业平稳运行

我国重点省市出台了多项相关政策（见表 2–4）。例如，黑龙江、湖北、山东、吉林提出加强天然气管网互联互通，推进天然气管输体系建设；四川、天津、江苏、山东积极加大新能源清洁能源推广应用力度。

表 2–4　重点省市出台天然气相关政策

时间	省市	政策文件名称	重点内容
2023.1.5	山西	《山西省碳达峰实施方案》	发挥山西非常规天然气资源和产业优势，以沁水盆地和鄂尔多斯盆地东缘为重点，加快探明地质储量区块资源增储和产能提升，重点建设晋城、吕梁、临汾非常规天然气示范基地
2023.1.20	海南	《海南省“十四五”节能减排综合工作方案》	推广大型燃煤电厂热电联产改造，充分挖掘供热潜力，加大产业结构调整力度，在建材等重点行业推进煤炭清洁化改造，探索煤改气，推进以工业余热、电厂余热、清洁电力和天然气替代
2023.1.31	北京	《2023 年市政府工作报告重点任务清单》	增强全市能源供应和应急保障能力，推动天津南港液化天然气应急储备项目一期工程投运
2023.5.31	天津	《天津市促进港产城高质量融合发展的政策措施》	推动国际航行船舶保税液化天然气加注业务落地，探索开展新能源、清洁能源加注业务
2023.6.13	黑龙江	《黑龙江省贯彻落实〈交通强国建设纲要〉和〈国家综合立体交通网规划纲要〉实施方案》	加快天然气管网互联互通，推进中俄远东线天然气管道干支线建设。到 2035 年，天然气管网县级行政区覆盖率达到 95% 以上
2023.6.13	湖北	《进一步降低企业成本若干措施》	加强省内天然气管输体系建设，拓展更多上游资源商、托运商气源入鄂，扩大我省天然气资源供应规模。健全成本价格监管制度，规范管道燃气设施预理或改造中的收费，进一步理顺天然气下游供气体制，减少中间供气环节
2023.8.11	山东	《山东省扩大内需三年行动计划（2023—2025 年）》	加快山东天然气环网等骨干管网建设，建设青岛董家口、烟台西港区、龙口南山等一批百万吨级沿海 LNG 接收站，打造千万吨级沿海 LNG 接卸基地。到 2025 年，沿海 LNG 年接卸能力达到 2500 万吨，天然气、原油管道里程分别达到 9000 千米、6600 千米

续表

时间	省市	政策文件名称	重点内容
2023.8.17	江苏	《江苏省海洋产业发展行动方案》	鼓励长江运河海运船舶“油改气”，支持 LNG 船舶进江航行，推动绿色航运发展。先期以沿海 LNG 接收站液态交易为试点，逐步开展江苏省天然气交易中心建设研究
2023.9.15	吉林	《吉林省适应气候变化行动方案》	积极引进中俄东线天然气资源，打通东部地区天然气资源入口，多渠道增加省内天然气供给。加强天然气储备能力建设，建立以地下储气库为主、液化天然气储罐为辅、管网互联互通为支撑的多层次储气系统，尽快形成 3 天的储气能力，为全省储气调峰和稳定供气提供基础保障
2023.10.26	四川	《四川省工业领域碳达峰实施方案》	聚焦实现碳达峰碳中和目标，做优做强水风光、天然气（页岩气）等清洁能源产业

资料来源：山西、海南、山东、四川、北京、吉林、湖北、天津、黑龙江、江苏政府官网

3. 持续加大天然气基础设施建设投资，完善“全国一张网”

政策的积极推动为天然气产业的快速发展提供了有力支持。加快建设陕北、川南、博孜—大北等重要天然气产能项目，加快建设中俄东线南段、西气东输三线中段等重大天然气管道工程以及天然气管输体系，显著提高我国的天然气产能和输送能力。2023 年，我国天然气管网体系不断完善。全国 5.4 万千米天然气主干管网实际资源入网能力达 9.9 亿立方米 / 日。天然气基础设施互联互通重点项目——天津 LNG 接收站外输管道投产成功，实现与中俄东线、陕京管道等多条天然气主干管道互联互通。

4. 行业进入规模化时代，LNG 市场逐步迈向“多源竞争”

2023 年，支持清洁能源的政策以及对天然气行业的投资，进一步推动了我国天然气产业的规模化。天然气开采加工参与主体以中国石油、中国石化和中国海油等大型央企为主。LNG 产业上游的准入门槛高，需要大量的资金投入，产业的垄断性较高。随着国家政策的支持，管网基础设施互联互通能力稳步提升，LNG 的供应主体多元化。

2023 年，工商用气显著回暖，全国居民气顺价持续落地，叠加旧改项目，刺激用气规模、接驳利润双增，城燃企业迎来毛差修复、用气规模高增的双重发展机遇。中国燃气、华润燃气、深圳燃气等燃气运营商拥有本地区或多个地区的燃气专营权，参与 LNG 销售或运营；洪通燃气、广汇能源等天然气运营商参与以 LNG 生产和销售为主的清洁交通能源。

LNG 行业企业由“寡头供应”逐渐进入了“多源竞争”。

（二）2024 年我国天然气行业环境与政策趋势预测

1. 循环产业体系建设提速，加快生物天然气产业化发展步伐

《国家能源局关于组织开展可再生能源发展试点示范的通知》提到，我国要因地制宜建设年产千万立方米级的生物天然气示范工程，带动农村清洁燃气利用的循环产业体系建立。我国天然气对外依存度常年居高不下。发展生物天然气，有利于补充天然气供应短板，降低天然气进口依存度，加快可再生能源在燃气领域的应用，培育发展可再生能源新兴产业。

2024 年，我国将持续完善生物天然气产业相关政策，加大生物天然气的投入与应用力度。生物天然气将更好地融入天然气产供储销体系，形成与常规天然气良好互动、协调发展的格局；与其他能源形式进行互补，提高能源利用效率；作为分布式能源系统中的一种储能方式，实现能源的峰谷调节。

2. 天然气定价将回归基本面，城市燃气盈利改善可期

在需求端的修复、全球 LNG 供需关系趋紧等因素作用下，我国天然气定价将回归基本面。首先，国内经济和居民生活水平提高，政府积极推动清洁能源发展，将促进天然气的需求不断增加。其次，政府出台一系列政策措施，促进天然气行业的发展和保障天然气的供应安全，对天然气定价产生一定的影响。

2024 年，城燃企业盈利改善可期。首先，城燃企业采购成本基本保持稳定，多元化资源池公司优势凸显。城燃企业签订大量海外长协，将有助于构建多元稳定的资源池，减少对单一上游气源的依赖度，降低综合购气成本。其次，天然气价格市场化改革加速推进，下游售价进一步理顺，城燃售气价差有望恢复。最后，国内需求端有望进一步改善，天然气消费量有望保持 6%~7% 的增长，推动城燃企业售气量保持较高增速。

3. 天然气行业将依托智能化技术，提升天然气供应链管理水平

2023 年，国家能源局提出推动油气与新能源协同开发，提高源网荷储一体化智能调控水平，强化生产用能的新能源替代。天然气企业立足数字化技术的最新进展，不断结合天然气领域的关键短板，在勘探开发、新能源高效利用等领域推动数字化技术的深度应用，形成数字与实体深度交融。

2024 年，通过进一步引入大数据、AI 等新技术，我国天然气供应链将实现更高效的能源调度和管理。开采是天然气供应链的第一环节，通常是在井口或钻井平台上完成的，采用的技术包括水平井钻探技术和地下煤

层气采收技术等。未来依托智能化开采技术，必将实现天然气更高效、更安全的开采。在天然气供应链的其他环节，通过建立智能化调度中心，可以实现对供应、运输、销售等环节的全面监控和管理。智能化调度中心可以通过数据分析和模拟仿真，预测未来的需求和供应情况，进行智能调度和优化配置，提升供应链整体管理水平。

4. 下游竞争将愈加激烈，促进天然气竞争市场化进程

《关于核定跨省天然气管道运输价格的通知》首次按“一区一价”核定的跨省天然气管道运输价格，跨省天然气管道运价率将由 20 个大幅减少至 4 个，将进一步促进天然气的市场化进程。

管网独立将促使天然气现货交易量大幅提升。在国家管网集团的推动下，公平开放的全国性天然气输送交付网络将在 2024 年基本形成，将进一步把天然气行业产、供、储、销、贸、用的所有市场参与主体连接起来。依托统一的管网调度和管容交易，可以实现全社会对管网基础设施的共用共享，促进部分企业开展天然气生产或进口业务，形成新的独立销售商或贸易商，使批发环节市场参与者增加。多个区域 / 省将涌现天然气交易中心，推动线上交易发展，促进天然气资源通过跨区自由流动，追求最大价值。

三、2023 年我国新能源行业环境分析、政策变化及未来趋势

2023 年，我国新能源行业系列政策落地实施，赋能各方协调正向发展，行业投资率持续增加，市场经济效益显著，各项技术持续攻关，多元化竞争格局逐渐形成。展望 2024 年，国家政策将全面推进，加强标准与规范建设，助力建设产业示范区，逐步转向市场驱动模式，推动新能源产业降本增效，扩大应用规模。

（一）2023 年我国新能源行业环境与政策变化分析

1. 国家指导政策落地实施，赋能各类新能源产业协调发展

2023 年，我国新能源政策更加具象化，制定并实施了具体行动方案（见表 2–5），明确新能源发展重点领域的操作指南，包括充换电、氢能及光伏行业发展的具体指导政策，促进新能源的进一步推广。

表 2–5 国家层面出台新能源相关政策

时间	政策文件名称	重点内容
2023.2.3	《关于组织开展公共领域车辆全面电动化先行区试点工作的通知》	科学合理制定新能源汽车推广目标，因地制宜开展多元化场景应用，加快推进公共领域车辆全面电动化。支持换电、融资租赁、“车电分离”等商业模式创新
2023.3.28	《关于支持光伏发电产业发展规范用地管理有关工作的通知》	在严格保护生态前提下，鼓励在沙漠、戈壁、荒漠等区域选址建设大型光伏基地。光伏方阵用地不得占用耕地，涉及使用林地的需采用林光互补模式
2023.6.19	《关于延续和优化新能源汽车车辆购置税减免政策的公告》	对购置日期在 2024 年 1 月 1 日至 2025 年 12 月 31 日期间的新能源汽车免征车辆购置税，每辆新能源乘用车免税额不超过 3 万元；对购置日期在 2026 年 1 月 1 日至 2027 年 12 月 31 日期间的新能源汽车减半征收车辆购置税，每辆新能源乘用车减税额不超过 1.5 万元
2023.6.19	《关于进一步构建高质量充电基础设施体系的指导意见》	加快推进快速充换电、大功率充电、光储充协同控制等技术研究，持续完善充电基础设施标准体系。到 2030 年基本建成覆盖广泛、规模适度、结构合理、功能完善的高质量充电基础设施体系，有力支撑新能源汽车产业发展，有效满足人民群众出行充电需求
2023.6.28	《关于加快推进充电基础设施建设更好支持新能源汽车下乡和乡村振兴的实施意见》	明确适度超前建设充电基础设施，优化新能源汽车购买使用环境，推动新能源汽车下乡，引导农村地区居民绿色出行，促进乡村全面振兴
2023.8.8	《氢能产业标准体系建设指南（2023 版）》	明确近 3 年国内国际氢能标准化工作重点任务，系统构建氢能制、储、输、用全产业链标准体系，涵盖基础与安全、氢制备、氢储存和输运、氢加注、氢能应用 5 个子体系
2023.8.17	《关于促进退役风电、光伏设备循环利用的指导意见》	到 2025 年，集中式风电场、光伏发电站退役设备处理责任机制基本建立，相关标准规范进一步完善，资源循环利用关键技术取得突破。到 2030 年，风电、光伏设备全流程循环利用技术体系基本成熟，资源循环利用模式更加健全
2023.8.22	《绿色低碳先进技术示范工程实施方案》	到 2025 年，通过实施绿色低碳先进技术示范工程，一批示范项目落地实施，包含三个重点方向：先进电网和储能示范项目、绿氢减碳示范项目，以及交通领域（零碳低碳）示范项目

续表

时间	政策文件名称	重点内容
2023.9.1	《汽车行业稳增长工作方案（2023—2024 年）》	落实好现有新能源汽车税收优惠政策，组织开展公共领域车辆全面电动化先行区试点工作，进一步提升公共领域车辆电动化水平。鼓励开展新能源汽车换电模式应用，深入推进燃料电池汽车示范，稳步提升燃料电池汽车应用规模
2023.10.18	《关于组织开展可再生能源发展试点示范的通知》	到 2025 年，组织实施一批技术先进、经济效益合理、具有较好推广应用前景的示范项目，推动形成一系列相对成熟完善的支持政策、技术标准、商业模式等，有力促进可再生能源新技术、新模式、新业态发展

资料来源：中央人民政府、国家发展和改革委员会、国家能源局官网

2. 地方政府下发实施方案，明确具体目标

在国家政策的指导下，重点省市地方政府因地制宜，对新能源各个领域的发展下发实施方案（见表 2–6），明确具体目标。在政策加持下，我国充换电基础设施体系和氢能产业链更加完善，光伏产业持续赋能，新能源汽车市场焕发活力，各类新能源产业协调发展。

表 2–6　重点省市出台新能源相关政策

时间	地区	政策文件名称	重点内容
2023.3.28	北京	《关于印发推进光伏发电高质量发展支持政策的通知》	通过规划引导、资金支持、强化管理等综合措施，提升全市光伏发电发展质量。市级财政资金对分布式光伏发电项目给予支持，每个项目自并网时间起补贴 5 年
2023.7.20	上海	《上海交通领域氢能推广应用方案（2023—2025 年）》	到 2025 年，力争实现示范应用燃料电池汽车总量超过 1 万辆。加快氢站布局，制定全市加氢站建设规划，按照“站车协同”原则适度超前布局加氢站，在 2025 年前完成不少于 70 座加氢站建设。打造氢能示范应用场景
2023.8.4	深圳	《深圳市加快打造“新一代世界一流汽车城”三年行动计划（2023—2025 年）》	到 2025 年，全市新能源汽车年产量超 200 万辆，汽车产业工业产值达到万亿级规模。新能源汽车保有量达到 130 万辆，新能源汽车新车市场渗透率达到 70%，位居全国前列

续表

时间	地区	政策文件名称	重点内容
2023.8.14	浙江	《浙江省加氢站发展规划》	到 2025 年，基本形成以工业副产氢为主，电解水制氢、可再生能源制氢为补充的氢源保障体系，基本建成市域、城区 100 千米辐射半径的加氢网络，建设加氢站 50 座以上，日加氢能力 35.5 吨以上
2023.8.30	新疆	《氢能产业发展三年行动方案》	统筹氢能产业布局，以氢能产业示范区为抓手，有序开展氢能技术创新与产业应用示范，高质量发展绿色氢能产业链，推进西氢东送，打造国家大型绿氢供应和出口基地
2023.9.19	天津	《天津市进一步构建高质量充电基础设施体系的实施方案》	到 2030 年，力争全市新增各类充电桩不少于 10 万台，车桩比处于全国主要城市前列。实现京津冀主要城市交通圈充电网络全覆盖，高速公路服务区充电桩全覆盖
2023.10.20	北京	《2023 年北京市电动汽车充换电设施建设运营奖励实施细则》	发布充换电设施建设运营奖励标准，有序开展 2023 年北京市电动汽车充换电设施建设运营奖励工作，推动电动汽车充换电服务水平提升
2023.12.12	东莞	《东莞市氢能产业发展行动计划（2023—2025 年）》	以打造粤港澳大湾区氢能装备先进制造基地与示范应用核心区为目标，重点推动氢能产业技术创新化、装备自主化、示范多元化、产业集聚化，实施研发创新水平提升、装备制造业全链条培育、燃料电池汽车强链补链、示范应用多元拓展等五大工程，加速推动东莞经济高质量发展

资料来源：北京、上海、广东、浙江、天津、新疆政府官网

3. 行业投资率持续增加，市场经济效益显著

新能源行业愈加受到投资者青睐，融资金额持续增加。例如，氢能行业近两年迎来融资高峰，2023 年共有 38 家氢能企业进行了 47 轮融资，融资额超 40 亿元。

在大量融资的助力下，我国充换电、氢能、光伏、风能、新能源汽车市场越发活跃，有效发挥了稳投资、促增长的作用，为经济社会高质

量发展注入动能和活力。统计数据显示，2023 年全国充电基础设施增量为 338.6 万台，同比上升 30.6%；累计数量为 859.6 万台，同比增加 65%。截至 2023 年 12 月底，我国太阳能发电装机容量约 6.1 亿千瓦，同比增长 55.2%；风电装机容量约 4.4 亿千瓦，同比增长 20.7%。截至 2024 年 3 月 1 日，我国建成加氢站 414 座（包含建成、运营和暂停）。

4. 各项关键技术持续攻关，助力建设新型能源系统

2023 年，充换电技术不断创新突破，超充桩已落地。目前，超充桩的功率达到 500 千瓦，充电更加快速、便捷。与普通 60 千瓦充电桩相比，超充桩的充电速度可达到普通桩的近 10 倍。新型高效太阳能电池研发有所突破，N 型转换电池的效率达到 25% 以上，还推出了智能光伏管理系统和钙钛矿太阳能电池等。风电技术方面，功率发电机和百米级叶片等关键部件技术持续突破。

在各类技术创新成果的驱动下，新能源行业不断突破瓶颈，成本降低，新型电力系统更加稳定。例如，氢能可解决新型电力系统中大规模可再生电力的储存问题。当前我国风电、光伏、储能、氢能产业发展态势良好，“风光储氢一体化”成为一种新的能源供应系统，能够有效解决传统能源供应的弊端。“光储充一体化充电站”将光伏、储能、充电结合到一起，有效解决了新能源汽车充电站配电容量不足的问题，提高了能源转换效率。

5. 新能源行业竞争激烈，多元化竞争格局逐渐形成

氢能产业开始形成“制、储、运、用”四大环节，氢能的利用方式逐渐多元化，行业竞争越发激烈。上游制取环节，代表企业有中国石化、蓝博科技、隆基等；中游储运环节，代表企业有天沃科技、中科富海、深冷股份等；下游应用包括钢铁、化工、交通等领域，代表企业有中国石油、中国石化、东方电气等。

光伏产业链的多个环节逐渐完善，吸引多家企业布局。上游生产主要指硅料（单晶硅、多晶硅）和硅片，代表企业有合盛硅业、通威股份等；中游生产包括光伏组件、光伏支架等，代表企业有通威股份、隆基绿能等；下游为集中式、分布式光伏电站等光伏发电系统建造与运营，代表企业有隆基绿能、国家电网等。

多家新能源汽车企业签署换电业务合作协议，换电市场从“各自为战”向“合作协同”转变。主要目的是分摊成本，帮助企业降低投资风险。此外，车企间的换电合作推动新能源汽车充换电设施共享化，并形成行业换电标准规范。

（二）2024 年我国新能源行业环境与政策趋势预测

1. 政府加强标准与规范，推进建设产业示范区、示范项目

2024 年，我国将进一步加大对新能源领域的投入和支持力度，引导各领域发展。在新能源技术应用和推广方面，政府将继续加大力度，鼓励城市公交、出租车、物流车辆等重点领域的新能源化改造。加快新能源电力装机容量的扩大，推动光伏发电和风电等清洁能源的应用。在新能源汽车行业，继续实施促进高质量发展系列政策，包括延续车辆购置税免征政策、深入推进新能源汽车及基础设施建设下乡等措施持续发力，将会进一步激发市场活力和消费潜能，促进市场良性竞争。

具体来讲，将加强基础设施建设，包括充换电站、加氢站等；与互联网进行深度融合，引导新能源产业向数智化方向发展；推进新能源技术发展和多元化应用，助力建设产业示范区。例如，近一两年将组织实施一批技术先进、经济效益合理、具有较好推广应用前景的示范项目，包括新型高效光伏电池技术示范、新能源加储能构网型技术示范、海上光伏试点、村镇新能源微能网示范等。

2. 转向市场驱动模式，新能源逐步朝着常规能源方向迈进

新型能源体系的重要特征是清洁低碳。未来新型能源体系建设的重要方向，就是大力推进“风光水火储”多能互补综合能源供给体系建设。在建设初期需要国家政策支持，但最终要借助市场的力量，新能源产业将由政策驱动转向市场驱动。我国的新能源企业要创造良好的市场竞争环境，避免“产能战”“价格战”，不断实现技术上的突破。

未来，新能源将逐步向常规能源迈进。在供给侧，应充分运用市场机制，大力推进传统化石能源清洁高效利用，鼓励传统能源依托现有技术、设备优先发展可再生能源，形成能源多品种互联互通、协同供应。在需求侧，应加快培育新型能源消费观，倡导社会公众在用能意识、消费观上更接受绿色、低碳能源。

3. 技术进步将推动新能源产业降本增效，扩大产业应用领域

燃料电池技术的不断完善，以燃料电池为核心的新兴产业将使氢能的清洁利用得到最大限度发挥。氢能应用关键核心技术不断突破，产业规模化持续提升，氢能的开发、利用将进入实质性发展阶段，氢能下游应用领域将不断扩大，加速氢能产业发展，推进构建绿色环保社会。除了汽车领域，逐步传导至工业、建筑、电力等领域。

光伏数字化是未来光伏行业发展的重要趋势，也是光伏行业的重要机

遇。目前已经出现智慧能源系统、智能运维平台、光伏电站清扫机器人、无人机智能巡检系统等智能软件系统或硬件设备。这些数字化应用可提升电站建设效率、实现电站运行可视化、缩减电站人工成本，从而全方位降低光伏发电成本。

4. 行业竞争将持续升级，促使新能源融合发展

2024年，传统能源企业将结合自身发展需求，与新能源产业进一步融合发展，发展新能源制氢、天然气掺氢输氢、气电调峰、油田分布式能源、海上光伏、综合加能站等新型业务。油氢合建站、气氢合建站的建设数量将持续增加，"光储充一体化"充电站、"制氢加氢一体化"加氢站等新型能源站将走入大众视野。光电氢合力发展，将为新能源汽车大规模普及应用助力。

风光氢储一体化发展持续发力，需借助数字化、智能化手段让系统达到更好的能源效率，实现经济性、最优配比，缩短投资回报时间。加强新型储能关键技术装备研发，优化新型储能产业布局和结构，健全新型储能产业管理体系，完善储能价格机制，进而推动新型电力系统持续建设。

四、2023年我国汽车（燃油、充电、充气、加氢）行业环境分析、政策变化及未来趋势

2023年，我国继续出台相关政策，规范市场秩序，促进新能源汽车的消费和行业标准体系的建设。新能源汽车继续围绕提高经济性、降低排放、实现可持续发展等方面展开。中国车企找准自身定位，正进一步提高国际竞争力。展望2024年，新能源汽车市场将持续高速增长，政策优化和技术创新将推动产业高质量发展。政策方面，政府将出台相关文件，进一步提升技术门槛以解决消费者"续航焦虑"问题。市场方面，新能源汽车将加速替代传统燃油汽车，自主品牌抢占市场份额。技术创新方面，电池技术、充电设施、智能驾驶等将取得突破，提升用户体验。

（一）2023年我国汽车（燃油、充电、充气、加氢）行业环境与政策变化分析

1. 国家出台汽车相关政策，精准引领绿色发展

2023年，我国出台了一系列与新能源汽车相关政策（见表2-7），旨

在鼓励扩大新能源汽车消费，推动公共领域车辆的全面电动化，促进新能源汽车的消费和行业标准体系的建设，规范新能源汽车市场秩序，进一步保障新能源汽车持续健康发展。此外，中国工业和信息化部等七家重要机构集体发声，表示将取消燃油汽车限购措施，这为汽车市场带来新机遇，也意味着新能源汽车产业的发展进入快车道。

表 2–7 国家层面出台汽车行业相关政策

时间	政策文件名称	重点内容
2023.2.3	《关于组织开展公共领域车辆全面电动化先行区试点工作的通知》	推动提升公共领域车辆的电动化水平，促进新能源汽车的推广和基础设施建设，完善充换电基础设施和政策支撑体系，以加快绿色低碳交通运输体系建设
2023.5.14	《关于加快推进充电基础设施建设更好支持新能源汽车下乡和乡村振兴的实施意见》	支持新能源汽车消费，优化新能源汽车购买使用环境，引导农村居民绿色出行，助力乡村全面振兴，促进实现碳达峰碳中和目标
2023.6.8	《关于进一步构建高质量充电基础设施体系的指导意见》	提出构建高质量充电基础设施体系的意见，优化完善网络布局，提升运营服务水平，加快重点区域建设，加强科技创新引领，加大支持保障力度，促进新能源汽车产业发展
2023.6.8	《关于组织开展汽车促消费活动的通知》	提出要顺应城乡居民多样化购车需求，打通全链条、贯通全渠道、联通线上线下，促进汽车消费
2023.6.9	《关于延续和优化新能源汽车车辆购置税减免政策的公告》	对购置日期在 2024 年 1 月 1 日至 2025 年 12 月 31 日期间的新能源汽车免征车辆购置税，对购置日期在 2026 年 1 月 1 日至 2027 年 12 月 31 日期间的新能源汽车减半征收车辆购置税
2023.6.12	《关于开展 2023 年新能源汽车下乡活动的通知》	支持促进农村地区新能源汽车推广应用，推动能源低碳转型，引导农村居民绿色出行，助力乡村振兴
2023.7.18	《国家车联网产业标准体系建设指南（智能网联汽车）（2023 版）》	针对智能网联汽车标准体系修订，以适应我国智能网联汽车发展的新趋势、新特征和新需求，加快构建新型智能网联汽车标准体系，充分发挥标准在车联网产业生态环境构建中的引领和规范作用
2023.7.20	《关于促进汽车消费的若干措施》	鼓励通过优化汽车限购管理政策、支持老旧汽车更新消费、加快培育二手车市场、加强新能源汽车配套设施建设等措施，进一步稳定和扩大汽车消费，更大力度促进新能源汽车持续健康发展

续表

时间	政策文件名称	重点内容
2023.8.25	《关于印发汽车行业稳增长工作方案（2023—2024 年）的通知》	提出扩大新能源汽车消费、稳定燃油汽车消费、推动汽车出口提质增效等七项工作举措，以促进汽车行业稳定增长。明确统筹支持新能源汽车和燃油汽车消费，鼓励企业加大高端化、定制化的房车、皮卡等产品供给，保障产业链供应链稳定畅通
2023.10.12	《关于推动汽车后市场高质量发展的指导意见》	促进汽车后市场规范化，加快法规标准体系和质量认证体系建设，提升市场结构和服务水平，优化汽车使用环境，推动汽车后市场高质量发展，进一步释放汽车消费潜力
2023.11.17	《关于开展智能网联汽车准入和上路通行试点工作的通知》	促进智能网联汽车产品的功能、性能提升和产业生态优化，推动智能网联汽车产业高质量发展。试点工作将严格落实责任，加强安全管理，营造良好环境，总结推广经验，逐步完善相关政策和标准
2023.12.22	《重点新材料首批次应用示范指导目录（2024 年版）》	2024 年 1 月 1 日起实施。主要涉及新能源汽车和氢能方面材料，包括一体化压铸模具钢、电容膜、加成型液体硅橡胶和柔性石墨双极板等，性能要求严格

资料来源：国家工业和信息化部、国家发展和改革委员会、中央人民政府、国家商务部官网

2. 地方政府出台政策，推动新能源汽车发展

2023 年，重点省市相继出台一系列与新能源汽车相关政策（见表 2–8），以推动新能源汽车的普及和发展。一些政策注重培育新能源汽车产业生态圈，如《深圳市碳达峰实施方案》提出加速打造新能源汽车融合发展生态圈等措施。这些政策持续推动新能源汽车普及和发展，促进我国能源消费结构的优化和绿色低碳事业的可持续发展。

表 2–8　重点省市出台汽车行业相关政策

时间	省市	政策名称	重点内容
2023.4.14	河南	《河南省新能源和可再生能源发展“十四五”规划》	推动可再生能源多元化利用和发展，提升风电开发利用水平，建设高质量风电基地，推进地热能规模化开发利用，加强氢能领域技术创新，稳妥有序推进氢能产业发展，组织实施一批重大科技联合攻关项目，加强规划布局，占领氢能产业的技术高地
2023.6.1	重庆	《重庆市 2023 年度充换电基础设施财政补贴政策》	支撑新能源汽车产业快速发展，加大充换电基础设施建设力度，围绕桩、站、平台、宣传四个方面，出台 9 项财政补贴政策

续表

时间	省市	政策名称	重点内容
2023.6.2	北京	《北京市居住区新能源汽车充电“统建统服”试点工作方案》	聚焦既有居住区中充电桩不足的区域为试点场景，优化组织方式，落实服务，加强安全监管，进一步提升居住区新能源汽车充电服务能力，切实解决居民“充电难”
2023.6.13	江苏	《关于推动外贸稳规模优结构的若干措施》	提出从稳定贸易规模、优化贸易结构、加强服务保障三大方面扩大汽车行业出口，在力保外贸市场主体前提下，推动发展外贸新业态新模式，帮助企业开拓国际国内多元化市场，促进外贸稳规模、优结构，持续推动外贸高质量发展
2023.7.5	吉林	《关于支持绿色低碳发展推动碳达峰碳中和的实施意见》	提出发挥财政职能作用，推动绿色低碳发展，支持能源体系转型、重点领域节能降碳、科技创新转化、生产生活和资源节约利用、碳汇能力提升以及完善市场体系等方面的措施
2023.7.20	上海	《上海交通领域氢能推广应用方案（2023—2025年）》	通过拓展交通应用领域和打造示范应用场景，推动氢能在重卡、物流车、客车、非道路移动机械、城建环卫车等领域的广泛应用，在2025年之前，实现示范应用燃料电池汽车总量超过1万辆
2023.9.8	广东	《广东省扩大内需战略实施方案》	旨在释放汽车消费潜力，多措并举扩大新能源汽车消费，取消二手车限迁政策，支持重点场所加大停车基础设施供给，加快充电桩建设。积极发展绿色低碳消费市场，建立完善绿色产品和新能源汽车推广机制
2023.10.7	深圳	《深圳市碳达峰实施方案》	规划布局综合能源补给设施，提升高速公路服务区和港区的充换电、加气、加氢等综合服务能力，加速打造新能源汽车融合发展生态圈，推广建筑—新能源汽车—电网协同模式，创新电池回收、梯级利用、再生利用商业循环模式，培育废旧动力电池综合利用骨干企业
2023.11.11	杭州	《杭州市推进新能源电动汽车充电基础设施建设运营实施办法（修订）》	要求新建住宅按100%比例建设充电设施或预留安装条件，公共建筑按不低于10%的比例建设充电设施，高速公路服务区按100%的比例建设公用充电设施，乡村地区每个中心镇、中心村、未来乡村公用充电设施数量不少于规定数量

续表

时间	省市	政策名称	重点内容
2023.12.22	湖南	《湖南省进一步构建高质量充电基础设施体系的实施意见》	明确构建高质量充电基础设施体系的实施目标，到2025年实现城市、公路、乡村充电网络布局，全省累计建成充电桩40万个以上。到2030年，建成覆盖广泛、智能高效的高质量充电基础设施体系

资料来源：河南、重庆、北京、江苏、吉林、上海、广东、深圳、杭州、湖南政府官网

3. 汽车市场稳定发展，汽车品牌发起价格战

2023年，新能源汽车投资处于持续上升阶段。2023年，我国汽车产销分别完成3016.1万辆和3009.4万辆，同比分别增长11.6%和12%，产销均首次超过3000万辆，连续15年保持全球第一。其中，我国新能源汽车产销分别为958.7万辆和949.5万辆，同比分别增长35.8%和37.9%。新能源汽车出口120.3万辆，同比增长77.6%，成为新的出口增长点。

2023年，各汽车厂商展开了激烈的价格战。比亚迪和理想引领了节奏，年销量同比分别增长61.9%和182.2%。特斯拉作为最早发起价格战的厂商，年销量同比增长38%。新势力厂商中的小鹏同比增幅17%；蔚来同比增长30.7%，增速跑赢纯电大盘。

4. 新能源电池技术升级，氢能技术发展加快

纯电汽车市场保持快速增长，主要受两个关键因素支撑。首先是电池技术的提升。动力电池技术和产业已进入相对成熟的阶段。为实现快充，越来越多的车企加快了超级快充的技术研发，加强了充电桩的建设。其次是新型充电技术的普及。电池的性能关乎车辆的续航里程，是影响消费者使用体验的关键。电池占电动汽车成本的近40%，电池价格是决定电动汽车性价比的关键。中国品牌以电驱动为核心技术，推动新能源汽车产业的高质量发展。

我国氢燃料汽车示范应用工作已开展约两年时间，推动了我国氢燃料汽车技术加快发展。截至2023年，各示范城市群已累计推广氢燃料汽车超过7000辆。截至2024年3月1日，我国建成加氢站414座（包含建成、运营和暂停），居全球首位。依托示范工作的开展，各示范城市群已基本构建了涵盖制备、储运、加注等较为完善的氢能供给体系。我国制氢结构正从以化石能源为主向多元化、低碳化制氢路线转型。其中，可再生能源制氢发展迅速，我国可再生能源制氢项目年产能超7.09万吨。广东、河北、吉林等地支持可再生能源制氢项目在非化工园区建设应用。

5. 自主品牌持续崛起，行业竞争越发激烈

2023 年，我国传统车企持续发展新能源汽车市场，推出定位更高的独立新能源汽车品牌以获取更高的溢价水平，竞争格局逐渐明晰。其中，以比亚迪、华为为首的厂商增速高、潜力大。比亚迪凭借刀片电池等核心技术，构建全产业链，实现了规模效应和盈利。广汽埃安、理想汽车等车企开始实现盈利。潜在增量决定市场份额。抓住市场结构化发展趋势、选择有增量空间的主机厂客户，是产业链上游企业增大营收、扩大市场份额的主要路径。

传统车企、造车新势力、互联网企业等各类企业，共同促进中国新能源汽车行业持续发展，行业竞争越发激烈。盈利能力的比拼和可持续商业模式的较量，成为竞争重点。合资品牌下滑明显，销量下滑、盈利下降、净利润减少成为众多合资品牌面临的难题。新能源汽车行业规模效应较强。在激烈的竞争中，威马、拜腾等车企已经掉队甚至出局。以问界为代表的车型销量走高，表明新能源汽车的竞争将进入智能化比拼阶段。智能化水平的高低，将影响车企的规模和盈利。

（二）2024 年我国汽车（燃油、充电、充气、加氢）行业环境与政策趋势预测

1. 政策优化促进新能源汽车产业高质量发展，各方积极推动汽车产业链整合完善

2024 年，政府将继续发挥关键角色，推动新能源汽车产业进一步发展。《关于延续和优化新能源汽车车辆购置税减免政策的公告》从 2024 年 1 月 1 日起正式实施，明确了未来 4 年国内新能源汽车依然享有购置税减免政策，并对享受减免车辆购置税的新能源汽车产品提出了技术要求。技术标准的提高，释放出新能源汽车从依靠补贴生存向以质量求发展转变的信号。政府将不断通过相关政策的优化，引导消费者购买更高质量的车型。2024 年，在激励政策、充电设施建设、技术创新和产业链完善等多个方面，政府的积极行动将为新能源汽车产业的未来发展提供有力支持，推动整个行业迈向更高水平。

2. 新能源汽车加速占据市场，插混汽车市场高速增长

2024 年，新能源汽车将加速替代传统燃油汽车，自主新能源产品加速抢占合资品牌传统优势市场，以传统燃油汽车为主要产品的非豪华主流合资车企市场空间受到明显挤压。预计 2024 年中国汽车销量为 3100 万 ~ 3200 万辆，同比增长 4%~6.7%。其中，新能源汽车销量 1150 万辆，

占比 38%。国内燃油汽车市场增速持续减低，燃油汽车出口市场稳中有升。

预计插混车型（含增程）销量将保持高速增长态势，继续成为新能源汽车增长的主要动能。在需求端，消费者对插电混动车型的接受度持续提高，越来越认识到其使用场景多元和性价比高等优势。在供给端，插混车型将密集上市，且覆盖各个价位区间，特别是产品售价可能进一步下探，将有更多的车型进入 10 万~15 万元的价格区间。

3. 多项关键技术持续突破，驱动新能源汽车创新飞跃

2024 年，通过技术创新，新能源汽车的续航里程将再次提升。电池技术的改进，将使纯电动汽车的续航里程达到 500 千米以上。快速充电技术的成熟和智能充电基础设施的建设，将提高充电效率和速度，进一步改善用户的充电体验。无人驾驶技术、智能驾驶辅助系统等将进一步应用在新能源汽车上，提供更加安全和便利的驾驶体验。智能驾驶、智能座舱、智能网联技术，特别是智能驾驶技术成为第一梯队拉开与后续追赶者距离的制胜法宝。未来在“智能驾驶”技术上投入更大、积累更深的品牌，有望在市场上迎来新一轮的爆发。

4. 汽车市场进入存量竞争阶段，价格战依旧持续

中国汽车市场已经进入存量竞争阶段，马太效应越发明显，落后车企被加速淘汰。新能源汽车企业中的新势力企业，虽然融资规模快速上升，但资金消耗速度更快。目前，新势力企业“以价换量”策略容易导致资金链断裂，企业“停摆”的情况将更频繁出现。燃油汽车企业受到新能源挤压，资金紧张、品牌影响力下降、产品力不足的车企生存将更加困难。部分合资品牌转型迟缓，未来将有可能退出中国市场。

随着市场竞争的加剧，价格战仍将是行业竞争的主基调。伴随汽车产业链各环节价格下滑，行业规模持续上量，“油电同价”的时代有望全面来临。随着自主电动汽车进入 10 万~20 万元价格带，自主电动智能汽车进入 20 万元以上价格带，合资车企的超额定价和超额盈利在竞争之下将被持续压缩。部分合资车企仍有降价空间和动能。

Ⅲ 资源供给篇

一、2023 年原油市场情况与未来预测

2023 年，俄乌冲突带来的地缘溢价逐步消退，国际油价中枢整体下移，布伦特原油期货全年均价为 82.17 美元 / 桶，较上年下跌 17%，但仍处于近 10 年油价运行上沿。全年来看，国际油价先跌后涨再回落，走势一波三折（见图 3–1）。

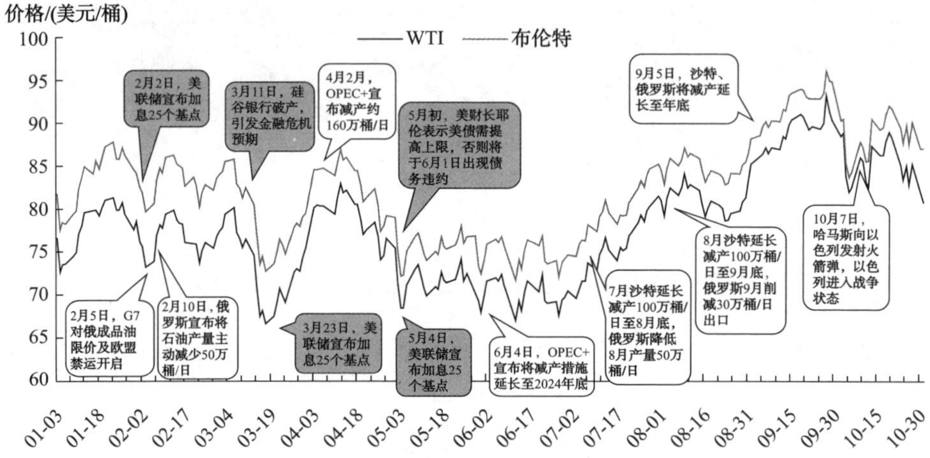

图 3–1 国际油价走势示意图

（一）从时间维度看，四件大事分别主导了四个季度国际油价走势

1. 俄乌冲突溢价逐步消退，油价中枢开始下移

2022 年爆发的俄乌冲突导致美国、欧盟等西方国家宣布禁运俄罗斯海运原油。禁运措施先后对俄罗斯原油、成品油生效。市场预测此举将导致俄罗斯出口大幅衰减，因此给予了油价较大地缘溢价。但从实际情况看，俄罗斯通过自建船队、油轮过驳、开辟新航线等手段，扩大了印度、土耳其等地的出口和转口市场，实现了终端市场的顺利转移，稳定了出口规模。2023 年一季度，俄罗斯被迫减产预期落空后，市场开始回吐地缘溢价，油价进入下行通道。

2. 美元加息且持续维持高息环境，需求衰退预期加剧油价下行压力

为了对抗通胀，美联储在 2023 年 2 月、3 月、5 月、7 月完成了 4 次

加息，在二季度末、三季度初将美元基准利率提升到 5.25%。急速加息引发了长短美债收益率大幅倒挂，引发银行业危机。3 月，在期限错配和利率倒挂的双重影响下，美国中小银行的流动性持续紧张，出现了大量提款和挤兑现象。因此，硅谷银行抛售约 210 亿美元债券以应对流动性危机，产生的亏损高达 18 亿美元。抛售行为在欧美金融市场中产生了较大的负面溢出效应，市场开始预期欧美即将出现经济衰退。加之流动性紧张，使得布伦特管理基金多头平仓离场，加剧了油价的技术性下跌行情。直至美联储出台 BTFD 等工具，斩断金融危机向实体经济扩散的路径后，油价才稍有稳定。

3. OPEC+ 发挥压舱石作用，多次减产改变基本面预期

为了对抗油价下行走势，OPEC+ 组织开始减产保价。2023 年 4 月宣布自 2022 年 10 月以来的第二次集体减产。此次减产以 2023 年 2 月的实际产量为基准，完全履约带来的实际减产规模约为 115 万桶 / 日。在 2023 年 6 月初宣布将 4 月的减产协议延长至 2024 年底。沙特在自愿减产基础之上单独在 7 月进行了一次 100 万桶 / 日的额外减产。连续的产量收缩改变了市场对供需过剩的担忧。叠加三季度市场进入需求旺季、主要石油消费国库存连续下降的有利时机，国际油价启动了年度最大幅度的上涨，于 2023 年 9 月末突破 96 美元 / 桶，创下年内价格高点。

4. 巴以冲突再起，外溢风险导致油价进入震荡周期

2023 年 10 月初，长期美债收益率快速上行，再度引发需求衰退担忧。国际油价由涨转跌，进入下行通道。但 2023 年 10 月，巴以冲突的爆发导致国际油价进入反复震荡阶段。事件初期，市场担忧主要产油国介入冲突，给予了事件较高溢价。随着各方表态克制，油价短暂冲高后快速回落。但是，巴以局势进程冗长，外溢风险暗流波动，直至也门胡塞武装宣布袭击通过红海向以色列运输物资的船只，再度带给石油市场直接影响。多家大型石油公司因此宣布暂停红海航线，绕行好望角。此举相当于增长海上周转库存，在一定程度上导致陆上商业库存下降，使得石油价格因此获得支撑。

（二）从市场供需平衡看，2023 年国际石油市场有三大特点

1. 全球需求格局从“东升西降”转为“东升西稳”

欧美需求在宏观经济疲弱预期中左右摇摆。随着经济软着陆预期增强，OECD（经济合作与发展组织）国家需求增量由 –30 万桶 / 日转为 10 万桶 / 日，非 OECD 国家需求增长为 230 万桶 / 日。其中，中国需求增长

为 170 万桶 / 日，印度需求增长为 20 万桶 / 日，占全球增量的 70% 以上。中国作为需求增长重心，是油品需求格局分化的主要驱动因素。

制造业与服务业景气程度不一，导致油品需求格局分化。新冠疫情防控形势改变后，全球服务业 PMI（采购经理指数）自 2023 年初以来迅速攀升至扩张区间。但是，高利率周期、经济疲弱对制造业抑制较为明显。制造业 PMI 持续处于收缩区间。2023 年，增量集中在航煤和汽油等消费属性油品，约为 170 万桶 / 日；生产属性油品柴油仅增长 9 万桶 / 日。

2. 全球供应东减西增，OPEC+ 减产保价稳定全年供需平衡

2023 年，OPEC+ 持续加大减产力度。为了实现财政平衡油价，5 月开始，OPEC+ 减产达到 165 万桶 / 日。7 月起，沙特额外减产 100 万桶 / 日，产量降至 2020 年以来最低水平。OPEC+ 剩余产能因此升至高位。7 月后，产量维持在 500 万桶 / 日以上。OPEC+ 减产保价意愿强烈，稳定了全年供应维持偏紧态势。

2023 年，俄油继续东移，海运石油出口向印度、东亚分别增加约 90 万桶 / 日和 30 万桶 / 日，欧洲减少约 150 万桶 / 日。美洲、西非成为欧洲主要供应源。全球原油贸易走向实现东西两个循环。美国产量稳步提升，创历史新高。为了对冲 OPEC+ 的减产压力，美国放松对伊朗的监管力度。伊朗产量迅速提高，贡献年内供应第二增量。2023 年，伊朗原油产量增长至 310 万桶 / 日，恢复至禁令生效以来的最高水平。

3. 高息环境抑制效应明显，加剧油价波动

欧美央行持续加息打压通胀。欧美核心通胀黏性较大，央行延续货币紧缩政策。美联储全年共加息 100 个基点，并强硬延续高息环境的持续时间。降息预期时点从 2023 年 3 月不断后移至 2024 年 6 月，对油价运行的抑制效应十分显著。同时，由于持续高息带来的利率倒挂、期限错配，引发银行业危机。美国财政赤字扩大、党派争端，导致美债上限危机、长端利率飙升等现象发生，在 2023 年内多次干扰了油价的运行趋势。市场在由金融属性引发的弱预期和 OPEC+ 减产造就的强现实之间反复博弈，最终走出了一波三折的行情。

（三）我国石油市场供需情况

1. 我国原油产量连续增长

我国石油生产企业积极响应国家政策号召，大力推进增储上产，使国内原油产量稳步增长。国家能源局数据显示，2023 年，国内原油产量 2.08 亿吨，同比增产 300 万吨以上，与 2018 年相比大幅增产近 1900 万吨。国

内原油 2 亿吨长期稳产的基本盘得以进一步夯实。其中，海洋原油产量大幅上升成为关键增量，产量突破 6200 万吨，连续 4 年占全国石油增产量的 60% 以上。页岩油勘探开发稳步推进，陆上深层—超深层勘探开发持续获得重大发现。未来几年，中国将继续加大对油气资源的勘探开发力度，以满足国内日益增长的能源需求。

虽然我国石油对外依存度较高，但总体来看，国内石油产量持续增长为中国能源结构调整和能源安全保障奠定了坚实基础，为国内经济发展和社会稳定做出了重要贡献。

2. 我国原油消费量企稳回升

2023 年，我国石油消费量约为 7.56 亿吨，同比增长 5.1%，扭转了 2021 年以来连续 2 年下滑的态势。新冠疫情防控转段后，我国经济持续回升向好，社会生产、居民生活的燃料和原料需求均迅速回升，拉动石油消费量重回增长通道。2016—2023 年我国石油消费量及同比增速变化如图 3-2 所示。

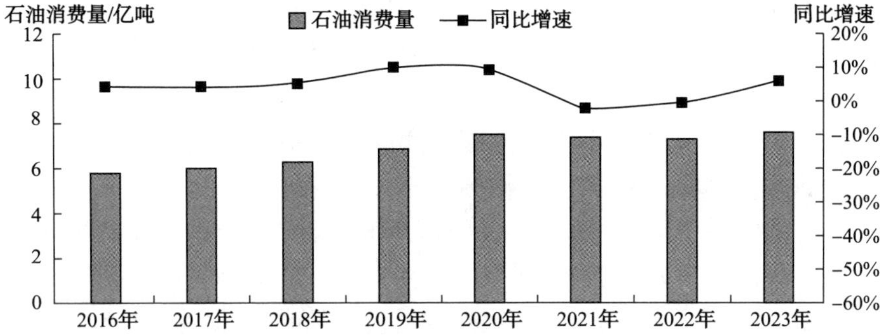

图 3-2　2016—2023 年我国石油消费量及同比增速

我国人口从 2022 年开启负增长阶段，但我国的人口规模对能源消费的托举作用将长期存在。目前，我国的石油消费量仍然未达到峰值，但增速已明显放缓，消费规模已接近平台期。新能源汽车的加速发展，天然气、甲醇等低碳燃料的替代日益增加，导致石油消费中交通燃料需求不断下降。预计 2025—2030 年，我国的石油消费量将达到峰值 8 亿吨，而后随着燃料需求减少而下降。中长期来看，石油将从重要的交通燃料向不可或缺的石化原料转化。

（四）2024 年国际油价中枢下移

展望 2024 年，全球经济承压，石油需求增幅放缓，OPEC+ 减产力度放松，供给仍有增产动力，市场供需边际宽松，将促使油价中枢略有下移。但是，美元转入降息周期，叠加 OPEC+ 减产框架延续且托底，全球库存仍然处于低位，预计油价降幅有限。在基准情景下，2024 年油价走势前低后高，布伦特原油均价将在 80~85 美元 / 桶区间。

1. 全球需求增幅收窄，增量集中在发展中国家

高利率环境延缓全球经济增速。为了对抗通胀压力，主要发达经济体均较大幅度地提升了基准利率。尤其是美元在本轮加息周期中已经累计加息超过 500 个基点，加息幅度和速度为 20 年之最。从历史规律来看，货币紧缩向实体经济传导具有 3~6 个月的时滞效应。当前，发达经济体的高利率环境对 2024 年上半年的经济增长有明显的抑制作用。根据 IMF（国际货币基金组织）、世界银行等机构的预测，2024 年全球 GDP 同比将增长 2.8%，较 2023 年放缓 0.2 个百分点。

受经济减速及电动替代影响，发达国家的石油需求将小幅萎缩。根据历史规律，全球 GDP 增速每放缓 1 个百分点，将压缩石油需求 1.5 个百分点。经济减速降低了发达经济体需求增长的基本动力。另外，发达经济体车辆动力结构向电动化转型。欧洲电动汽车销量渗透率超过 16%，美国接近 10%。与我国仍然处于车辆增长周期不同，欧美已经处于车辆饱和阶段。欧美的电动汽车将直接替换存量燃油汽车，蚕食存量石油需求。预计 2024 年发达经济体的石油需求小幅萎缩至 40 万桶 / 日。

全球石油需求东升西降，发展中国家贡献主要增量。作为全球经济引擎，以中国、印度为代表的发展中国家，石油需求仍将保持增长，预计 2024 年增量为 120 万桶 / 日。结合发达经济体降幅，预计 2024 年全球石油需求为 1.03 亿桶 / 日，同比增长 80 万桶 / 日，较 2021—2023 年各年的 610 万桶 / 日、200 万桶 / 日、230 万桶 / 日的增幅明显放缓。

2. 减产协议延续，非 OPEC+ 增产带动供给增长

2024 年，OPEC+ 减产协议仍然是石油市场的压舱石，但执行力度可能衰减。当前，全球石油产能约为 1.08 亿桶 / 日，仍高于全球需求水平，需要供给端保持主动减产才能维持供需平衡。从市场调节能力来看，DUC（已钻待压裂井）大幅减少后，美国石油产能的机动能力已然减弱。OPEC+ 控制了全球 85% 的剩余产能，调节能力空前集中。考虑到无明显外部份额竞争压力，预计 2024 年 OPEC+ 会延续减产协议。但由于内部成员国财政平衡对油价的要求不同，OPEC+ 内部对进一步减产存在分歧。预计 2024 年 OPEC+ 将重新核定减产份额，供应紧缩力度较 2023 年放缓。

叠加在制裁放松的影响下委内瑞拉产量将有 30 万桶 / 日的增长，2024 年 OPEC+ 产量同比增长约 70 万桶 / 日。

搭减产便车，非 OPEC+ 国家缓步增产。高油价推动非 OPEC+ 国家持续提升本国石油产量。根据相关项目进展，预计 2024 年加拿大、巴西、圭亚那分别增产 18 万桶 / 日、28 万桶 / 日、21 万桶 / 日。受益于压裂技术进步和再压裂技术应用范围扩大，美国页岩油存量井产量衰减放缓，新井产量提升。2024 年，美国原油产量将增至 1320 万桶 / 日。综合来看，预计 2024 年非 OPEC+ 国家产量同比增长 100 万桶 / 日。

3. 供需小幅宽松，但库存仍处于低位区间

2024 年，全球需求同比增长 80 万桶 / 日，供应同比增长 170 万桶 / 日。在补齐当前市场缺口后，市场总体供大于求 45 万桶 / 日。从时段来看，过剩压力将主要出现在上半年，下半年仍有一定的供需缺口。

库存仍然处于较低区间。长周期来看，油价与 OECD 库存可用天数存在明显的负相关关系。当库存可用天数高于 93 天时，油价一般处于低油价周期，反之则处于高油价周期。经历 3 年去库存周期后，OECD 库存已显著低于 5 年均值水平。尽管 2024 年库存水平将出现一定回升，但预计全年 OECD 库存可用天数仍低于经验荣枯线，处于历史较低水平，对油价形成底部支撑。

4. 美元转入降息周期，金融属性影响由负转正

2023 年 3 月美国银行危机以来，美联储加息步伐显著放缓，7 月后甚至暂停了加息。考虑到加息已引发美国长期国债收益率快速上升，加剧美债发行难度，预计 2024 年美元将转入降息周期。在不发生系统性风险时，美元降息通常将推升大宗商品价格。但由于美国通胀仍然具有黏性，美联储在较长时间里维持了鹰派态度，使得美元降息预期时点一再后移，逐步从 2023 年 3 月推迟至 2024 年 6 月。2024 年上半年，美元大概率维持高息环境，延缓金融属性反转对油价的支撑力度。

5. 地缘博弈持续，油价维持高波动状态

2024 年，百年变局深入演进，国际形势的不稳定性和不确定性继续增加。中美两国将在旧金山会晤的基础上关系有所缓和，避免冲突、负责任竞争、对话合作。但是，在大选压力下，拜登政府能否克服国内政治和舆论干扰、落实旧金山共识，存在不确定性。潜在的政党更迭可能导致双边关系恶化。乌克兰危机结局难定，俄罗斯与美国等西方国家关系持续恶化，加之欧美对俄制裁常态化发展，导致俄欧贸易进一步收缩。俄油虽然

成功转移贸易流向，但是油气收入难以保障，导致外汇收入减少，债务违约风险加剧。中东地区多股势力交织，乱局斗争高度复杂，新老问题层出不穷。巴以冲突尚未达成最终停火协议，胡塞武装挑起的红海危机阻碍贸易畅通，预计短期内难以缓解，对中东地区石油稳定生产供应与运输贸易形成较大压力。总体来看，2024年，全球治理体系进入深度变革调整期，对石油市场形成外溢效应，加剧油价波动幅度。

二、2023年我国成品油市场情况与未来预测

2023年是“十四五”承上启下的关键一年，我国经济从新冠疫情阴影下走出，呈现稳步复苏发展态势，国内成品油消费企稳回升，成品油市场供需两旺。展望2024年，我国经济发展将继续稳固向好，但仍然面临需求不足、外部环境严峻复杂等情况。同时，碳达峰工作稳步推进，低碳能源消费超预期增长。2024年，我国成品油市场在持续增长的同时，面临碳排放“双控”带来的压力。总体来看，我国成品油消费已走出三年疫情影响，在巨大人口规模对能源刚性消费不断增加的背景下，仍将保持一段时间的温和增长。

（一）成品油市场需求持续复苏

2023年，随着新冠疫情阴霾散去，我国社会生产和居民生活迅速回归正常，成品油需求持续复苏。广东石化、盛虹石化全面投产，成品油产量增速超过需求增速。但是，政策的监管和出口配额的调节，较好地解决了资源过剩的矛盾。替代能源方面，乘用车的电动化，尤其是运营车辆的电动化率较高，进一步提高了电动力对汽油的替代。车用LNG价格的经济性呈现2016年以来的最好水平。公路运输领域“气进柴退”的主调贯穿全年。

1. 国内经济恢复，成品油消费结构深度调整

2023年，我国GDP为126.06万亿元，同比增长5.2%，摆脱了新冠疫情影响，再度回归潜在增速区间。经济复苏，社会经济秩序重心从疫情管控重新转向经济发展，居民积压的出行需求得到集中释放，均给全年的成品油消费提供了最强支撑。

但是，从增长结构来看，房地产和地方政府投资等传统经济关键增长点均进入周期性转折阶段。部分工程实务工作量减少，削弱了柴油远期消

费基本盘。作为新增长之一的新能源汽车产业得到快速发展，进一步分流了燃油汽车的需求。燃油汽车销量负增长，削弱了汽油消费增长动力。随着经济结构持续调整，成品油消费逐步进入结构分化周期。

2. 成品油消费呈现低基数上的高增长

2023 年，我国成品油消费量 3.66 亿吨，同比增长 12.2%。可以认为，新冠疫情对成品油消费的影响已经消退，我国成品油消费市场恢复到了正常情境。分品种来看，汽油、煤油、柴油的消费量分别为 1.56 亿吨、0.35 亿吨和 1.75 亿吨。受上一年低基数影响，同比增速分别为 12.5%、92% 和 3.3%。2010—2024 年我国成品油消费量及增速变化如图 3–3 所示。

图 3–3　2010—2024 年成品油消费量及增速

3. 燃油汽车保有量提高和出行频次补偿式增长，汽油消费量快速增加

2022 年，新冠疫情形势严峻，加之油价高企，居民日常出行严重受阻。我国汽油消费量与上一年相比下降了 11.2%，降幅为国家发展和改革委员会有记录以来的最高值。2023 年，国际油价波动下行，汽油消费的成本压力明显减轻。出行方面，优化防控“新十条”的实施效果在 2023 年春节期间开始显示，道路出行需求出现明显反弹。从端午节开始，假日出行人数已超过 2019 年同期。随后到来的“五一”、暑假和“十一”，出行人数都创出了历史新高，为我国汽油消费的大幅增长提供了有力支撑。

新冠疫情以来压抑的购车需求在 2023 年得到集中释放。我国汽车销量创出 3009.4 万辆的新高，同比增长 12%。其中，传统燃油汽车销量在经历了连续 5 年下滑后，2023 年出现难得的正增长，回升到 2000 万辆以上。我国新能源汽车超预期增长，2023 年销量 949.5 万辆，在全国汽车销量中占比达到 31.6%。2016—2023 年我国汽车分燃料类型销量及新能源汽车销量占比变化如图 3–4 所示。

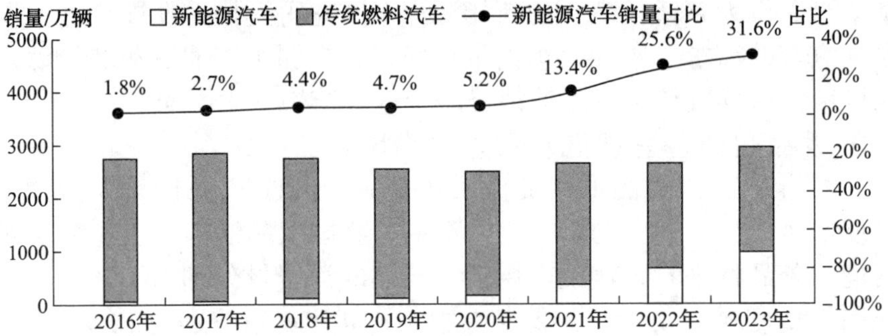

图 3-4　2016—2023 年我国汽车分燃料类型销量及新能源汽车销量占比

燃油汽车销量占比持续减少，保有量增速持续下降。2023 年，我国燃油汽车保有量增速已下降至 3.7%。绿色出行、共享出行等多样化方式逐步拉低燃油汽车的出行频率。综合燃油汽车保有量和汽油消费数据分析发现，2023 年，我国燃油汽车的年度实际单耗为 0.54 吨，是 2015 年的 60%。技术进步和出行方式带来的平均单车油耗下降，显示汽油消费的内在驱动力不断削弱。2023 年的燃油汽车保有量较 2019 年增加了 24%，但汽油消费量较 2019 年仅增加了 6.4%。

4. 执飞航班数量陆续回升，航煤消费规模向疫情前水平靠拢

2023 年，疫情影响消退后，我国执飞航班数量持续回升，国内航线航班数量基本恢复至疫情前水平，港澳台航线航班数量已超出疫情前水平，但国际航线的航班数量受多种因素影响尚未完全恢复。以中美航班为例，自 2023 年 11 月 9 日开始，中方执飞的中美航班数量提高到每周 35 班，而 2019 年高达每周 332 班。2021—2023 年我国执飞航班数量变化如图 3-5 所示。2023 年，中国航煤消费量为 0.35 亿吨，同比增长 92%，已恢复至 2019 年消费规模的 95%。

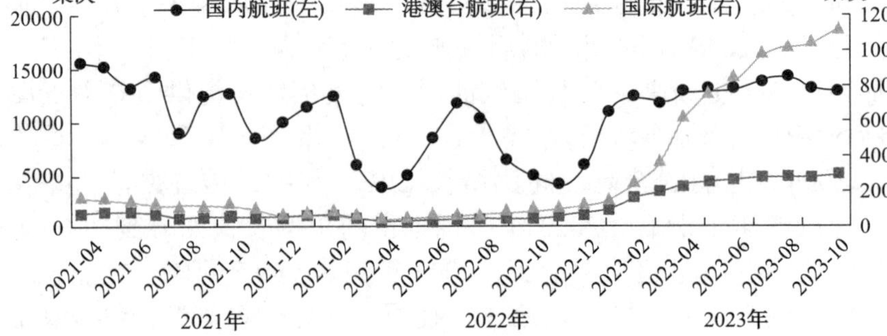

图 3-5　2021—2023 年我国执飞航班数量

5. 公路领域低碳能源替代增加，柴油消费增长空间有限

2023 年，我国经济稳步复苏，驱动柴油消费增长。从主要用油行业看，柴油消费增速差异不大。农业用油呈小幅稳步上升态势。房地产行业在 2023 年表现不佳，基建投资的稳定增长对冲了部分房地产的不利影响，建筑施工用油总体小幅增长。煤炭行业的持续景气，弥补了工矿生产领域柴油需求的不足，工矿用油增长 3%。公路物流领域，我国清洁低碳燃料对柴油的替代显著增长，车用 LNG 对柴油的替代率显著提高。2023 年，国内市场车用 LNG 的价格优势突出，进一步加剧了对公路物流柴油的替代。根据对不同燃料重卡车辆行驶里程的比较，2023 年，公路物流领域车用 LNG 对柴油的替代率达到 14%，同比提高 3 个百分点。分季节看，呈现逐季走高态势，与往年波动变化走势完全不同。2020—2023 年车用 LNG 对公路物流领域柴油的替代率如图 3-6 所示。综合各行业柴油消费变化情况，2023 年，柴油消费量为 1.75 亿吨，同比增长 3.3%。

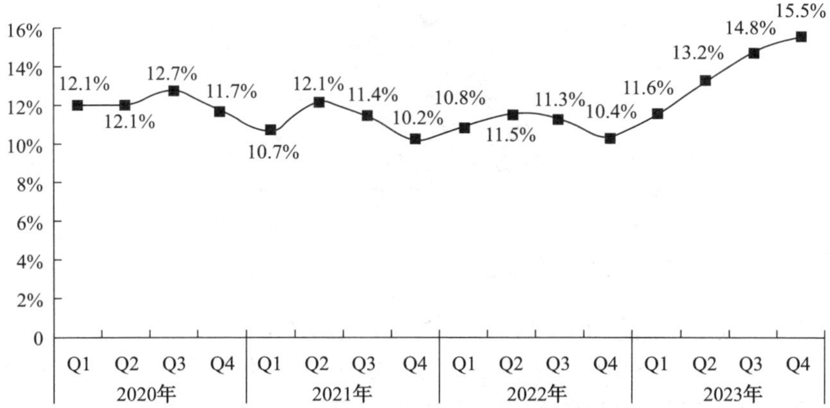

图 3-6　2020—2023 年车用 LNG 对公路物流领域柴油的替代率

6. 成品油管道发展得到快速推进

统计数据显示，2023 年，我国成品油管道总长已超过 3.2 万千米，成品油管道服务水平不断提升，智慧管网建设加速推进，油气管网输送保障能力持续优化提升，管网运行成本不断降低。一是我国的成品油管道网络进一步完善。其中，东部地区和南部地区的油气管道密度较高，西部地区和北部地区的油气管道密度相对较低。这主要是因为东部地区和南部地区经济发达，能源需求量大；而西部地区和北部地区地势复杂，建设难度较大。二是管道运输技术不断创新。随着管道运输技术不断提升和智能化技术的应用，我国成品油管道的运输更加安全高效，对管道运输过程的监控

和管理将更加便捷，大大降低了事故发生的概率。三是管道运输的油品质量不断提升。我国加大对成品油质量的监管力度，推动管道中成品油的质量提升。

（二）新炼油能力全面释放，助力成品油产量大幅增长

2023年，随着盛虹石化、广东石化全面投产，我国总炼油能力增加至9.2亿吨/年。需求增长，供应增加，我国成品油市场供需两旺。全年成品油产量接近4.1亿吨，同比增长13.9%。2023年我国主要炼油企业炼油能力占比情况如图3-7所示。

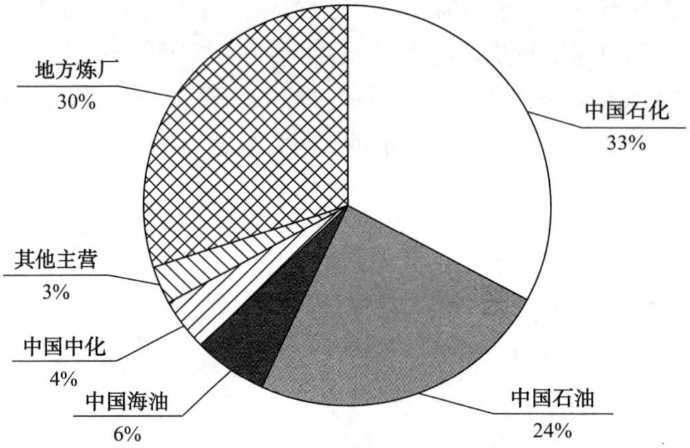

图3-7 2023年我国主要炼油企业炼油能力占比情况

1. 骨干炼厂原油加工量和成品油产量双升

2023年，中国石化、中国石油持续提高原油加工量和成品油收率。国家发展和改革委员会的统计数据显示，2023年，两大集团的原油加工量合计同比提高10%以上，成品油产量合计提高15%，较好地满足了国内市场消费增长的需要。2023年2月全面建成投产的广东石化炼化一体化项目，炼油能力2000万吨/年，是中国石油一次性投资规模最大的项目。得益于广东石化的全面投产，中国石油的原油加工量增长较快，在国内成品油市场中的影响力进一步增强。

2. 独立炼厂进口配额原油同比下降

目前，地方炼厂的炼油能力占我国总炼油能力的30%，是我国炼油行业的重要组成部分。2015年起，地方炼厂获得进口原油配额使用权，成品油产量持续上升。三大独立炼厂——恒力石化、浙江石化、盛虹石化，原油加工能力合计7600万吨/年，占地方炼厂总炼油能力的28%。有足额

配额原油的支持，三大独立炼厂 2023 年基本满负荷生产，带动地炼原油加工量和成品油产量呈现同比双升，总加工量同比提高 14% 以上。独立大炼厂的汽柴油收率明显低于传统地炼，三大独立炼厂平均汽柴油收率不足 30%，显著拉低了地炼整体的汽柴油收率。2023 年，地炼总体的汽柴油收率仅为 56%，较 2022 年下降 4 个百分点。

2022 年 9 月，国家商务部下发了非国营贸易进口原油允许量提前批，要求在 2022 年内使用完毕，并不计入 2023 年的进口配额。2023 年，国家商务部下达的配额内的进口允许量只有三批，2023 年底下发的提前批允许量计入 2024 年配额。因此，地炼 2023 年获得的配额原油进口量较 2022 年减少 1400 万吨，对成品油增量贡献较小。2019—2023 年地炼获得配额原油进口允许量如图 3-8 所示。

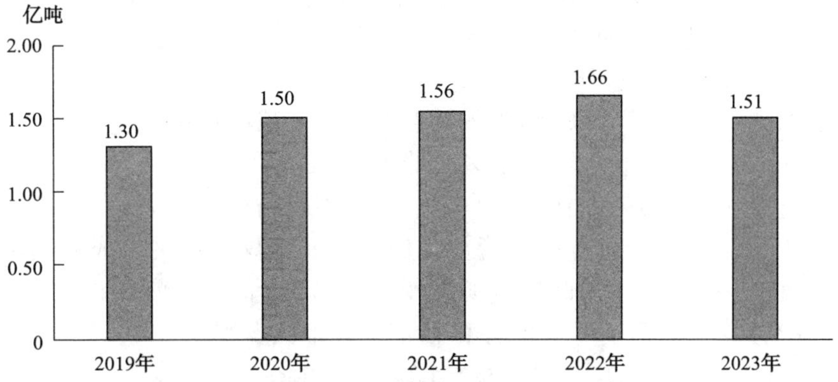

图 3-8　2019—2023 年地炼获得配额原油进口允许量

（三）政策有机调节，稳定国内市场价格

2023 年，我国成品油产量增速超过需求增速，产需过剩量超过 4200 万吨。但是，在供需两侧的政策调节下，我国成品油市场竞争形势规范有序，未出现较为激烈的降价销售竞争。

1. 严监管和消费税扩围征收整顿了不合规低价资源

2023 年，我国成品油市场依然维持严监管态势。同时，税收政策持续加码，隐性资源继续减少。《关于部分成品油消费税政策执行口径的公告》将异辛烷、稳定轻烃、轻质煤焦油等 17 类产品纳入成品油消费税征税范围。这是继 2021 年对轻循环油、稀释沥青等油品进口环节征收消费税后，堵塞调和油原料税收漏洞的又一重要举措。成品油消费税扩围征收的产品类别和征税标准如表 3-1 所示。

表 3-1　成品油消费税扩围征收的产品类别和征税标准

征税子税目	征收标准	现有油品名称
汽油	1.52 元 / 升	烷基化油（异辛烷）
溶剂油	1.52 元 / 升	石油醚、粗白油、轻质白油、部分工业白油（5 号、7 号、10 号、15 号、22 号、32 号、46 号）
石脑油	1.52 元 / 升	混合芳烃、重芳烃、混合碳八、稳定轻烃、轻油、轻质煤焦油

据不完全统计，2022 年，我国烷基化油产量约 30 万吨，工业白油产量 400 万~500 万吨，重芳烃产量约 130 万吨，山西、内蒙古、新疆等煤制油企业生产轻质煤焦油 200 万~300 万吨。以烷基化油为例，按照当前 2110 元 / 吨的汽油消费税测算，每吨烷基化油将需要缴纳消费税 2172 元，每吨调和汽油成本增加 700 元。低价资源成本上升，市场竞争力减弱，我国成品油市场的竞争公平性继续提高。

2021 年以来，多种调和组分、变票油纳入消费税征管范围，导致 8% 的柴油市场份额向合规单位转移，带来了增长机遇。2023 年，国家有关部门就进一步规范成品油市场征求意见，欲从原油进口、炼厂加工、成品油销售等全流程对产业链进行管控和清理，并将煤制油纳入成品油标准体系。预计有 1600 万吨的低价资源被纳入合规管理。在成品油市场治理持续发力的背景下，市场竞争形势有利于合规单位发展。

2. 出口大幅增加助力国内市场供需平衡

随着我国炼油能力不断提高，成品油资源的富余量持续增加，需要通过出口进行平衡。2020 年以来，随着“双碳”目标的提出和各项行动方案的落实，成品油出口配额逐渐下降，加之需求萎缩，我国成品油生产企业主动调减产量，成品油出口量持续下降，2022 年出口量不到 3500 万吨。2023 年，我国炼油能力增加较多，资源过剩规模加大，而国际市场成品油裂化价差处于较高水平。因成品油出口效益较好，我国炼油企业出口积极性较高。2023 年，成品油出口配额提高至 3999 万吨，较 2022 年提高 274 万吨。从海关实际完成出口统计量看，2023 年成品油出口量 4190.55 万吨，接近国内成品油产需差，基本满足了出口需求，平衡了国内市场。

与成品油出口量增加相反，我国成品油进口量持续降低。尤其是 2020 年以来，降幅持续加大。2023 年，全部进口量不足 36 万吨。2013—2023 年国内成品油产需差变化如图 3-9 所示。

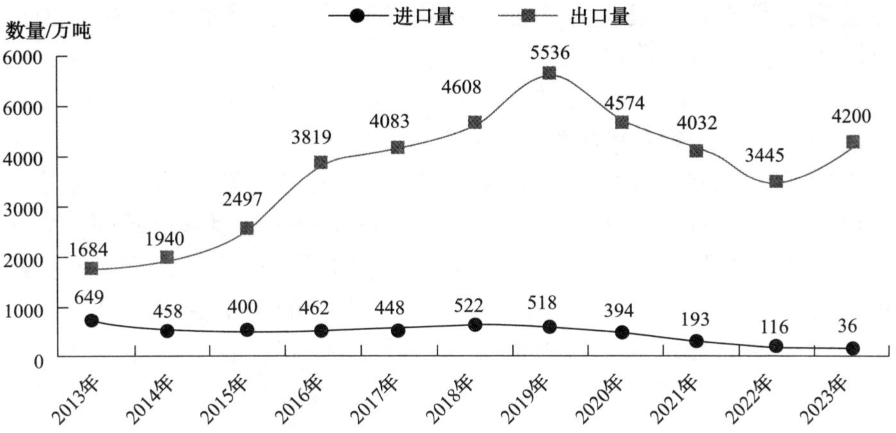

图 3-9　2013—2023 年国内成品油产需差

（四）2024 年我国成品油市场需求增速大幅放缓

需求侧，2024 年，我国宏观经济将继续高质量增长，成品油总消费量仍有增长空间。与 2023 年全品类增长不同，2024 年将呈现汽油稳、航煤快、柴油降的态势。供应侧，2024 年，继续有新炼厂投产，资源供给端增速将快于消费端，市场资源过剩余量同比增加。在市场秩序持续整顿的影响下，市场环境继续净化，竞争秩序进一步规范，市场环境总体有利于主营单位。

1. 经济重心转向高质量发展

2023 年末，中央政治局工作会议确定 2024 年“稳中求进、以进促稳、先立后破”的经济工作主基调。“先立后破”“形成消费和投资相互促进良性循环”“扩大高水平对外开放”等几个关键提法，对 2024 年经济发力点给予了明确指示。

“先立后破”，强调转型新动能的同时旧动能不能失速。作为传统经济发动机的地方政府投资、房地产投资增速将逐步回温。预计 2024 年国内投资增速提高至 5%，较 2023 年提高 2 个百分点。

“形成消费和投资相互促进良性循环”，点明将在消费和投资的两大代表动力上继续给予政策支持。但是，考虑到居民资产负债表修复具备周期性，消费意愿的释放有待前景明确，预计 2024 年消费同比增长 5%，较 2023 年回落 2.5 个百分点，但较 2022 年、2023 年两年平均增速加快 1.4 个百分点。

“扩大高水平对外开放”，点明在贸易保护主义持续抬头的情况下，将继续提高政策支持力度，巩固外贸投资和对外贸易基本盘，预计 2024 年出口同比增长 –2%，降幅收窄 2 个百分点。

2024 年，我国经济重心转向高质量发展，预计 GDP 增长 5%。

2. 成品油消费增速放缓

新冠疫情期间积压的出行需求在 2024 年春节过后基本释放完毕。成品油市场的驱动力回归常态，影响成品油需求的核心因素重新回归到燃油汽车增长数量以及实体经济的活跃程度。总体的工业增长速度、居民出行需求、消费能力等，将决定 2024 年成品油市场的需求变化。受到高基数影响，成品油消费增速将显著放缓。预计 2024 年，我国成品油消费量为 3.67 亿吨，比上年增长 0.5%。其中，汽油、煤油消费量分别增长 1.9%、9.7%，柴油下降 2.7%。

3. 汽油消费增速大幅放缓

从欧美等成品油市场较为成熟的国家发展经验看，随着千人汽车保有量超过 200 辆，汽车市场将进入普及期中的低速增长阶段。我国千人汽车保有量在 2021 年超过 200 辆，汽车市场总销量已进入低速增长期。加上电动汽车加速发展导致燃油汽车保有量增速快速下降，汽油消费量增速继续下行。中国汽车工业协会等预测，预计 2024 年新能源汽车销量 1150 万辆，占汽车总销量 38%。新能源汽车加速分流，导致燃油汽车销量持续负增长。燃油汽车保有量增速下行跌破 4%。

网约车电动化的加速发展，也是我国汽油市场增长放缓的重要因素。在国家政策引导下，多地出台相关政策加快新能源汽车在网约车领域的推广应用。早在 2018 年，长三角、珠三角、京津冀等网约车集中发展城市群出台多项政策，明确提出提高新能源汽车在网约车领域渗透率的具体目标。2021 年以来，郑州、海口等二线省会城市陆续推出网约车换电补贴相关政策，加快推动相关基础设施建设。具体相关政策如表 3–2 所示。

表 3–2　部分省市推动新能源汽车在网约车领域应用政策

省市	政策文件名称	政策目标
广东	《关于加快交通运输行业新能源汽车推广应用的通知》	珠三角地区更新或新增的巡游出租车要全部使用新能源汽车，其中纯电动汽车型比例不得低于 80% 且逐年提高 5 个百分点
北京	《北京市“十四五”时期交通发展建设规划》	“十四五”时期市属公交车（山区线路及应急保障车辆除外）、巡游出租车（社会保障和个体车辆除外）实现 100% 新能源化

续表

省市	政策文件名称	政策目标
杭州	《关于印发〈杭州市网络预约出租汽车车辆技术标准〉的通知》	申请用于网约出租车的车辆须为新出厂的新能源纯电动汽车，或者车辆购置的计税价格在15万元以上的非新能源纯电动汽车
海南	《海南省清洁能源汽车发展规划》	2030年，全域禁止销售燃油汽车，全省公共服务领域、社会运营领域车辆全面实现清洁能源化
河南	《河南省2020年大气污染防治攻坚战实施方案》	2020年底前，郑州市城市建成区公交车、出租车全部更换为新能源汽车

《关于启动第一批公共领域车辆全面电动化先行区试点的通知》确定北京、深圳、重庆、成都、郑州、宁波、柳州等15个城市为首批试点城市，在公务用车、城市公交车、环卫车、出租车、邮政快递车、城市物流配送车、机场用车、特定场景重型货车等公共领域推广超过60万辆新能源汽车。调查数据显示，网约车年行驶里程是家用轿车的10倍。新能源汽车在网约车领域快速渗透，加速了燃油汽车平均单耗下降，缩短了我国汽油消费量的增长窗口期。

分区域来看，预计2024年西北、东北汽油消费增速领先于其他区域。双重周期差异导致区域消费基本面分化。从汽车普及周期来看，西部、北部地区的汽车数量将保持较快增长。从电动渗透周期来看，渗透率从东南向西北依次降低，南方普遍快于北方。气候温暖、经济发达的华东、华南等地区，纯电动汽车销量渗透率（不含混动）分别达到26%和29%，而东北、西北地区均在7%~8%的水平。双重周期差异之下，东北、西北等地区的燃油汽车仍将保持较快增长，华东、华南等地增速明显回落。汽油消费基本面北强于南。2024年各地区汽油消费预测如表3–3所示。

表3–3　2024年各地区汽油消费预测　（万吨）

区域	消费	同比	区域	消费	同比
东北	1460	4.3%	华东	4680	1.3%
西北	1280	6.1%	华南	3590	1.3%
西南	2240	3.2%	华北	3000	2.8%

预计2024年我国汽油消费量为1.59亿吨，同比增长1.9%。2018—2024年我国汽油消费量及增速如图3–10所示。

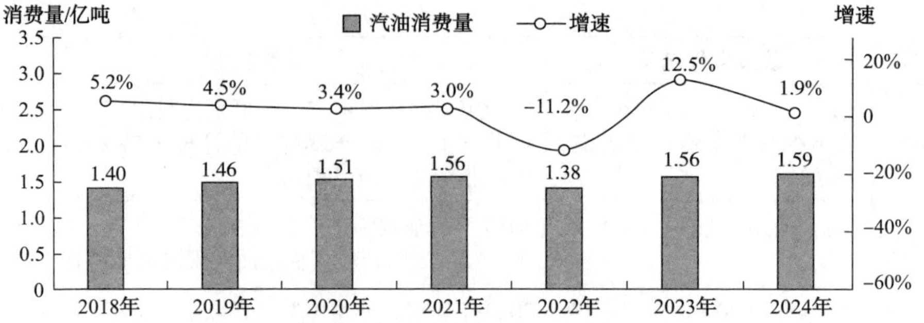

图 3-10　2018—2024 年我国汽油消费量及增速

4. 航煤消费规模将超过疫情前

2024 年，国内经济稳定增长，居民可支配收入不断增加，假日长线旅游需求持续释放，国内航线的航班执飞数量将超过新冠疫情前。美国交通运输部表示，希望继续与中国民航局进行富有成效的对话，以逐步促进更广泛的中美航空服务市场重新开放，2024 年北半球夏季时可以进一步正常化中美航班。但新冠疫情的长尾效应依然存在，国际航线恢复面临国家间博弈的压力，而国内航线恢复则面临高铁的激烈竞争。

2024 年，国内航线较新冠疫情前将有一定增幅，国际航线基本恢复至新冠疫情前的水平。预计煤油消费量 3850 万吨，同比增长 9.7%，较 2019 年增长 4.9%。2018—2024 年我国煤油消费量及增速变化如图 3-11 所示。

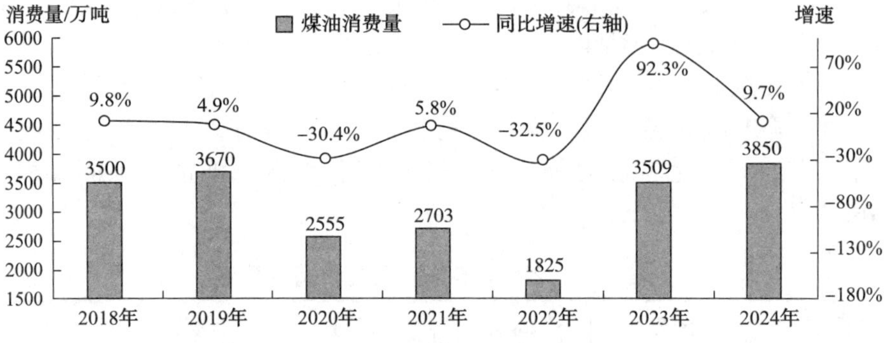

图 3-11　2018—2024 年我国煤油消费量及增速

5. 柴油消费量重回下降通道

为了支持灾后恢复重建和提升防灾减灾救灾能力，中央财政在 2023 年四季度增发特别国债 1 万亿元。特别国债的增发将带动固定资产投资，直接提振传统基建。不仅刺激建筑施工领域工程机械用油增长，而且会向上游传导，拉动粗钢、水泥等建筑原料生产，进而带动大宗工业品和建筑原材料运输。虽然工程机械行业着力发展电动机械，但是大型采矿设备和挖掘设备等仍然以柴油机为主。总体来看，固定资产投资加速将促进工矿生产行业和建筑行业的柴油需求增长。

2023 年底，国务院印发了《空气质量持续改善行动计划》，要求突出交通绿色低碳转型，要求大宗货物运输推进“公转铁”，进一步推动公共领域货车新能源化。在绿色低碳的发展愿景下，清洁燃料重卡发展速度加快。山西依托丰富的煤制甲醇资源和雄厚的产业基础，主推甲醇重卡，已经从小批量生产逐步迈向大规模示范应用。电动重卡发展加快。2023 年 1—10 月，新能源重卡共销售 2.35 万辆，同比增长 36.9%，预计 2024 年保持高速增长。国际油气比价关系回归正常水平，尤其是天然气供应形势总体宽松，预计随着价格下行，国内车用气价将处于有利替代区间，LNG 重卡将新增柴油替代量 100 万吨。车用能源向低碳化方向发展加速，不仅货运燃料增量市场将基本被 LNG、电动力和甲醇等替代燃料抢走，存量市场也将被低碳能源蚕食。

2024 年，我国生产性柴油消费预计回升，燃料型柴油消费受到替代能源增加的影响将小幅下降，柴油消费总体小幅下降。预计 2024 年我国柴油消费量为 1.7 亿吨，比上年减少 2.7%；消费柴汽比为 1.07，重回 2015 年以来的下降趋势。2018—2024 年我国柴油消费量及年度增速变化如图 3-12 所示。

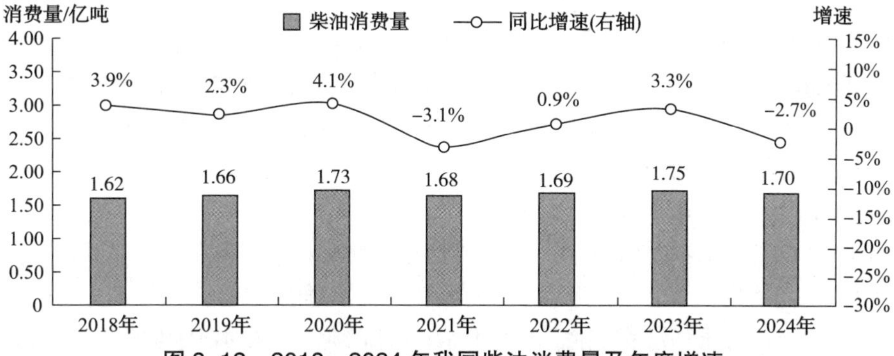

图 3-12　2018—2024 年我国柴油消费量及年度增速

分区域来看，预计 2024 年西北地区柴油消费仍然具有优势，但领先幅度收窄。俄乌冲突打开了东北、西北的外贸空间。2023 年，我国对中亚、对俄贸易实现翻倍增长，西北、东北地区各省公路货运周转量增速均在 13% 以上。东南地区受累于对西方贸易减速，个别省市货运需求出现萎缩。2024 年，国际环境导致的贸易分化趋势仍将延续。东北、西北地区的柴油消费基本面好于其他区域。但是，LNG 替代加速压缩西北地区的柴油增幅。结合油气价格研判，预计 2024 年 LNG 与柴油比价仍在 0.7 的经济区间，LNG 重卡里程替代率将提升到 14%，额外再替代柴油 100 万吨，主要集中在西北地区，压缩西北地区的柴油增幅。总体来看，预计西北、东北地区的柴油需求微幅增长，其他地区转向萎缩。2024 年各地区柴油消费预测如表 3–4 所示。

表 3–4　2024 年各地区柴油消费预测　（万吨）

区域	消费	同比	区域	消费	同比
东北	1960	0.5%	华东	3400	–3.4%
西北	1950	1.5%	华南	3220	–3.2%
西南	3920	–2.5%	华北	2580	–2.6%

6. 成品油供应能力和产量双增

目前，我国在建的炼厂主要有山东裕龙石化一期项目和中国石化镇海炼化二期项目。裕龙石化一期项目主要包括 2000 万吨 / 年炼油、300 万吨 / 年乙烯、300 万吨 / 年混合二甲苯等装置。镇海炼化二期包括 1100 万吨 / 年炼油，目前建设工作进入尾声。2024 年，我国总炼油能力将增加 3100 万吨 / 年，规模以上地炼的总炼油能力将提高至 2.38 亿吨 / 年，平均炼油规模将达到 600 万吨 / 年。地炼原油进口配额更加充裕。由于补税表现良好，汇丰、海右石化有望于 2024 年恢复进口允许量。加之裕龙石化在置换配额外将有所新增，地炼获得原油进口配额总量有望增长 1500 万吨以上。但随着炼油能力的增长和“减油增化”的不断推进，预计主营单位的成品油收率较 2023 年下降。预计 2024 年成品油产量为 4.17 亿吨，同比增长 2%，增速较 2023 年明显放缓。

7. 资源过剩规模持续增长

预计 2024 年我国成品油市场产需过剩 5000 万吨左右，同比扩大约 800 万吨。因此，2024 年，市场仍存在一定不确定性。如果出口市场效益较好的话，国家商务部可能适量调高出口配额，满足我国炼油能力增长带来的资源销售需求。如果出口市场效益较差的话，预计炼油企业将适当调减成品油产量，避免国内资源过剩带来的价格竞争。

（五）对成品油行业发展的建议

2023 年，在低基数效应和经济持续回升拉动下，我国成品油市场产需两旺，汽油、煤油、柴油全品类同比增长。出口市场的量价齐升，促进了国产资源的合理流动，炼油企业产销均较好。2024 年，市场增长动力回归正常，需求增速大幅放缓。我国炼油能力的持续增加导致国内资源过剩规模不断加大，炼油和销售企业将面临较大的市场竞争压力。

从行业发展看，成品油市场的达峰期临近，但我国炼油能力仍有增量。扩大出口绝不是最佳的解决方案。尤其是汽油市场，由于在用的燃油汽车将进入大量报废期，更换车辆选择新能源汽车是大势所趋。我国汽油消费量将在 2025 年前后达峰，且达峰后的平台期将短于发达国家。2030 年后，汽油市场可能出现快速萎缩的情况。

因此，我国炼化企业要未雨绸缪，为成品油消费达峰后的潜在风险做好产品转型、技术开发、装备配套、销售市场开发等系列准备工作。一方面，加强全球跨市运作，拓展跨市线路，实现资源和市场在全球范围内的优化配置，适时适量安排出口，保障产业链平稳运行和整体效益实现。另一方面，根据炼厂的资源和市场特点，选择减油增化、减油增特、减油增材等发展策略，有序、有度进行转型升级发展。

三、2023 年我国成品油出口贸易情况与未来预测

（一）2023 年我国成品油出口贸易总体情况

1. 成品油出口量止跌回升

2023 年，我国成品油出口量为 4190.55 万吨，同比增加 21.5%，是连续 3 年呈下降趋势后的首次回升。出口量止跌回升的主要原因，一是国内成品油产量居高，整体需求提升力度小于产量增幅，资源供应量较为宽裕；二是受地缘政治影响，部分国家成品油供应紧张，导致进口需求增加。2010—2023 年我国成品油出口量变化如图 3–13 所示。

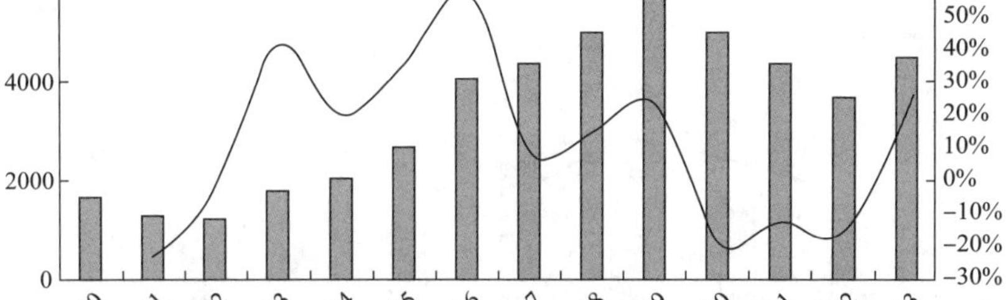

图 3–13 2010—2023 年我国成品油出口量变化

2. 出口结构变化，航空煤油成为出口规模最大的品种

2018—2022 年，我国汽油出口规模以及在成品油出口量中的占比总体稳步上升。但是，2023 年的出口比例下降至 29.3%，较 2022 年减少 7.2 个百分点。航空煤油自 2022 年以来占比不断增加，2023 年达到 37.8%，首次超过柴油（32.9%）成为占比最大的出口品种。2018—2023 年分品种成品油出口量如表 3–5 所示。

表 3–5　2018—2023 年分品种成品油出口量

年份	出口量 / 万吨			占比 /%		
	汽油	航空煤油	柴油	汽油	航空煤油	柴油
2018	1288	1467	1853	28	32	40
2019	1637	1761	2138	30	32	39
2020	1600	997	1976	35	22	43
2021	1454	856	1721	36	21	43
2022	1256	1090	1092	37	32	32
2023	1228	1585	1377	29	38	33

影响 2023 年出口结构变化的主要原因在于，新冠疫情影响逐步减弱，经济活动复苏，国际航班恢复，旅游需求强劲，但房地产、基建及工业生产需求复苏力度较弱。需求分化导致国内汽油资源偏紧，柴油资源过剩，航煤需求强劲。

3. 成品油出口配额收紧程度有所放缓

2023 年，成品油出口配额三批累计下发 3999 万吨，同比增长 7.4%，与“十四五”初期出口政策大力收紧相比有所放松。小幅回升的原因包括借出口套利窗口打开的时机，提振炼厂经营利润。从出口配额使用情况来看，完成率总体呈上升趋势。2023 年，出口配额完成率达到 102%。2017—2023 年国内成品油出口配额及使用率如图 3–14 所示。

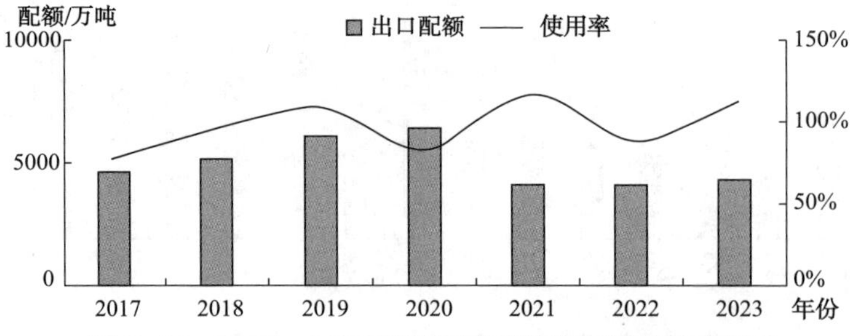

图 3–14　2017—2023 年我国成品油出口配额及使用率

4. 成品油进口量大幅下降

中国的成品油进口量长期保持在较低水平。2011—2023 年，国内成品油进口量从 779 万吨减少到 47 万吨，占全国成品油消费量的比例从 3.0% 降低到 0.1%，对于国内市场的影响较小。航空煤油一直是进口量最大的品种，但主要用于保税区中对外航国际航线的燃料加注，不在国内消费。每年少量的汽柴油进口主要是部分时段国内外市场存在套利空间，或者国内资源阶段性短缺时贸易商少量进口进行套利。2010—2023 年国内成品油进口量变化趋势如图 3–15 所示。

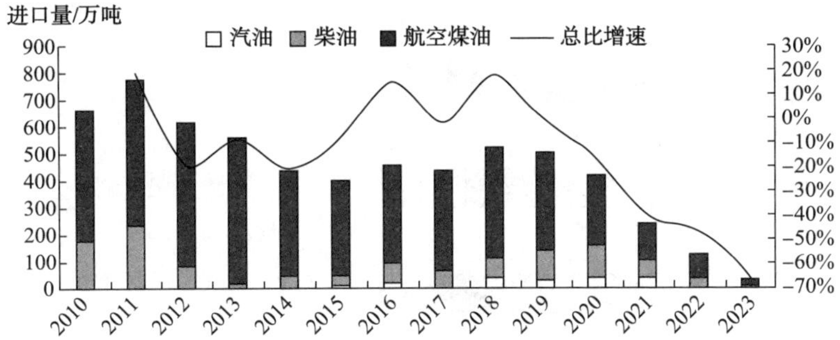

图 3–15 2010—2023 年我国成品油进口量变化趋势

（二）2023 年我国成品油出口贸易特点分析

1. 一般贸易仍为成品油出口的主要方式

我国出口成品油主要通过一般贸易、加工贸易、保税监管场所进出境货物，以及边境小额贸易的方式。其中一般贸易均占据绝对优势。2023 年，汽油、柴油及煤油出口贸易中，分别有 96.3%、94.4%、75.2% 为一般贸易。2017—2023 年按照贸易方式划分的成品油出口量变化如图 3–16 所示。

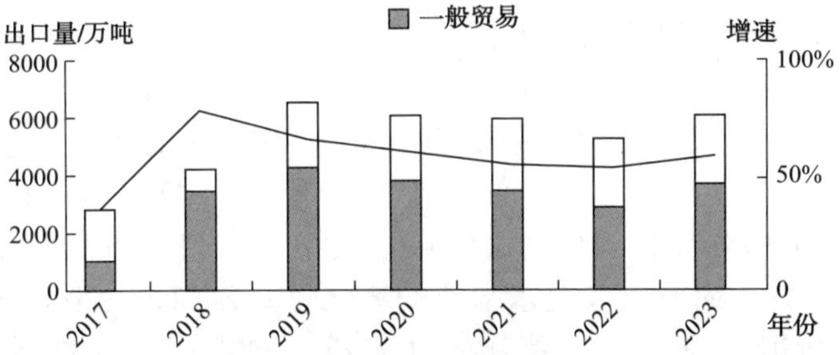

图 3–16 2017—2023 年按照贸易方式划分的成品油出口量变化

2. 成品油出口主体更加多元化

伴随我国原油进口权与使用权的放开，越来越多的企业具备资源能力开展成品油出口业务。2023 年，我国获得成品油出口配额的企业有中国石化、中国石油、中国中化、浙江石化、中国海油、中国航油、中国兵器 7 家。值得注意的是，在国家总体压减成品油出口配额的背景下，民营企业获得的成品油出口配额不降反升。我国的成品油出口市场更加多元化和市场化，有利于缓解国内成品油资源过剩的矛盾，营造了更好的民营企业发展环境。2020—2023 年我国分主体成品油出口配额如图 3-17 所示。

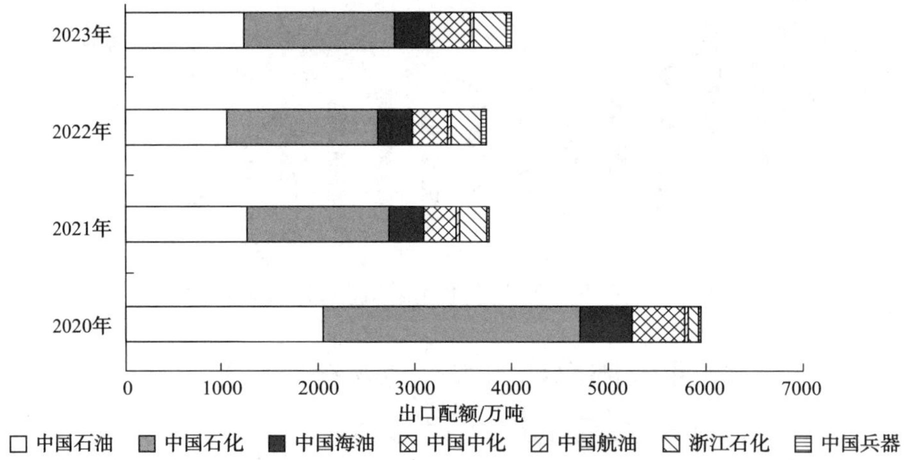

图 3-17　2020—2023 年我国分主体成品油出口配额

3. 汽油出口目的地进一步聚焦至亚洲，柴油分散度扩大

我国汽油出口长期以来的主要贸易伙伴是亚洲国家。这一趋势在 2023 年有所增强。2023 年，我国出口至亚洲国家的汽油占成品油出口量的 92.9%。2023 年，我国没有出口汽油至非洲，主要是因为这些地区的汽油进口需求被美国低价的汽油所满足。

出口至亚洲内部区域的汽油流向出现明显变化。出口至东南亚地区的汽油数量最大，在汽油总出口量中的占比从 2020 年的 67.3% 上升至 2023 年的 75.7%。出口至西南亚的汽油数量大幅下降，2023 年占汽油总出口量的 6.7%，较 2020 年下降 8.9 个百分点。其中，出口至东南亚地区的主要目的地是新加坡，约占出口至东南亚的 82.6%；出口至南亚地区的主要目的地是巴基斯坦，约占出口至南亚的 59.6%。2020 年、2023 年我国汽油主要出口地区如图 3-18、图 3-19 所示。

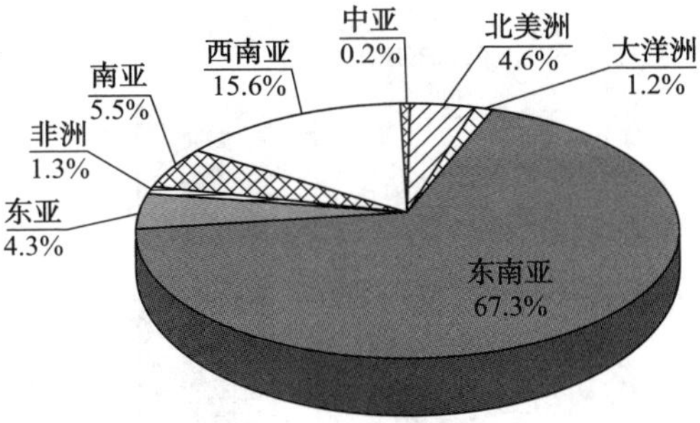

图 3-18　2020 年我国汽油主要出口地区

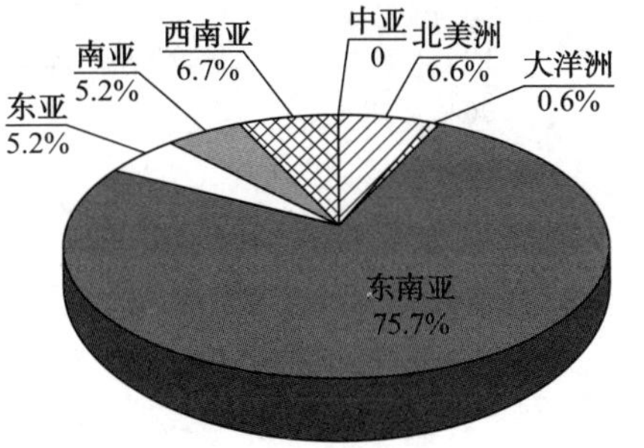

图 3-19　2023 年我国汽油主要出口地区

我国柴油出口目的区域长期以来相对于汽油较为分散。2023 年，出口至亚洲国家的柴油占柴油总出口量的 76.2%，较 2020 年提高 1.9 个百分点。出口至欧洲的柴油占比从 2020 年的 3.6% 提高到 10%，主要是俄乌冲突爆发后，欧洲进口柴油的需求较大。出口至大洋洲的柴油数量明显减少，占比从 2020 年的 13% 降低到 2023 年的 7.2%。出口至非洲的柴油占比小幅上升。从具体国家和地区来看，2023 年，位于前三的柴油出口目的地分别是菲律宾、孟加拉国、新加坡，占比分别为 21.9%、19.4%、13.5%。2020 年、2023 年我国柴油主要出口地区如图 3-20、图 3-21 所示。

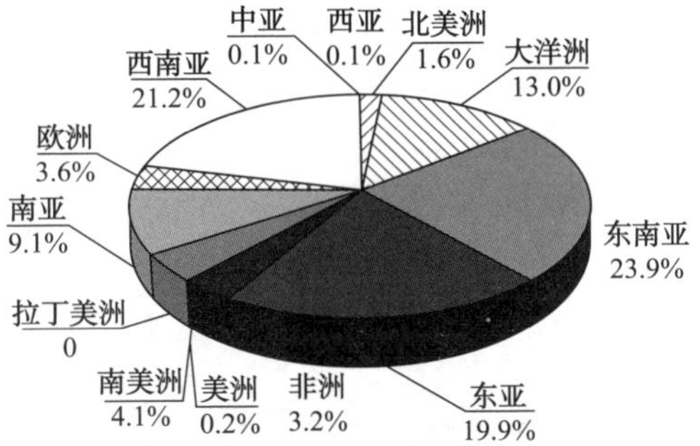

图 3-20　2020 年我国柴油主要出口地区

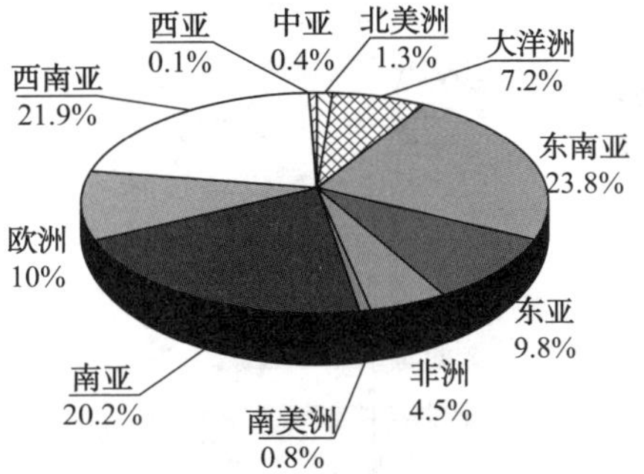

图 3-21　2023 年我国柴油主要出口地区

4. 疫情管控措施调整影响航煤流向

航煤是受新冠疫情影响最明显的油品。随着疫情管控措施的调整，全球航空客运全面恢复。2023 年，我国航煤出口量同比增长 45.4%，但出口至欧洲、亚洲的比例有所降低，较 2020 年分别降低 2.4 个和 0.4 个百分点。出口至美洲、大洋洲、非洲的比例有所上升，分别提高 1.9、0.7 和 0.1 个百分点。2020—2023 年我国出口至不同地区的航煤占比变化如图 3-22 所示。

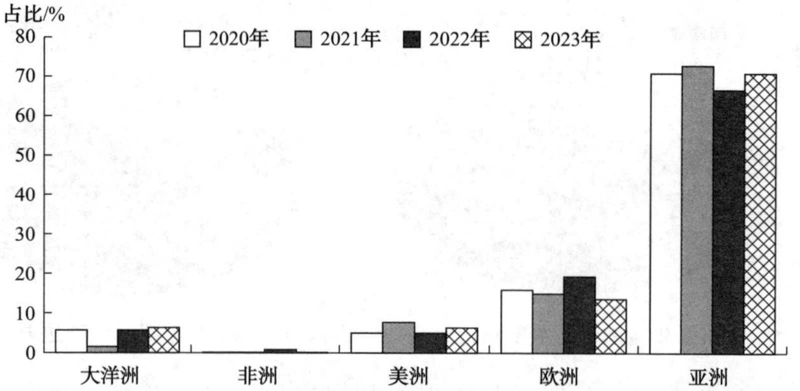

图 3–22　2020—2023 年我国出口至不同地区的航煤占比变化

具体来看，2023 年，我国航煤共出口至 79 个国家和地区。其中，出口量前十的目的地（见图 3–23）合计 1298 万吨，占航煤总出口量的 81.9%。中国香港连续多年成为我国航煤出口的最大目的地，2023 年占航煤总出口量的 28.6%。主要是香港作为中国与全球经济交流和商贸往来的重要对外窗口，具有较大的航空客货运需求。

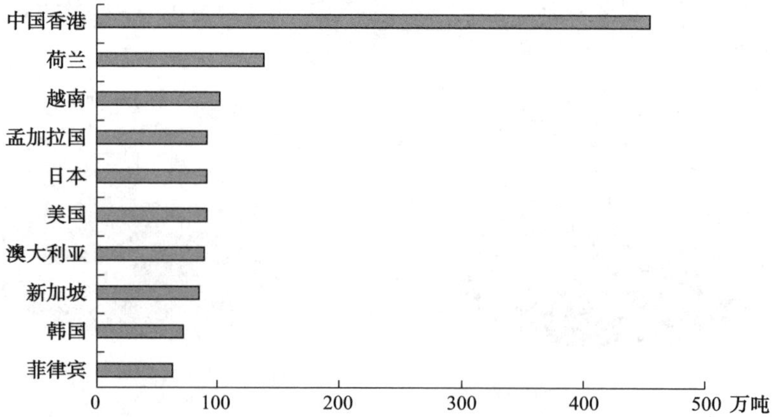

图 3–23　2023 年我国航煤出口规模前十的目的地

2023 年，我国共有 9 个省市出口航空煤油（见表 3–6）。其中，北京既是全国的政治交流中心也是经济交流中心，以客运为主的航空运输较为活跃，出口量占全国七成以上，居首位。广东、上海是外贸出口大省市，海南自贸试验区的发展对外依存度较高，拉动三省的航煤出口需求，出口量均占全国的 6% 以上。此外，浙江占比 2.6%，江苏、河北、山东、福建有少量出口。

表 3–6 2023 年我国航空煤油出口省市分布

省市	数量 / 万吨	占比 /%
北京	1212	76.3
上海	101	6.4
江苏	9	0.6
福建	2	0.1
浙江	40	2.6
广东	101	6.4
山东	2	0.2
海南	112	7.1
河北	5	0.3

5. 汽柴油出口效益达到近年来较高水平

我国成品油的市场化定价机制，导致成品油到位价与国际原油价差、亚太地区汽油价差基本保持平稳。但是，由于我国加油站，尤其是国有石油公司加油站的汽油销量下滑，大量的汽油资源不能在零售端以到位价或者接近到位价的价格水平销售，需要在零售端降价销售，或者以远低于批发到位价的市场化价格进行批发，造成了我国汽油资源出口较在国内进行市场化销售更具备利润空间。例如，2023 年，山东 92 号汽油市场价格（不含税）低于新加坡 92 号汽油 FOB（离岸价）价格 2360 元 / 吨，意味着汽油出口具备较高利润，且利润水平较 2021 年下半年进一步提高 333 元 / 吨。山东 92 号汽油市场价与新加坡 92 号汽油 FOB 价格比较如图 3–24 所示。

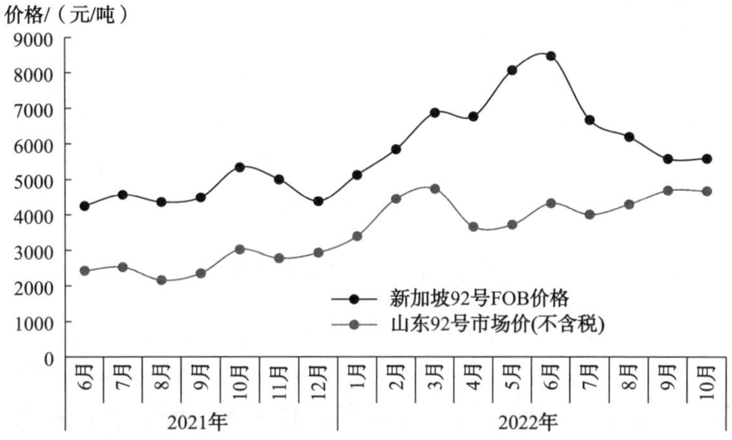

图 3–24 山东 92 号汽油市场价与新加坡 92 号汽油 FOB 价格比较

从国内外柴油价格对比来看，2023 年，山东 0 号柴油市场价格（不含税）低于新加坡 0 号柴油 FOB 价格 1805 元 / 吨，且两地柴油价差 2023 年高于 2021 年下半年近 1300 元 / 吨。主要原因在于，2023 年在地缘政治影响下，欧洲柴油市场供应紧张，拉动全球柴油价格高企，我国柴油出口套利空间较 2021 年扩大。新加坡柴油裂化利润表现强劲，为中国成品油对新加坡市场出口套利创造了机会。山东 0 号柴油市场价格与新加坡 0 号柴油 FOB 价格比较如图 3–25 所示。

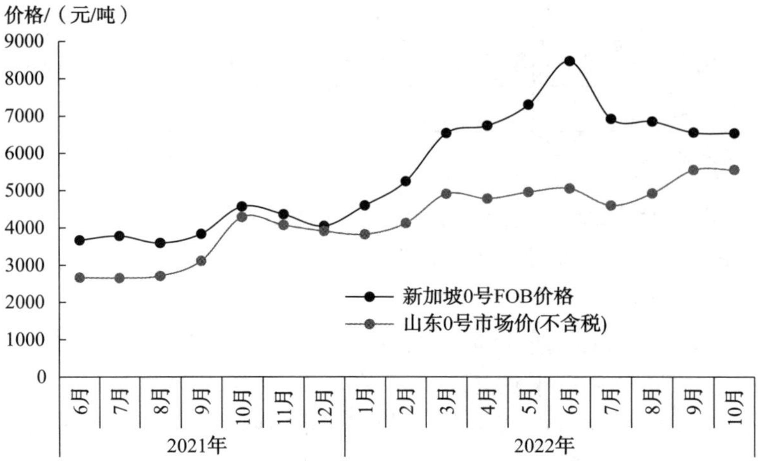

图 3–25 山东 0 号柴油市场价格与新加坡 0 号柴油 FOB 价格比较

6. 出口省市集中在企业注册地以及经济外向型地区

中华人民共和国海关总署按照出口企业注册地统计汽柴油出口的来源地。作为众多石化企业的注册地，北京出口的汽油、柴油在全国的占比处于较高水平，2023 年分别占比 82.3%、83.9%。凭借沿海港口条件较好、民营经济较发达的优势，浙江的汽油、柴油出口具有一定规模，2023 年分别占比 13.8%、10.6%。受益于“一带一路”的政策支持和博鳌论坛深化改革开放的影响，海南凭借优越的地理区位优势，有一定的汽油、柴油出口量。2020—2023 年我国主要柴油出口省自治区市如图 3–26 所示。

（三）未来 2~3 年成品油出口贸易预测

未来 2~3 年，国内成品油产需平衡状态是影响我国成品油出口规模的主要因素，国际成品油市场行情是影响我国成品油出口落地的重要驱动力，国家出口政策是我国成品油出口实现的重要保障，预计年度成品油出口量保持在 3000 万~4000 万吨的水平。

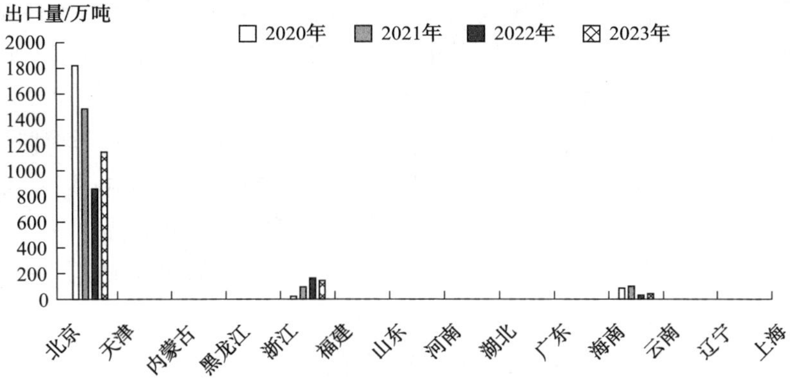

图 3-26　2020—2023 年我国主要柴油出口省自治区市

1. 我国成品油资源仍有过剩压力

供给侧，未来 2 年内，我国将新增炼油能力 5000 万吨。2024 年，全国炼油能力将达到 10 亿吨。2023 年，《关于促进炼油行业绿色创新高质量发展的指导意见》明确严控新增炼油产能、加快淘汰落后产能。按照政策要求，2024 年，不符合国家产业政策的 200 万吨 / 年及以下常减压装置将有序淘汰。炼油行业规模化、一体化布局加快。未来，中国炼油能力增长空间有限，叠加严控新增产能等多重因素，成品油产量增速将放缓。

需求侧，在“双碳”目标约束下，成品油需求增速将进一步放慢至年均 2%，需求总量接近峰值平台期。分品种来看，在汽油市场，新能源加速替代成为大趋势，汽油需求维持当前平衡状态。基建、户外工程开工增加利好柴油消费，但柴油消费面临着 LNG 替代，柴油需求以弱增长为主要基调。国际航线陆续恢复至疫情前水平，航煤需求保持稳定。

未来 2~3 年，我国成品油资源仍有过剩压力。若按照目前的炼厂开工水平和成品油收率不变考虑，2025 年，我国成品油潜在产需差将达到 8000 万吨。从国家宏观调控需要和石油企业的主观意愿角度考虑，仍然有保持相当规模成品油出口量的客观必要性。我国石化企业将保持较高的出口积极性，并加强向政府争取合适的出口配额。

2. 成品油出口仍然有较好的外部市场环境

需求层面，随着全球疫情逐步结束，经济开始回暖，国际成品油需求，尤其是汽油和航空煤油需求进一步恢复。但是，全球能源转型的趋势可能导致需求增幅收窄。

供给层面，全球很多国家存在炼油产能过剩的情况和成品油资源出口需求。中国、印度、美国、中东等主要的成品油生产国都在将其市场向需求较好的地区转移。发展中国家和新兴经济体在积极扩大本土炼油产能。随着马来西亚、印尼、菲律宾、文莱等地项目的投产，我国成品油出口面临的竞争会加剧，可能影响到预期的出口收益空间。

出口利润层面，国际市场的成品油销售竞争逐步加剧，会引起市场价格波动。除了相对固定的税费外，新加坡成品油价格是影响我国成品油出口套利空间的关键因素。原油价格波动直接影响新加坡成品油价格。未来2~3年，OPEC+大概率将延续减产保价政策，美联储加息放缓和低位库存可能为油价提供一定的支撑。

3. 国家政策限制成品油出口的导向不变

在“双碳”目标下，我国限制成品油出口的政策导向不会变。炼油行业是我国减碳减排的重点领域之一，国家政策多次提出严控新增炼油产能，加速落后产能淘汰。未来2~3年，成品油出口配额增加的可能性较低，或维持在4000万吨左右。企业主动向新型炼化一体化转型，部分主营炼厂正在推进装置改建项目，在调低成品油收率的同时提升乙烯等化工品收率。这种“减油增化增特”的趋势或在成品油需求达峰、化工品市场利润回暖后进一步加速。

四、2023年国际天然气市场变化情况与未来预测

2023年，全球经济增速延续回落态势，制约了天然气需求进一步增长。结构性供需失衡的国际天然气市场努力实现再平衡。供应侧，美国持续增产填补市场空白；需求侧，中国需求重回增长轨道，欧洲需求大幅下降。展望2024年，世界进入大选年，国际政治形势的不确定性将进一步加剧，世界经济前景仍较黯淡，天然气市场走势或更复杂。

（一）天然气价格总体呈下跌趋势

2023年，受主要消费市场库存高企、需求不振影响，国际气价明显回落。其中，美国亨利中心气价、欧洲TTF气价、亚洲现货均价分别为2.54美元/百万英热单位、12.89美元/百万英热单位、16.16美元/百万英热单位，分别较2022年下滑了60%、65%、54%。但与2019年相比，美国亨利中心气价基本持平，欧洲TTF气价上浮189%，亚洲现货均价上浮171%，仍明显高于历史正常水平。

1. 欧洲高位天然气储量打压气价

欧洲相对高位的库存水平是打压气价的关键因素。为了避免在2023年冬天重演“气荒”，欧洲多国早早启动采购计划。欧盟要求成员国2023年的天然气库存水平达到90%，严格保障冬季供应。根据信达证券研报数据，早在2023年9月14日，欧盟天然气库存水平已达94.3%。其中，意大利、西班牙等国的库存水平高于均值，分别达到94.5%、100%；德国、奥地利、法国、匈牙利等国家的库存水平低于均值，基本保持在90%左右。

2. 多重因素交织造成价格波动

2023年，国际天然气价格在经过相对平静的上半年后，第三季度开始呈现波动态势。第三季度初，国际天然气价格持续下探。此后，在全球电力需求爆发、澳大利亚天然气工人罢工影响下，价格出现剧烈波动。进入第四季度，冬季需求未出现明显增长，全球各地区天然气库存处于高位，价格呈现疲软走势。但是，冬季天然气价格仍然高于俄乌冲突之前的水平，且市场仍处于敏感状态，易出现暴涨暴跌局面。

（二）全球天然气市场供需暂平衡

2023年，欧洲能源供应由过去以管道天然气为主转变为以LNG为主，库存水平达到90%以上。虽然俄罗斯的天然气产量有所降低，但是美国的供气量增加，卡塔尔等产气大国维持以往的产量水平，使得全球天然气供应市场处于短暂的舒适区。欧洲经历了没有俄罗斯天然气供应的第一个冬天，逐渐适应步入一个新常态。

1. 欧洲经济疲弱造成需求下降

2023年，欧洲经济整体相对疲弱。受此影响，欧洲对于天然气的需求不断下降。根据伍德麦肯兹数据，由于天气温和、经济疲软等因素，2023年欧洲天然气需求同比下降了7%，相较于2017—2021年的平均水平下降16%，降至1995年以来的最低水平。

2. 中国需求重回增长轨道

中国的天然气消费量逐步恢复，在亚洲天然气消费量中的占比迅速提升，自2012年的22.8%上升至2022年的41.4%，成为亚洲主要天然气进口及消费国。2023年，随着中国经济逐步复苏，中国天然气消费量已呈现恢复状态。中国天然气表观消费量3945.3亿立方米，同比增长7.6%。其中，12月天然气表观消费量376.5亿立方米，同比增长9.5%。

3. 美国持续增产填补市场空白

根据美国能源信息署（EIA）在《短期能源展望》中的数据显示，2023年，美国国内干气产量打破纪录，达到29.38亿立方米/日，再次刷新产量峰值。天然气消费量同样创下历史纪录，达到251亿立方米/日。

4. 俄罗斯产量降至21世纪前10年中期水平

俄联邦国家统计局称，2023年上半年，俄罗斯天然气产量2670亿立方米，同比下降14.9%。2023年，俄罗斯天然气产量为6474亿立方米，同比下降3.9%，降至21世纪前10年中期产量的水平。

（三）国际天然气贸易格局深度调整

1. 俄罗斯出口下降

据俄罗斯副总理亚历山大·诺瓦克在俄罗斯联邦委员会发言时的数据显示，2023年，俄罗斯管道天然气出口量为996亿立方米，同比下降了29.9%。2023年对欧洲供气量450亿立方米，降至自20世纪70年代初以来的最低水平。

2. 美国成为第一出口大国

2017年起，美国从天然气净进口国变为净出口国，而且净出口量逐年递增。2017—2022年，美国天然气出口量复合年增长率达到17.7%。2023年，美国天然气总出口量1870亿立方米，LNG占比56%。其中，出口至欧洲的LNG占比38.6%，出口至亚洲的LNG占比12.9%。美国管道天然气主要出口至加拿大和墨西哥，合计占比44%。

（四）全球LNG市场波动

1. LNG新增产能低位徘徊

受到前期投资不足影响，2023年仅4个LNG新建/改造项目宣布投产，新增产能为780万吨/年，明显低于2016—2020年平均每年新增3000万吨液化能力的水平。LNG产能仍处在低速增长区间。

2023年，新增产能主要来自阿曼两个扩建项目，以及莫桑比克、印尼的新建项目。2023年初，美国Calcasieu Pass LNG T13-18项目迟迟未宣布正式投入商业化运营，引发欧亚多个长约采购方的质疑和诉讼。屡屡出现的停产事件抵消了美国Freeport LNG终端重新上线的影响。

2023年，美国的LNG出口量达到8595万吨，在全球LNG贸易量中占比为21%，超过卡塔尔和澳大利亚而成为全球最大的LNG出口国。卡塔尔和澳大利亚的LNG出口规模均接近8000万吨，在全球LNG贸易量中占比均为 19%。俄罗斯、马来西亚等国家的 LNG 出口量在全球的 LNG 贸易量中合计占比为 41%。

2023 年，全球 LNG 产能利用率再创新高，年均利用率达到 92%，同比增加 0.8 个百分点。

2. 意外事件影响 LNG 正常贸易流动

运营中的 LNG 项目面临检修、罢工和其他意外事件的冲击。

2023 年 9—10 月的澳大利亚 LNG 项目罢工事件涉及 North West Shelf、Wheatstone 和 Gorgon 三个 LNG 出口终端，合计产能超过 4000 万吨，相当于澳大利亚 LNG 产能的 47%，在全球总产能中占比为 10%，是近年来波及面最大的 LNG 罢工事件之一。

2023 年，全球重要航道面临多方威胁，影响 LNG 贸易正常流动。中美洲的干旱使得巴拿马运河通行能力明显下降，美国墨西哥湾—东北亚航线部分 LNG 船选择绕行非洲好望角。另一个重要航道苏伊士运河受困于红海危机，包括卡塔尔在内的多家 LNG 供应商选择绕道非洲以维持对欧洲市场的供应。这进一步增加了 LNG 的供应成本。

3. LNG 贸易增速回落至近十年低位

经历 2022 年欧洲地缘政治冲突引发的快速增长后，2023 年全球 LNG 需求增速明显回落。2023 年，全球 LNG 贸易量为 4.09 亿吨，同比增加 625 万吨，增速为 1.6%，增速处于近十年低位。

分区域来看，新兴市场受需求增长和价格下行影响，进口活跃。东南亚和南亚国家 2023 年的 LNG 进口量超过 6000 万吨，同比增长 18.8%。中国 LNG 进口量 7132 万吨，同比增长 12.6%，再次超过日本成为全球最大的 LNG 进口国。东北亚传统市场受电力需求下降和核电、煤电出口增加的影响，2023 年 LNG 进口量明显下降。其中，日本 LNG 进口量为 6610 万吨，同比下降 8.4%；韩国 LNG 进口量为 4504 万吨，同比下降 4.4%。欧洲供需格局改善，LNG 进口热情回落，2023 年 LNG 进口量为 1.12 亿吨，同比小幅下滑 1.4%。

4. LNG 长协签约热情依旧

在相对高位的价格背景下，亚欧买家保持了较积极的签约热情。2023 年，全球共签署 LNG 长期购销协议 51 份，合计规模 6251 万吨。协议个数和规模较 2022 年略有下滑，但仍处近几年来的高位。其中，亚洲买家签约 2380 万吨，占比为 37.4%；欧洲买家签约 1620 万吨，占比为 25.4%。

（五）2024 年全球天然气市场展望

国际能源署认为，2024 年，主要受到气温偏低和价格下降的推动，全球天然气需求相比于 2023 年将实现“强劲增长”，同时不排除市场出现“新动荡”的可能性。地缘政治风险和随后对供应的担忧，可能会让天然气价格出现新一轮波动。根据国际能源署数据，2024 年，全球天然气需求可能增长 2.5%，市场会比 2023 年更为坚挺。全球天然气供需格局将平衡并趋于宽松，预计美国亨利中心气价增长 17%，欧洲 TTF 气价下降 21%，亚洲现货均价下降 38%。

1. 地缘政治带来不确定性

2024 年，欧洲地缘政治冲突短期内难见曙光。其中，由巴以冲突外溢的红海危机愈演愈烈。朝鲜半岛、东南亚等传统地缘政治敏感区域暗流涌动。美国、俄罗斯、欧洲议会等国家和组织将迎来大选，或进一步加剧国际政治的不确定性。虽然能源短缺状况有所缓解，但是世界经济前景在逆全球化浪潮冲击下更趋黯淡。预测 2024 年全球 GDP 同比增长 2.8%，较 2023 年放缓 0.2 个百分点。在云谲波诡的国际形势变化下，天然气市场走势将更加错综复杂。

2. 需求将小幅回暖，供需错位持续修复

需求侧，虽然面临宏观因素的诸多不确定性，但是中国、东南亚等新兴市场国家的天然气需求仍将保持中高速增长，并带动全球天然气需求小幅回暖。持续回落的气价，提升了天然气与成品油、LPG（液化石油气）等能源的竞争力。持续的全球变暖，有望进一步提振美国、欧洲等地的气电需求。预计 2024 年全球天然气需求 4.1 万亿立方米，同比增长 1.5%。其中，亚太地区仍然是全球天然气需求增长的主力，在总增量中占比达到半数。欧洲过去两年严格执行天然气压减政策，已基本建立了基于 LNG 的供需平衡。相关机构预测，欧洲天然气需求低迷的态势将在 2024 年一季度延续，较过去 5 年平均水平下降 15%。尽管各方认为二季度欧元区天然气需求将有所回升，但总体恢复有限。预计 2024 年欧洲天然气需求量保持当前水平。

供应侧，随着资源流向的重新调整，供需结构性错位正在逐步修复。俄罗斯天然气产量已连续两年下滑，部分富余产能被压减，出口重心由欧洲逐步向中亚 / 远东和 LNG 转移，预计 2024 年天然气产量为 6592 亿立方米，同比增长 1.8%。北美和中东天然气产量继续刷新历史纪录，预计美国天然气产量 1.06 万亿立方米，同比小幅增长 0.4%；中东天然气产量 7142 亿立方米，同比增长 1.7%。

3. LNG 需求继续增长，供应不确定性增加

需求侧，在价格回落的推动下，预计 2024 年全球 LNG 需求有望延续增长态势，但仍然受到宏观经济不振和液化能力瓶颈两方面因素制约。预计 2024 年全球 LNG 需求量 4.17 亿吨，同比增长 1.9%。

分区域来看，亚洲新兴市场将继续引领全球 LNG 需求增长，预计 2024 年 LNG 需求量为 1.44 亿吨，同比增长超 10%。日本、韩国等东北亚传统市场将有所回暖，预计 LNG 需求量接近 1.35 亿吨，同比增长 3.4%。欧洲将以高库存度过供暖季，夏季 LNG 采购需求明显回落，预计 LNG 需求量为 1.13 亿吨，同比下降 12.2%，将是 2024 年国际 LNG 市场降幅最明显的区域。

供应侧，预计 2024 年全球 LNG 供应将继续维持低速增长水平。预计全年有毛里塔尼亚 Greater Tortue 浮式液化天然气（FLNG）、墨西哥 Fast LNG Altamira 等一批项目正式投产，年底全球液化能力将达 4.95 亿吨 / 年，同比增长 7.8%。LNG Canada、Golden Pass LNG T1 等规模较大的项目将集中在 2024 年下半年投产，2024 年实际供应增量有限，预计大部分时段全球液化产能利用率仍将维持高位。受美国 LNG 出口产能增加影响，全球市场新增 LNG 供给将较 2023 年增长 525%，其中大量出口将对准欧洲市场。由于已运行的 LNG 项目存在罢工、故障等计划外检修的可能性，巴拿马、苏伊士两大运河通行因枯水和袭击出现瓶颈，2024 年供应侧的不确定性较 2023 年进一步增加。

4. 气价总体回落，三地价格走势出现分化

随着供需结构性错位的不断修复，预计 2024 年全球天然气供需格局由平衡趋向宽松，气价整体继续回落，并在供应侧事件扰动下宽幅震荡。

分区域来看，美国由于年内有多个 LNG 项目投产，LNG 出口需求增加，预计气价较 2023 年有所上涨。2024 年下半年涨幅较明显，预计美国亨利中心气价在 2~5 美元 / 百万英热单位波动，全年均价为 3 美元 / 百万英热单位，同比增长 17%。

欧洲 2024 年淡季补库需求回落，TTF 气价缺乏支撑继续下行，欧洲天然气市场仍然面临价格压力。预计价格波动区间为 8~14 美元 / 百万英热单位，全年均价为 10 美元 / 百万英热单位，同比下降 21%。

亚洲 LNG 进口需求增长，但面临与管道气价格竞争的局面。亚洲需求与欧洲相比更加具有弹性，价格降幅更为明显。预计全年亚洲现货价格波动区间为 7~15 美元 / 百万英热单位，全年均价接近 10 美元 / 百万英热单位，同比下降 38%。

五、2023年我国天然气市场变化情况与未来预测

2023年，我国经济展现出强大韧性，持续回升向好，天然气需求大幅回升，在主要大中型盆地、“四新”领域取得多项重要发现。2023年，我国天然气产量2324.3亿立方米，连续7年增产超100亿立方米，为我国能源供应安全和绿色低碳转型提供了基本保障。

（一）我国天然气消费量增长较快

1. 进口气增量大于国产气增量，对外依存度仍然较高

需求侧，2023年，我国天然气消费市场处于恢复性增长期。根据国家统计局数据，2023年，我国天然气消费量3945.3亿立方米，同比增长7.6%。

供应侧，2023年，我国天然气供应量3981亿立方米，可供市场量3750亿立方米，同比增加199亿立方米。其中，国产气增产108亿立方米，包括常规气增产79亿多立方米、非常规气增产28亿立方米。2023年，我国进口天然气11997万吨，同比增加162亿立方米，增长9.9%，创历史新高。

2023年，我国进口气增量大于国产气增量，天然气对外依存度42.5%，增加2.1个百分点，有所提高。

2. 天然气消费以城市燃气和发电用气为主

2023年，我国天然气消费领域均在不同程度恢复。城市燃气和工业燃料用气量，合计占比约为75%。2023年，我国天然气消费量的恢复式增长主要受城市燃气和发电用气拉动。

城市燃气是主要的消费增量市场，增量达到132亿立方米，主要来自商业服务业、交通（LNG重卡销售火爆）和采暖用气，居民和采暖用气受气价和城镇化的影响增长放缓。新冠疫情防控优化调整后，生产生活秩序恢复明显提振拉动了第三产业消费。“五一”“十一”等节假日旅游出行人数暴增，学校开学等拉动公服行业用气量大幅增长。公服用气量超过预期，同比增加35亿立方米。由于天然气比成品油具有较好的比价关系，LNG重卡销售量大幅反弹，交通用气同比大幅增加50亿立方米。其中，交通和公服利用行业恢复程度较高，成为推动天然气市场需求增长的主要领域。

气电区域推动天然气消费增长效果明显。受到水电发电量下降、夏季天气高温、政策引导等影响，天然气发电量快速增长，同比增长8%，处于近几年的较高水平。发电用气增量主要来自区域气电装机增长，以及迎

峰度夏顶峰发电需求影响。

2023 年，工业燃料用气相对疲软。工业用户对气价较为敏感，需求增量受到全年气价走势影响较大。市场消费需求低迷也是导致 2023 年工业用户增量较为疲软的主要因素。

3. 天然气销售公司主动调价促消纳

在 2023 年上半年市场增量不足 90 亿立方米的情况下，天然气销售公司在年中调整销售价格策略。调整后，天然气供应价格远低于 2022 年，高位价格低于 2022 年超 1 元 / 立方米以上。通过调整价格对增量市场进行引导，对消费起到了一定刺激作用。

（二）我国天然气产量增长

1. 天然气产量连续 7 年增长

我国天然气行业一直处于产量不断增长的过程之中，连续 7 年保持年增 100 亿立方米的势头。2023 年，我国天然气产量 2324.3 亿立方米，同比增长 5.6%。四川、鄂尔多斯、塔里木三大盆地是增产主阵地。非常规天然气产量突破 960 亿立方米，占天然气总产量的 43%，成为天然气增储上产的重要增长极。其中，致密气夯实鄂尔多斯、四川两大资源阵地，产量稳步增长，全年产量超过 600 亿立方米。页岩气新区新领域获得重要发现，中深层生产基地不断巩固，深层持续突破，全年产量超过 250 亿立方米。煤层气稳步推进中浅层滚动勘探开发，深层实现重大突破，全年生产煤层气超过 110 亿立方米。

2. LNG 气产量持续提升

我国 LNG 产业发展迅速，产量逐年增长。从区域分布看，华北和西北地区是我国 LNG 的主产地。2023 年，全国 LNG 累计产量 2037.11 万吨，同比增长 13.17%。

（三）我国天然气进口量增加

1. 进口量同比增加

2023 年，我国进口天然气 11997 万吨，进口金额 4522.6 亿元，同比分别增长 9.9%、减少 3.4%。其中，进口 LNG 7132 万吨，进口金额 3160.5 亿元，同比分别增长 12.6%、减少 9.4%；进口管道天然气为 4865 万吨，进口金额 1362.1 亿元，同比分别增长 6.2%、13.9%。2021 年是我国天然气进口量最多的年份，当年进口量达到 12136 万吨。2023 年，我国天然气进口量虽然低于 2021 年，但差距已大幅缩小到 139 万吨。

2. LNG 进口量超过管输天然气

2023 年，我国 LNG 进口量占 2023 年我国天然气总进口量的 59%，超过管输天然气进口量，是我国天然气进口的主要方式。2023 年，澳大利亚和卡塔尔分别是中国第一大和第二大 LNG 进口来源国，供应量分别为 2420 万吨和 1670 万吨。

（四）我国天然气市场未来发展趋势

当今世界正处于百年未有之大变局与第三次能源转换的浪潮交汇时期，绿色低碳转型已经成为全球发展的重要驱动引擎。在中国提出 2060 年前力争实现碳中和的背景下，推动绿色可持续发展面临新机遇与新挑战。天然气低碳优势显著，是连接传统化石能源向新能源转型的最佳伙伴。与储能协同，“气电调峰”助力新能源发展，具有不可替代作用。

1. 市场体系正向有利于竞争推进

我国天然气行业将形成“全国一盘棋”。整个价值链将主动有效地应对国际市场天然气价格波动。我国天然气市场正在按照“管住中间、放开两头”的方向推进，即推动上游油气资源多主体多渠道供应、中间统一管网高效集输、下游销售市场充分竞争。

管住中间的重要手段是天然气管输成本监审。目前，管输价格由国家发展和改革委员会按照“准许成本 + 合理收益”的原则制定和管理，正在逐步建立从跨省长输管道到省内短途管道，再到城市配送管道全产业链价格监管体系。部分上游企业对合同外气量定价采用“进口资源综合成本”的定价方式，将采购成本向下游传导。

2. 天然气供应安全体系进一步巩固

2023 年，面对异常复杂的国际形势，我国天然气行业主动应对，大力提升勘探开发力度，坚持供需两侧发力、保供稳价，管道气进口稳健增长，基础设施建设持续推进，“全国一张网”初步形成，储气能力翻番式增长，为稳定全球天然气产业链供应做出了积极贡献。值得注意的是，2023 年，我国天然气自给保障率从 55.7% 提升至近 60%。天然气供应安全的资源基础得到进一步巩固。

我国将继续加大天然气勘探开发和增储上产力度，确保天然气自给保障率长期不低于 50%；将进一步加强天然气基础设施建设，完善“全国一张网”；将深化油气体制改革，完善天然气市场体系；将推动天然气产业降碳提效，支持油气企业从传统油气供应向综合能源开发利用转型发展；将加强天然气与多种能源协同发展，构建多能互补格局；将持续深化国际交流与合作，构建开放条件下的天然气供应安全体系。

LNG 属于清洁能源领域，是我国近年来重点支持发展的产业，未来几年仍处于高速发展期。预计 2024 年我国 LNG 产量还将继续提升。

3. 消费市场仍具有较大增长潜力

（1）农村用气市场有待进一步开发

在我国农村生活的 5 亿居民中，有近 1 亿农户尚未使用天然气。因为空心村的不断出现，农村用气发展将经历一个较长的过程。但是，随着农民收入增加及乡村振兴战略推进，预计农村居民每年生活和采暖用气量新增 300 亿立方米。

（2）城镇居民采暖用气仍有增长空间

我国北方城市中约有一半居民使用燃煤热电厂或者燃煤供热站采暖。全国城市的集中供暖用煤量约为 1.5 亿吨标准煤，折合天然气 1200 亿立方米。南方城市供热正在逐步展开，预计到 2030 年有近 7000 万户南方居民实现供暖，需要天然气 350 亿立方米。这将是一个巨大的市场。在此背景下，可大力推动城镇天然气供热和调峰热电项目建设，由此减少由燃煤供热引起的大气污染。

（3）工业燃料用气市场仍然有开发潜力

我国部分建材小窑炉、工业小锅炉等，由于各种原因仍在使用煤炭作为燃料。2022 年，散煤消耗量约为 1.6 亿吨标准煤，折合天然气 1280 亿立方米。工业领域“煤改气”仍有空间，工业燃料用气市场仍然有开发潜力。

（4）交通能源领域是天然气产业的巨大市场

得益于重型货运车船“油改气”，我国 LNG 车船有了一定的保有量。部分产煤重镇，如山西、内蒙古、陕西、新疆，LNG 重卡占比在 60% 左右，但我国东南部地区的 LNG 重卡数量极少。我国重卡保有量约为 900 万辆，其中 LNG 重卡仅有 80 万辆。若再发展 300 万辆 LNG 重卡，每年用气量将新增 3200 亿立方米。

全国内河、沿海、内贸船舶每年消耗柴油约为 1500 万吨。在治理船舶污染背景下，考虑到 LNG 的清洁性及较高性价比，若将其中一半船舶改为使用 LNG，LNG 年用量将达到约 85 亿立方米。

4. LNG 价格继续波动

2023 年初以来，欧洲和亚洲的 LNG 现货价格下跌 50% 以上。展望未来，在地缘政治紧张局势持续和需求不确定的背景下，LNG 价格还将继续保持波动。根据国际能源署数据，在过去 5 年签署的所有 LNG 购销协议中，中国占比30%。按目前的趋势来看，到2030年，中国在全球LNG有效合约中的份额将从2021年的12%增加至25%。

2023年3月，中国首次以人民币结算从道达尔能源购买了LNG。这一举措意义重大，也带来了更多复杂的问题。比如，汇率风险、货币错配和对冲策略的影响等。尽管如此，从长远来看，随着中国在全球LNG市场的影响力日益增加，以人民币结算的LNG采购可能更加普及。

Ⅳ 运营管理篇

一、2023年我国加油站成品油经营情况与未来趋势

2023年，我国成品油消费量3.66亿吨，同比增长12.2%，恢复至2019年的98.4%。由于批零价差仍维持在较高水平，加油站经营利润可观。展望2024年，随着经济结构转型，“双碳”目标推进，新能源汽车加快渗透，加油站汽油销量增速放缓，柴油销量加速衰减，单站销量将进一步下滑。在投资成本日益高企的背景下，加油站需要提高精益化运营水平。

（一）我国加油站成品油经营发展现状分析

1. 成品油消费量稳步提升，经营利润稳步提升

我国成品油消费渠道以加油站为主。其中，汽油销售有九成以上通过加油站零售，柴油销售有七成左右通过加油站零售。中国石油、中国石化成品油销量高居首位，占总销量的七成左右，汽油销量占比高于柴油销量。其余三成左右的销量来自中国海油、中化、外资及民营等加油站。2023年前三季度，中国石油国内销售汽油、煤油、柴油9307.9万吨，比上年同期的7940.1万吨增长17.2%，销售实现经营利润172.77亿元；中国石化国内成品油总经销量1.43亿吨，同比增长16.9%。

2. 成品油市场增量压缩，市场竞争日趋激烈

（1）加油站主体数量增长缓慢

随着加油站经营审批权下放，我国加油站行业已形成国有、民营、外资企业共同竞争的格局。规模较小、缺乏竞争力的加油站，存在加速被市场淘汰的风险。面对庞大的中国成品油市场，外资正跑步入场，抢占市场份额。民营加油站网络进一步出现外资化、品牌化的特征，也出现新型连锁模式，经营水平有较大跃升。互联网平台不断向加油站行业渗透，促进行业商业模式转型升级。成品油零售市场“直降”“加满赠”等营销手段层出不穷，竞争愈加白热化。

（2）成品油市场空间增量进一步压缩

随着经济结构转型，“双碳”目标推进，新能源汽车加快渗透，我国成品油市场从“十三五”期间的增量竞争阶段全面进入“十四五”期间的存量竞争阶段。汽油销量增速放缓，柴油销量加速衰减，加油站单站销量进一步下滑。

3. 成品油零售业务水平仍待提高

我国加油站成品油零售业务管理水平总体落后于国内其他零售业。存在的主要问题包括加油站数量分布不均衡、加油站建设速度缓慢、加油站占地面积较大、加油站建设标准及相关法规仍需完善等。目前行业中部分加油站仍存在管理水平较为低下、格局分散、实际加油合格率低、效率效益不高等问题，亟待解决。对于中国石化、中国石油这样的龙头企业来说，提高加油站的管理水平是进一步提高效率的关键。

（二）我国加油站成品油经营模式分析

加油站运营的差异化管理，是加油站生存和盈利的关键管理要素。经营模式由企业资本结构、市场特征等因素决定。一般而言，我国加油站经营主要有自有经营、承包经营、特许经营等模式。

1. 自有经营

自有经营通过自建或收购获得加油站，经营主体完全为自己拥有、自己经营。自有经营是国有石油公司普遍采用的管理模式。依托大量自有经营的加油站点，以中国石化、中国石油为代表的国有石油公司采取连锁经营模式。

2. 承包经营

外部承包类似于租赁经营，石油公司（一般是民营加油站）通过出租加油站经营权，与承租方（一般是国有石油公司）签订商业合作协议，来确立双方权利义务与合作关系。民营加油站只享有所有权，无经营权。随着加油站竞争趋势加剧，为降低运营成本，中国石油、中国石化有部分处于偏远地区的加油站采取了承包经营方式。

2023 年，由于市场竞争愈加激烈，租赁经营服务费呈现分化态势。优质站点租赁费用连年增长，甚至部分站点不再续租转为自有经营。受道路规划等因素影响、销量下滑较快的站点，租赁费则小幅走低。

3. 特许经营

不同品牌特许经营条件不尽相同。国有石油公司和外资石油公司对品牌加盟的输出模式相对固定。特许经营费用主要包括加盟费、信用保证金、品牌使用费（或特许金）和管理费等。相比之下，民营加油站所需加盟费用较低。例如，部分民营企业的特许经营商无须支付加盟费用，仅使用品牌和签订供油合同。部分民营企业根据合作方的业绩实际增量收取费用。

截至 2023 年，中国石油、中国石化特许经营站点数量占比远低于自有经营。未来，随着轻资产经营模式推广，特许经营站点将加快增长。在民营品牌的社会认可度逐渐提高和其增量开发能力凸显的背景下，民营加油站品牌的吸引力将快速上升。

（三）我国加油站成品油经营策略分析

1. 国有石油公司加油站成品油经营策略分析

（1）升级营销策略，“一站一策”提升加油站销量

为了吸引更多顾客，2023 年，中国石油、中国石化加油站进一步采取“一站一策”营销方案，提升加油站单站销量。根据自身位置、周边环境、顾客需求，通过网络营销和社交媒体营销等，制定不同的营销策略。比如，针对位于高速公路旁加油站，推出高速公路通行费优惠活动；加油站顾客主要是私家车主，推出汽车保养服务或者汽车美容服务，提高顾客的满意度和忠诚度；在微信公众号或者微博上推出加油卡优惠活动或积分兑换活动，吸引更多的顾客关注和参与。

（2）抢抓节假日商机，持续强化扩销增量

2023 年，中国石油、中国石化加大节假日提前谋划力度，不断夯实营销力度。各加油站结合每年节假日销量变化规律、节假日出行情况和资源形势预测，制定相关营销方案，确保节日期间配送计划“有油可提、有车可送”，保证油站不挂枪、不断档。利用节假日，结合加油站“10 惠”品牌日、98 号体验日等活动促进成油品销售。充分放大月度充值赠礼、“10 惠”赠券、高标立减等锁客活动，全面提升新发卡数量，大力提高油品销量。

（3）积极开展社群营销，实现营销信息高效传播

2023 年，中国石油、中国石化加油站进一步采取社群营销策略。例如，开展“加好友送礼”活动，动员到站加油客户添加微信。随着客户的广泛参与以及口碑的溢出效应，实现客户数量的大幅增长。打牢“朋友圈”社群营销的基础，实现引流销售。通过营销设计，将加油站内车流引流至站外营销项目。例如，推出“加油站 + 车辆保养”销售模式，发布高质量“朋友圈”软文推送加油活动、新品介绍等内容，充分挖掘客户潜在价值。

（4）拓宽线上服务，打造快捷的消费体验

近两年，中国石油的“中油好客 e 站”App，支持加油卡、微信、支付宝支付，可实现不下车加油，全程“零”接触。中国石化的“加油中国石化”App，可为客户提供覆盖全国的加油卡在线充值、预分配、电子发票、加油卡信息查询等基础功能，集成一键加油、电子券包、易捷商城、

油中感谢等增值功能。

2023 年，中国石油在天津地区的加油站全面上线微信“刷掌”支付功能。“刷掌”支付采用了目前最先进的“掌纹 + 掌动脉”识别技术，是针对无介质、非接触、高便捷、高安全等用户需求提供的补充支付方式。只要事先在设备上绑定个人微信账号、录入手掌纹样，就可成功开通微信到店“刷掌”支付功能。此次“刷掌”支付，正是国有石油公司不断提升顾客体验、创新服务手段的又一次有益尝试。

（5）迈向国际化，在境外布局加油站

经过 20 年品牌深耕，国有石油公司以中国香港、哈萨克斯坦为起点，境外加油站逐渐织就南亚、东南亚、中亚等重点市场网络。目前，中国石油国际事业公司已在境外运营加油站 200 余座，包括中国香港、新加坡、哈萨克斯坦等地区。中国石化在境外加油站相对少一些。其中，在香港拥有近 60 座加油站，在泰国有 25 座加油站。

2023 年，中国石油境外加油站年零售量、非油销售收入、税前利润等指标均远远高于国内销售公司；中国石化境外加油站年零售量持续增长，其中新加坡 3 座加油站开业投营以来，持续实现盈利，利润水平年年攀升，均成为万吨级加油站。

2. 民营加油站成品油经营策略分析

民营加油站的优势在于成本偏低，营销手段多样，善于发现消费者需求；劣势在于管理规范性、精细化程度不足，连锁经营有所欠缺，品牌优势不够明显等。

（1）合资合作提升竞争力

民营企业通过与行业内口碑较好且有不断创新性的油品公司，以成立合资公司、管理加盟、品牌授权等方式管理自身业务，相互借力、优势互补与资源共享，体系化地建立公司制度与管理流程，形成在当地市场的核心竞争力与独特的管理能力。同时，民营企业通过合资合作，强化品牌、文化与市场定位，获得更大收益。

（2）降价促销实现客户引流

很多民营加油站受制于资金、运输、价格等因素，多从地方小炼厂采购调和油，油品质量难以保障，面对主营加油站的竞争，难以在品质上取胜，也难以建立品牌溢价。2023 年，部分民营加油站仍采取降价促销的方式吸引对价格较敏感的客户进站。常用的促销方法有会员储值送、加油赠非油、加油免费洗车等。在国际油价居于高位区间的背景下，民营加油站动辄 1 元 / 升的优惠活动，吸引客户的效果十分显著。

（3）着力提升民营加油站质量

我国民营加油站仍未形成较为规范的体系，油源和油品质量不稳定是民营加油站和主营加油站最大的差距。规范油品质量，淘汰落后产能，仍是成品油市场的重要任务，也是提升民营加油站质量的有效办法。

（四）外资加油站成品油经营策略分析

我国的外资加油站有四个主流品牌，分别为壳牌、道达尔、bp、埃克森美孚。其优势在于管理理念和管理体制较完善，品牌知名度较高；劣势在于本土化较为欠缺，且终端网络覆盖面偏小。目前，外资加油站正在逐步加大对我国成品油市场的开拓力度。

1. 重点打造高端加油站

外资加油站的网络布局，集中在经济发展状况较好、消费旺盛的中国东部和南部地区的一二线城市，在人口和车辆密集的区域，以高毛利的加油站为主，较少投资国道、乡镇的加油站。同时在打造高品质燃油产品、推行会员忠诚度计划和“便利店 + 加油站”运营模式三方面着重发力，从而提升单站利润。

2. 加大与民营炼厂的合作力度

外资品牌具有较强的品牌优势，而民营炼厂具备较强的资源与网络优势。外资品牌与民营炼厂合作，较一般社会加油站具有更强的竞争优势。壳牌曾公开表示，计划在 2025 年前，将其在中国运营的加油站数量增加到 3500 座，其新增的在华加油站将继续采用合资公司、全资公司或者运营商加盟的方式。这意味着，民营企业极有可能与壳牌一起合资经营加油站。

（五）2024—2025 年我国加油站经营趋势预测

随着“双碳”目标的推进和能源转型的逐步深入，我国加油站未来发展趋势越发清晰：利润率下降，秩序更加规范，终端网络数量趋于稳定，多元化服务，联合经营，提供更高附加值的产品，智能系统助推加油站效益提升。

1. 加油站行业“微利化”，最终形成多个品牌、各有侧重的多元化竞争格局

在加油站行业竞争日益加剧的情况下，成品油零售企业将进一步品牌化、专业化，并形成细分市场。随着市场的逐步稳定，具有不同需求特点的消费者将逐步区分。产品、服务或品牌的差异化程度越高，消费者对产

品的主观偏好程度就越高。加油站的差异化经营在一定程度上能够减弱价格竞争的强度，故应在一定程度上更专注于细分市场，维护忠诚客户，避免价格战带来的效益损失。从品牌方面看，加油站行业会出现较大的品牌整合，最终形成多个品牌、各有侧重的竞争格局。

2. 加油站将经历由急速扩张到整合缩减的过程，但终端网络趋于稳定

从世界范围看，各国加油站保有量均经历了由急速扩张到整合缩减的过程。参考国外发达国家加油站整合情况，分析我国加油站保有量增速及经济性可以看出，2025 年前我国加油站总量仍将增长，将达到峰值 14 万座左右。2030 年将回归合理水平，约为 11 万座。

目前，业界评价加油站保有量的指标有百千米加油站座数、单站服务车数、万人加油站座数等。从发达国家的情况看，我国加油站总量目前还未达到峰值（见表 4–1）。

表 4–1　世界各国加油站数据比较

国家	年份	加油站数量（座）	汽车保有量（万辆）	公路里程数（万千米）	人口数（万人）	百公里加油站座数	单站服务车数[辆/（站·年）]	万人加油站座数[人/（站·年）]
法国	2020	11160	4552	105.3	6739	1.06	4078.85	0.60
西班牙	2020	11650	2995	68.31	4735	1.71	2570.82	0.41
荷兰	2020	4142		13.93（2012）	1744		0.00	0.42
日本	2020	29200	7817	121.8	12584	2.40	2677.05	0.43
韩国	2020	11430	2437	11.07	5178	10.33	2132.11	0.45
泰国	2020		1832	59.76	6980	0.00		
澳大利亚	2020	7100（2017）	1946	87.35	2566			
加拿大	2020		2602	104.23	3801	0.00		
印度	2020		3615	621.5	138000	0.00		
俄罗斯	2020		5336	152.9	14410	0.00		
巴西	2020	29804（2002）	4657	173.54	21256			
德国	2020	14459	5237	64.44	8324	2.24	3621.97	0.58
意大利	2020	21750	4502	48.77	5955	4.46	2069.89	0.27

续表

国家	年份	加油站数量（座）	汽车保有量（万辆）	公路里程数（万千米）	人口数（万人）	百公里加油站座数	单站服务车数［辆/（站·年）］	万人加油站座数［人/（站·年）］
土耳其	2020	13063	1810	43.86	8434	2.98	1385.59	0.65
马来西亚	2020	2765	1506	23.88	3237	1.16	5446.65	1.17
英国	2020	8385	4068	42.41	6722	1.98	4851.52	0.80
波兰	2020	7739	2874	42.4	3795	1.83	3713.66	0.49
希腊	2020	6100	689	11.7	1069	5.21	1129.51	0.18
保加利亚	2020	4600	339	4.02（2014）	693		736.96	0.15
墨西哥	2020	12713	4044	78.05	12893	1.63	3181.00	1.01
捷克	2020	4008		5.58	1070	7.18	0.00	0.27
葡萄牙	2020	3418		1.78	1030	19.20	0.00	0.30
瑞士	2020	3357	598	8.33	864	4.03	1781.35	0.26
美国	2020	115000	27072	685.3	32948	1.68	2354.09	0.29
奥地利	2020	2753		34979	892	0.00	0.00	0.32
世界各国平均值		—	—	—	—			
中国	2022	119000	41700	528.07	141200	2.25	3504	1.19
	2025	124069*	35000*	—	—	—	2821*	—

注：标 * 为预测数值

加油站能否存在，起决定作用的是平均吨油成本、吨油差价和年加油量，综合考虑可用投资回报率指标为标准。一般来看，只要某座加油站的年投资回报高于社会平均资金成本，该站就将被保留。当然，可能存在一定的影响因素导致加油站保有量增减超预期。一是在批零价差低、销量低的作用下，回报率低导致加油站倒闭。二是在政策和经济等多种因素共同作用下，加油站压缩整合。从国外发达国家的情况看，美国加油站业的发展历程较有参考性，其与加油站相关的车辆保有量、国土面积和公路里程数与我国相似。美国加油站总量的峰值约为 15 万座，整合后仍保留 11.5 万座，约占峰值的 80%。因此，未来我国加油站即使达到峰值 14 万座，再整合掉 20%，全国加油站总保有量仍有 11 万座以上。三是未来加油站的缩减将是高价值加油站不断入市、低效加油站不断退市的过程。四是新购建站点的经营者退出市场的可能性较高，不会导致站点总量的大幅减少。

3. 不断推进技术升级，智能系统优化加油站业务流程

外资企业进军我国市场，速度优势、技术优势非常明显。在过去的5年里，一些知名的外资企业通过并购当地的小型加油站网络，使自身服务点增加了约20%。同时，外资企业借助先进的信息技术和大数据分析，持续优化供应链管理，提高运营效率。最为关键的是，外资企业凭借环保服务和新能源技术取得了市场优势。

2023年，中国石油、中国石化持续推广多种新型技术在加油站的应用实践。加油站零售管理系统可提供客户服务、资金结算等服务，可集成采购、库存、销售等信息，优化加油站业务流程，提高加油站工作效率。2024年，中国石油、中国石化将进一步加快内部结构调整和技术改革步伐，包括进一步开发智能化的服务系统，利用AI来预测顾客的加油需求，提供个性化的服务方案。

4. 经营管理水平进一步提高，监管难度可能增加

2024年，成品油销售企业在规范管理的同时将进一步提高经营管理水平。一是针对性地开发差异化产品和服务，在一定的顾客群体中建立品牌忠诚度。二是提高精细化管理水平，由粗放型的管理逐步转变为精细化管理，在设备设施、互联网应用、自助加油、智能营销等方面进一步着力，提高加油站运行效率。三是优化加油站网络布局，通过规模效应进一步降低站点运营边际成本。四是进一步加大油气氢电等能源混合建站，通过提供多元化能源服务形成综合服务平台。

需要说明的是，随着市场集中度下降，市场主体将更为分散，民营及外资加油站占比将上升，市场监管的范围、难度可能会有所增加。

二、2023年我国加油站非油业务经营情况与未来趋势

2023年，加油站继续向综合服务转型，加油站非油业务继续快速发展。中国石油、中国石化更加注重自有品牌、单店店销、营销精准化，促进线上线下全渠道销售模式与跨界融合，探索“互联网+加油站+便利店+第三方”的新商业模式，做强做优以便利店为主的多元化实体服务，全面推动非油业务快速发展。

（一）加油站非油业务经营现状

1. 商品品类多元化，更加注重重点商品、自有品牌拓展

2023 年，随着顾客消费需求多元化，中国石油、中国石化不遗余力地满足顾客期望，瞄准日益增长的潜力品类，如水果、低温乳制品、冷冻食品、短保面包、进口日化等，全面促进便利店经营结构高效提升。

针对标准化程度高的品类，积极培育自有品牌。例如，中国石化孵化了卓玛泉、长白山天泉、鸥露纸、赖茅酒、三人炫、澳托猫汽服、易捷咖啡等自有品牌，获得了消费者的认可，为企业贡献了较高的毛利。中国石油培育了以“昆仑好客优选 +”为代表的自有商品体系建设，大力提升品牌管理水平，发挥品牌引领作用，全力锻造有品质、有精神、有内涵的中国石油“金字招牌”。

2. 营销精准化，深化油非互促模式，促进“双循环”

油非互促对于成品油销售企业来说，是对成品油和非油品未来发展意义深远的营销策略。成品油销售企业通过差异化营销，提供区别于社会零售企业的强劲增长动力。2023 年，中国石油、中国石化非油业务进一步坚持市场导向，超前制订营销计划，创新营销模式，以重点品类为抓手，推动营销方式常态化，组合推出“商品 + 服务 + 油卡 / 油品”大礼包，助力油卡非润一体化营销，推动农资、食品、酒类、包装饮料、奶类等收入同比大幅增长。

例如，2023 年，中国石化开展了易享节、年货节、水饮节、养车节等多个促销活动，在全国各加油站实行统一设计宣传物料、统一培训营销话术、统一促销模式、统一商品调度，利用各省级公众号、抖音号、部分省市电台等媒体持续发布活动信息。中国石油结合自身实际情况，策划组织全国性油非一体化营销活动，拓展经营范围，积极开展果蔬生鲜等销售试点。营销过程中，对选品、订货、铺货等营销全流程均依托数据决策和执行，实现单品单站精确指导，进一步促进油非“双循环”。

3. 运营深入化，进一步强化便利店吸客能力和单店创效能力

非油便利店是转化加油客户进行非油消费的直接体验场所，环境、布局、陈列等多重因素均对客户消费心理产生直观影响。提升便利店氛围，就是提升客户购买力。2023 年，成品油销售企业通过把宣介和体验阵地从店内前移至加油现场、增加店内功能专区、优化便利店布局、实施专业化陈列等手段，进一步强化单店销售能力。

例如，2023 年，中国石油昆仑好客将全国 31 个省市划分为主力市

场、发展市场和潜力市场，分品类、分省市推进任务目标，以全国年销售收入超过百万元的便利店为重点，制订重点品类发展规划，对超过一定销售额的大单品实行“单品管理”，加强商品引入、陈列、库存管控等措施，深化店面升级。

4. 加快线上线下全渠道销售模式与跨界融合

2023 年，中国石油、中国石化持续探索“互联网 + 加油站 + 便利店 + 第三方”的新商业模式，做强做优以便利店为主的多元化实体服务。结合服务特点，与合作伙伴不断完善买车、用车、卖车的汽车全生命周期服务链；先后与多家企业合作，加快汽服业务布局，扩大洗车网点布局；探索整车销售，以及汽车金融、保险等业务；大力开展大客户团购业务，先后与多家知名商超，以及铁路、高速公路等企业合作；加快布局站内快餐业务步伐，积极探索开发肯德基汽车穿梭餐厅，加大投运力度。

2023 年，中国石油、中国石化运用自媒体运营、电商平台吸引线上流量，并通过直播电商销售转化等多种模式，向线下加油站便利店导流，充分发挥油非互促的特色优势，有效提升销售规模和销售质量，实现线上线下协同发展。

5. 强化品牌创建，展示石油销售企业良好形象

中国石油、中国石化充分发挥非油业务管理运营平台作用，履行央企责任。2023 年，围绕化肥、种子、饲料、农机服务、农业金融等，设立消费帮扶专区专柜，积极打造服务“三农”、助力乡村振兴的综合服务站。创新消费帮扶模式，开发自有品牌帮扶产品 100 多种，着力打造“从田间到餐桌”的消费帮扶产业链。

2023 年，中国石化易捷品牌价值 206.97 亿元，实现连年高速增长；中国石油“昆仑好客”品牌价值 170.22 亿元，连续 3 年入选“我最喜爱的中国品牌”。两大石油公司非油业务已成为彰显央企担当、履行社会责任、展示石油企业良好形象的重要窗口，同时跻身国内品牌价值最高的连锁便利店之列。

（二）加油站非油业务规模效益

1. 呈规模化发展之势，数字化管理能力不断提升

2023 年，中国石油、中国石化加油站便利店数量增减不一，整体呈规模化发展态势。中国石化 2022 年便利店数量为 28172 家，2023 年增加 192 家，达到 28364 家；中国石油 2022 年便利店数量为 20600 家，2023 年便利店数量减少 1147 家，为 19453 家。中国石化、中国石油的便利店数量仍居我国连锁行业便利店总数前列，数量占全国便利店总数的比例超过 20%。

便利店规模化发展的同时，管理水平尤其是数字化管理能力不断提升。智能商用终端是便利店数字化升级的重要载体，其成功应用促进了加油站便利店的连锁化和规模化发展。2023 年，物联网、大数据、云计算等现代信息技术的应用，及时反映消费市场的关注点和动向，为便利店赋能，实现引流、降本、增效。通过便利店的标准化和精细化的数字运营，形成了有效的运营方案。

2. 销售规模持续上升，经营效益持续提升

2021 年，中国石化非油业务收入为 354 亿元；中国石油非油业务收入为 251 亿元。2022 年，中国石化非油业务收入为 381 亿元，同比增长 7.6%；中国石油的非油业务收入为 277.5 亿元，同比增长 10.6%。

2023 年，中国石油、中国石化不断增强非油业务的创效能力，非油业务均有不同程度的增长。例如，2023 年，中国石化成为全国门店数量最多的直营便利店品牌，建设加油站汽服网点近 1 万个，成为国内最大的自营洗车平台；发展餐饮、广告、金融等多种业态，拓展餐饮门店 1300 余家，开发广告媒体 15 万块。

（三）加油站非油业务未来趋势预测

我国非油业务仍处于成长期，客户进店率偏低、商品管控能力待提升等问题亟待解决。2024 年，随着新能源发展持续推进，零售市场竞争日趋激烈，随着加油（能）站的综合服务提升、数字化智能化持续升级，进一步开发非油业务是加油（能）站降低经营风险，提高盈利能力和市场生存能力的必然选择。

1. 非油业务存在较大发展空间，服务综合化是必然选择

参考国外加油站业务结构，我国加油站非油业务还有巨大增长空间。例如，美国加油站中非油业务利润平均占总利润的 50%，有的甚至占 75% 以上，尤其是大型超市加油站的数量持续增长，市场份额不断扩大。我国非油业务利润在总利润中所占比例仍较小，非油业务毛利额较低，存在较大发展空间。

2024 年，在“双碳”目标驱动下，综合型一体化的服务型平台将提速发展。中国石油、中国石化将从满足用户需求出发，深入践行品牌理念，聚焦大消费、大数据、大平台，不断探索“互联网 + 加油站 + 便利店 + 第三方”新经济商业模式，以加能服务为切入口，打造集购物服务、养车服务、生活服务、增值服务为一体的“人・车・生活”综合服务平台，不断拓展新兴生态，持续丰富服务功能，为消费者创造价值，为合作伙伴赋能增值。

2. 发展多种非油业务，应对新能源行业发展

我国加油站行业非油业务的布局仍需完善。如何将加油站众多业务组合，迎合顾客消费观念以及吸引顾客，是加油站行业持续努力的方向。

2024 年，我国成品油销售企业将继续完善建立非油品运营和管理体系，通过准确定位、合理定价等开展非油业务，进一步挖掘市场潜力，提高非油营业额。具体来讲，将通过调整经营方式，更深入、更精准地研究加油站商圈，深挖客户需求，创新营销方式。将不断优化新发展格局下的顶层设计，推进各项业务向产业链上游延伸，打造高端、高品质、高附加值的自有商品与专业服务体系，不断提高满足顾客需求的能力，为助力国家扩内需战略、引领零售行业发展做出更大贡献。

3. 竞争加剧，非油业务需更加精细化的运营体系

据 CCFA（中国连锁经营协会）发布的中国便利店发展报告，便利店行业竞争愈加激烈，马太效应凸显。2023 年底，美宜佳门店数已超过 3 万家，超过中国石化易捷成为全国第一大便利店企业。成品油销售企业应对非油业务进行更加精细化的运营，逐步建立起以单品管理、用户管理、单店运营为抓手的精细化运营体系，全面优化运营和管理效能。

4. 加油站智能化成为趋势，持续提高客户服务体验

“互联网 + 加油站”已然成为趋势。未来，进一步围绕数字化营销、智慧加油站、智慧供应链、“人 · 车 · 生活”生态圈四大转型方向，加油站将物联网、大数据、AI、云计算等数字技术与经营发展深度融合，形成涵盖全域、全场景、全链路、全周期的综合服务生态圈。例如，通过数字化转型构建会员体系、搭建转型场景、创新异业合作等方式，进一步实现精细拓客、精准营销、精益服务。优化加油站商圈网络，创建智慧加油、机器人自动加油、数字化非油等服务，全面提高加油站运营效率、降低运营成本、保障运行安全，提高客户服务体验和满意度。

三、2023 年我国加油站新能源业务经营情况与未来趋势

2023 年，加油站新能源业务发展加快，重点体现在光电氢多元并举、投资开发方式多样、经济效益差异较大等多个方面。展望未来，新能源汽车普及将继续带动充电和换电业务快速增长，加油站发展分布式光伏难度增大，加氢业务在政策支持和技术革新下发展提速。

（一）充换电业务发展现状与趋势

1. 加油站增设充换电业务优势明显

加油站作为传统的能源补充和服务网络，增设充换电场景具有天然的适用性。

（1）地理位置优势

加油站一般选址在城市中心、社区、交通枢纽等核心地段，符合车辆补充能源的合理距离和交通便利的特点，与消费者用能习惯有天然的契合性。

（2）服务和设施优势

加油站在现场管理、车辆服务、消费者增值服务等方面布局较齐全，在充换电的同时能够满足消费者的餐饮、购物、休息等部分需求，提升消费者消费体验。

（3）运营经验优势

加油站在长期运营过程中积累了丰富的营销和管理经验。依靠管理经验丰富的团队，对原有管理和营销机制略做调整，充换电业务就能较快进入运营正轨。

2. 场地资源条件受限，站外站成为新宠

加油站土地资源价值高昂，而现阶段充电补能效率远低于加油，单位时间内土地利用价值较低。以杭州为例，政府规定每个加油站内只允许部署 2 台充电桩（4 把枪），规模效益低下。因此部分成品油销售企业开始在站外建设充电站。

例如，2023 年 10 月，中国石化宜昌石油第一个外场充电站——湖北宜昌远安国际大酒店充电站正式投用，配备 6 桩 8 车位，充电总功率达 320 千瓦。2024 年 1 月，中国石油上海销售首座站外充电站——观海路充电站正式投运，配备 15 台双枪直流充电桩、5 台 V2G 充电桩，可同时为 40 辆车提供 120 千瓦快速充电服务。

3. 经济效益一般，投资回报率较低

充电业务利润率相对较低，不仅加油站收益较低，多家充电头部企业也处于战略性或政策性亏损状态。主要原因在于，现阶段充电收益主要是收取充电服务费，而多数充电桩利用率较低，单纯依靠收取充电服务费在短期内无法收回投资。从单桩投资营收来看，多数不具备投资经济性。宁夏某加油站通过合作分成方式建设充电桩，按 15 年测算每年需要充电 1.5 万千瓦时才能收回建桩投资，但除了银川市区站充电桩，其他均无法收回投资。

换电业务大部分运营商同样处于亏损状态。例如，蔚来汽车是开展

换电业务的绝对头部企业。2023 年第三季度，蔚来汽车经营亏损 48.44 亿元，净亏损 45.57 亿元。目前换电站尚未完全实现无人值守，仍发生部分人工费用。由于电池组重量较大，更换电池的专业化要求较强，需配备专业人员借助机器来快速完成对电池的更换、充电和维护。除了人工费用、场地租赁等成本，还有换电站设备、储备电池、电池折旧、商用电费等费用，高昂的成本导致换电业务处于亏损状态。

4. 拓展汽车服务生态，挖掘消费潜力

现阶段电动汽车充电快充时长 30~60 分钟。补能期间客户将催生出购物、餐饮、休息等更多新的消费需求，更具“人 · 车 · 生活”挖潜价值。例如，在场地条件有限的加油站，增设 AI 机器人餐厅、自动售货机等设备，短平快满足客户需求；在场地条件较好、客户流量大的站外站，增设自营流动餐车或自动洗车机、休息室等，打造“充电 + 服务”一条龙，提升用户满意度，增强用户黏性。以中国石油上海某充电站为例。该站除了提供充电服务，还在站内配备了自动洗车机、Usmile 无人便利店、直饮热水、餐饮洗浴等便民服务，丰富充电场景，将“人 · 车 · 生活”生态圈的理念衍生到加油站外，为客户提供更多优质周到的服务。

5. 主营单位积极介入，充电换电业务蓬勃发展

我国电动汽车保有量迅速攀升，对充换电设施的需求随之剧增。尤其是在城市规划、交通出行以及能源结构调整的大背景下，高效便捷的充换电服务成为支撑新能源汽车行业可持续发展的重要基础设施。

2023 年，全国充电基础设施增量为 338.6 万台，同比上升 30.6%。其中，公共充电桩增量为 92.9 万台，同比上升 42.7%；随车配建私人充电桩增量为 245.8 万台，同比上升 26.6%。从总量来看，我国公共充电桩三年增长率在 50% 左右，大幅落后于新能源汽车的发展，直接导致车桩比逐年攀升。2022 年，车桩比再次超过 8，即每根公共桩平均需服务超过 8 辆新能源汽车。随着新能源汽车的增长，充电桩市场发展仍有广阔的发展空间。加油站有望在这一蓝海市场中借力转型。中国石油、中国石化需积极在充换电赛道发力。

（二）光伏发电业务发展现状与趋势

1. 光伏发展迅速，装机量迅猛上升

2023 年，在政策鼓励下，我国光伏产业进入快速增长期，光伏装机成本迅速下降，光伏发电全面进入平价时代。从成本端看，国内光伏组件价格自 2010 年以来已从约 20 元 / 瓦降至 2 元 / 瓦以内，系统成本从近 50

元 / 瓦降至 4 元 / 瓦左右，对应降幅 90% 左右。从技术端看，2014 年起我国企业（研究机构）晶硅电池实验室效率累计刷新纪录 56 次。

技术单新叠加成本下降，我国光伏发电全面提速。2023 年，全国光伏新增装机 216.88 吉瓦，同比增长 148.12%。其中，分布式光伏新增装机约达 96 吉瓦，同比增长超过 90%，成为光伏新增装机的主力。

加油站罩棚、屋顶等位置面积较大，具有建设分布式光伏的有利条件，光伏建设规模持续加快。截至 2023 年底，中国石油光伏站点数量约 1300 个，近三年年均增速达到 425%。

2. 光照资源越充裕，地区发电效益越好

根据太阳能资源富裕程度，可将我国大致分为四类地区：一类地区为太阳能资源丰富带，包括宁夏、青海、新疆等光照资源充裕的地区；二类地区为资源较丰富带，包括山东、河南等光照资源较充裕的地区；三类地区为资源一般带，包括福建、浙江和广东等光照资源较匮乏的地区；四类地区为光照资源匮乏的地区，包括四川、贵州等地。

光照资源越充裕，光伏发电效益越好。从目前光伏加油站建设区域分布来看，光伏加油站建设集中在山西、黑龙江等区域，新疆、辽宁、甘肃等地光伏加油站数量分布也相对较多，其余地方如北京、湖北等虽有分布但数量较少。

3.“自发自用、余电上网”成为主要选项

光伏加油站一般为全资自营，由加油站所有者在罩棚、站房以及停车区的停车棚顶部安装光伏发电设备，实现站内发电。加油站可以选择不接入电网，直接使用光电供电。但由于光伏发电的不稳定性，不方便日常操作使用，采取此种运营模式的光伏加油站较少。

“自发自用、余电上网”，即将多余的电量反向输入电网以降低成本并享受政策补贴成为主要选项。此外，部分站点选择合资合作投资方式。光伏设备由第三方投资安装，加油站使用光电，补贴归第三方所有。这种投资方式成本较低，可显著降低运维成本。

光伏发电助力加油站节能减排、降本增效。以浙江金华某加油站为例。该站在站房和辅房房顶安装了 78 片太阳能光伏发电板，配置电网电压、频率保护和串式逆变器，每年可发电 3 万千瓦时，节约标准煤 8445 千克，减少二氧化碳排放 22540 千克，硫氧化物排放 172 千克，节约电费 3 万余元。

4. 地方政府加强监管，加油站发展分布式光伏难度增大

分布式光伏对于电力现货市场价格影响的灵敏度高于参与竞价的集中

式光伏。随着装机比例增加带来的电力系统调节能力不足、配电网接入容量受限等问题，各地政府逐步参照常规新能源电站，提出分布式光伏配置储能、承担调峰辅助服务费用等要求，导致加油站建设光伏面临的监管更严，收益下降。

例如，西南某城市下辖各区县政府严控光伏指标，将光伏资源作为招商引资的配套条件，同时要求所有光伏项目，无论是自发自用还是全额、余电上网，均需取得电力部门的消纳意见后方能备案。加油站开发分布式光伏项目的难度大增。又如某旅游城市，分布式光伏项目不作为重点项目推进，且不允许在国省干道及重要旅游公路沿线可视范围内建设。而加油站多数位于国省干道及旅游公路旁，因此项目无法立项建设。政策监管趋严，导致加油站发展光伏发电面临更多限制和阻碍，窗口期正加快收窄。

5.“光储充一体化”是发展方向

“光储充一体化”充电站即为“光伏 + 储能 + 用电 + 电动汽车充电”，集成光伏发电、储能、用电、充电桩等多项技术，在碳中和目标环境下既能满足加油站日常用电需求，又能为电动汽车供给绿色电能，还能实现电力削峰填谷等辅助服务功能，实现加油站利用新能源、储能、充电互相协调支撑。

一体化充电站模式效率高、收益高。国家政策鼓励“光储充一体化”充电加油站发展。在“双碳”目标的大背景下，建设以“零碳”加油站、“零碳”服务区为主体的新模式已成为高速公路服务区、加油站等转型升级的必然路线，以适配新目标下交通运输各部门的阶段性方向。现阶段主要能源供应企业都在坚定不移迈向“净零”排放，加快推进能源转型和产业升级，争先打造世界领先洁净能源化工公司，加快向“油气氢电服”综合能源服务商转型，锻造强韧高效的产业链。“光储充”技术必将成为未来加油站光伏的发展方向。

（三）加氢业务发展现状与趋势

1. 氢能经济性较差，加氢车辆仍较少

2023 年，政策持续鼓励氢能产业发展。但目前看，氢能技术突破相对较慢，制氢、储氢成本较高。一是制氢成本居高不下。以分布式电解水制氢为例，电价是影响制氢成本的关键因素，占比超过 80%。当电价为 0.3 元 / 千瓦时，碱性电解水制氢的成本是 20.84 元 / 千克。二是运输成本高。根据测算，当运输距离为 100 千米时，运氢成本约 8.7 元 / 千克；而当运输距离为 200 千米时，成本增加至 19 元 / 千克。运输效率低、运输

成本高、装卸时间长等因素，使得加氢站的氢气供应问题日益突出，一定程度上制约了氢能交通产业的可持续发展。

氢燃料汽车保有量较低，加氢站“吃不饱”现象凸显。我国氢燃料汽车的产销量及运营规模远未跟上加氢站发展的速度。理论上，100 座加氢站可以满足超过 1 万辆氢燃料汽车的补能需求。截至 2023 年底，我国已累计建成加氢站近 400 座，但氢燃料汽车的保有量不足 2 万辆，导致加氢站“吃不饱”，加氢负荷率逐步降低，甚至被迫停运。以广东为例。广东已建成加氢站 55 座，但真正投入运营的不超过 40%，平均单站加氢负荷率不超过 40%，每个站点月亏损 10 万元，持续经营面临困难。

2. 主营单位下调加氢站发展目标

当前，氢能的整体成本仍然较高，限制了氢燃料汽车在私人消费市场的快速推广，使这类车型更多地集中在具有特定补贴政策支持和运营成本易于消化的公共交通领域，如公交车、物流车和部分区域性的示范项目。

尽管政策层面积极推动氢能产业发展，但由于终端用户市场的接纳程度受到成本制约，氢燃料汽车市场扩张速度仍较缓慢，在很大程度上制约了加氢站网络的建设与发展。例如，北京冬奥会期间配套的氢能公交已全部调走，导致中国石油某服务区加氢站因缺少市场需求不得不暂时停运。据了解，部分主营单位已下调了 2025 年加氢站建设目标，以匹配市场实际需求增长，减少投资损失。

3. 补贴情况下部分加氢站可实现盈利

政府补贴政策旨在降低加氢站初期建设和运营成本，鼓励社会资本投入氢能基础设施建设。现实中加氢站能否真正实现盈利，取决于氢气成本、运营效率、氢燃料汽车保有量和活跃度等。部分加氢站在享受政府补贴的情况下，理论上可以实现盈利或缩短投资回报周期。

例如，四川成都的某油氢合建站，现有 4 具油罐、1 套储氢瓶组，储氢 345 千克，设有两台双枪加氢机。自 2022 年 4 月投运以来至 2023 年底，累计加注 4.4 万辆氢燃料汽车，加注量约 38 万千克，年度日均销量约 700 千克，销售收入约 1325 万元。考虑运营补贴后毛利约 680 万元，实现盈利。但多数政策性加氢站，如中国石油某服务区加氢站，运营周期短，前期投入高、后期收益低，多数处于亏损状态，仅有部分勉强维持收支平衡。

4. 未来我国加氢站发展将提速

虽然现阶段加氢站受制于市场需求规模限制，发展速度相对较慢，但未来加氢站发展将逐渐提速。无论是从政策引导、市场需求、技术进步还是社会经济发展趋势的角度，未来加氢站的发展均具备了良好基础和广阔前景。随着氢能利用生态链的不断完善，加氢站作为关键平台，其建设和运营规模将迎来快速发展期。

（1）政策导向支持

《氢能产业发展中长期规划（2021—2035 年）》等政策文件明确表达了对氢能产业发展的大力支持，将氢能定位为战略性新兴产业和未来能源体系的重要组成部分。其中明确了加快加氢站基础设施的建设和发展。

（2）市场需求稳定增长

随着氢燃料汽车技术的进步和市场化推广，尤其是公共出行、物流运输等领域的需求增长，对加氢设施的需求不断提升。多省市陆续推出燃料电池汽车发展规划。加氢站作为配套基础设施，建设必然要跟上车辆使用的步伐。

（3）技术进步带动成本降低

我国氢产业核心设备的技术瓶颈正在被攻克，国产化进程加快。制氢、储氢和运氢技术的进步，将使氢气供应更稳定、成本更低。

（4）产业链整合与商业模式不断创新

考虑到单独建设加氢站运营成本高的问题，中国石油等主营单位开始推广油氢合建站、气氢合建站，有助于提高加氢站的运营效率和盈利能力。

四、2023 年我国加能站营销策略分析与未来趋势

国家和地方能源规划中频繁提及综合能源服务，体现我国促进能源利用效率和推动绿色低碳发展的坚定决心。国家政策鼓励市场主体创新综合能源服务项目建设管理机制，依托现有加油站网络、智能配电网、城镇燃气网、热力管网等，推动分布式可再生能源的高效灵活接入与生产消费一体化。加油站向综合能源服务站转化已成为必然趋势。

（一）加能站营销策略分析

与传统加油站不同，加能站的能源范围更广，服务价值的延伸链条更长，更多地体现在“综合服务”以及与终端顾客交互方面。因此，将其定义为一种全新的交通能源供应站，通过集成电能、天然气、氢能以及清洁燃油等两种或两种以上的供应服务功能，为用户提供一体化的能源解决方

案。从营销体系来看，我国加能站有较为明显的变化。

1. 从以企业产品为中心转向以顾客为中心

传统观念和营销观念在内容上存在着质的区别。传统观念的出发点是产品，是以卖方（企业）的要求为中心，目的是将产品销售出去以获取利润。这可以认为是一种“以生产者为导向”的经营观念。营销观念的出发点是消费需求，是以买方（顾客群）的要求为中心，目的是从顾客的满足之中获取利润。这可以认为是一种“以消费者（用户）为导向”或称“市场导向”的经营观念。

从加能站的营销策略转变来看，受到竞争市场化、替代能源冲击、资源市场供过于求等多种因素影响，以顾客为中心的营销策略进一步深入人心。

2. 从销售企业产品转向满足客户需求

企业通过及时准确了解和满足客户需求，进而实现企业目标。实践证明，不同子市场的客户存在不同的需求，甚至同属一个子市场的客户的个别需求也会经常变化。为了适应不断变化的市场需求，企业的营销战略必须及时调整。

越来越多的企业开始奉行市场营销观念，并从销售企业产品转向满足客户需求。特别是万物互联时代的到来，以及新冠疫情期间受常态化防控的影响，人们的生产生活方式发生了重大变化，例如居家办公、弹性办公、线上购物、新媒体消费等新业态与新模式逐步显现并深入，促使客户对于能源消耗、生活类商品的消费行为和模式产生改变。同时，“80后”“90后”“00后”的新一代消费者正成为加能站的主要营销对象，其消费观念、品牌观念有较大差异。

3. 从买卖双方间产品交易转向利益相关者间的关系和服务

在产品营销的基础上，企业开始关注利益相关者间的关系和服务，并将关注焦点转到服务营销和关系营销上。服务和关系具有无形的特点，与产品不可分割。对于服务和关系的掌控，更能体现企业的核心竞争能力。加能站营销发展过程中，更注重与顾客、供应商之间的管理连接，实现其让渡价值，持续增加各方的价值创造能力。

4. 不断丰富市场营销组合

市场营销组合是现代市场营销形态的重要组成部分。为了达到既定的市场营销目标，企业需要对这些营销要素进行有效的组合。市场营销组合中所包括的可控变量很多，迄今为止影响最大的是产品、价格、渠道和促销。随着国际市场的竞争日趋激烈，许多国家政府加强了干预，市场营销组合中增加了政治力量和公共关系，要打破国际和国内市场上的贸易壁垒，为企业的市场营销开辟道路，也被称为“大市场营销”。随后关于营销要素的组合又出现了多种变化，反映了营销观念在融合和碰撞中不断深入、不断整合的趋势。

（二）加能站营销策略变化趋势

加能站是一个以光伏发电、风力发电、储能技术、智能微电网等新能源技术为补充的绿色低碳公共基础服务设施，部分发展较好的综合性加能站还具备物流中转、旅游中继、新零售以及文化体验等多重功能。由于服务所面对客户群体的扩大，加能站的营销策略展现出新的发展趋势。

1. 补能策略多样化

加能站的补能策略，如果从传统的营销理论来看，主要是产品策略，也就是站点为消费者提供的产品组合。加能站提供的产品一般是各品号的汽油、柴油以及天然气，另外部分转型较快的站点有氢能、充换电等产品。按照补能功能，可以分区块来分析加能站的补能策略变化。

（1）加油区块

作为加能站的传统业务，加油区块的微利化、规范化趋势愈加明显。竞争主体数量增加，市场集中度下降，行业整体利润下降。竞争较为激烈，价格波动程度较大，而且随着政策的逐步落实以及行业重新洗牌，成品油零售平均价格更贴近产业平均成本，利润空间进一步缩小。成品油流通的事中及事后监督，包括加油站管理以及油品流通过程中的工商、税务、安全等各方面的监管。加油站在经营过程中将更趋规范，不正当竞争将进一步杜绝。针对新兴的互联网经济，相关监管将进一步深化，例如加油卡、虚拟卡、网络安全、支付安全等方面的监管和监控。行业利润下降，整体进一步规范，为营销策略的设计带来了新的发展。

（2）加气区块

加气市场与加油站市场的最大区别在于，一定时期内加气市场仍是供需较为平衡的市场，相较于成品油竞争并不激烈，因此更多体现在产品供给方面的营销。其营销策略趋势主要体现在两个方面：一是营销策略具有区域性，在西北等气源丰富地区的布局和发展较快，且更多偏向于 LNG 的供给；二是营销跟随客户发展，重点在跨省国道站点、重卡运输通道、工业园、物流园、厂矿周边等站点开展针对性的营销，与客户需求建立紧密联系。

（3）加氢区块

由于氢产业链良性生态尚未形成，成本偏高、技术成熟度不足，加氢站利用率普遍较低。氢能作为加能站中的重要产品，营销策略体现出依靠补贴运行，围绕客户需求市场布局，示范性、试点性经营为主等特点。

（4）充换电区块

充换电营销重点集中在运营商的公共桩 / 站建设，以及相关的服务价格差异。从行业发展的阶段来看，充换电发展仍处于大规模发展阶段。其营销策略发展的特点是“充电桩 / 换电站运营商 + 平台服务 + 加能站场地”合作，以服务费优惠或者促销策略为主，提供增值服务或者平台权益。

2. 营销策略精准化

加油站向综合加能站转化是行业整体发展的趋势，但仍以加油业务为主。因此，营销策略的发展重点仍集中在汽柴油零售。随着行业竞争的加剧和各区域发展的差异，不同省市甚至商圈的各种销售基础和营销要素条件不同，对加能站营销促销的精准化提出了更高要求。同时，随着信息技术的发展，加能站经营企业通过线上渠道与客户建立了更为直接的联系，进一步促进了营销策略的精准化发展。

（1）产品策略

针对不同的产品采取不同的营销手段。对汽油销售而言，需要采用“一站一策”策略。分析每个加油站商圈环境、客户特点，按类别把握好私家车出行、企业复工复产、校园学生返学、节假日消费等销售契机，分别实施相应的促销政策，提高客户进站率、加满率，促进汽油销量提升。对柴油而言，优选重点站，实施“一客一策”策略。统筹优化重点站、重点类型客户营销策略。例如，优先向高速路口站倾斜营销资源，增加增值服务项目，引导运输大货车进站加油。重点农村站实施农民灌桶专属优惠的营销政策，开发农机客户。

（2）价格策略

价格策略包括地区差异化定价、客户差异化定价和方式差异化定价。

地区差异化定价，不同省市之间存在明显的市场环境差异，不同区域、不同位置的加油站应区分定价。例如，货车车流量较大的省道站、国道站、高速站，柴油价格趋于市场化，应参考周边竞争者价格水平，跟随定价。

客户差异化定价，对于长期购油的客户或者单次购油量较大的客户，油品销售时可给予一定的价格折扣或丰富折扣模式，如赠送洗车服务、非油商品优惠券等。

方式差异化定价是采用阶梯价格策略，利用阶梯价格在少数时间段内的高折扣率吸引消费者进站消费，有利于短时间内吸引大量客户流量，通过客户之间的口碑相传迅速提升品牌知名度。

（3）促销策略

促销策略分为激活全员促销、做强广告宣传和用好错峰促销。

激活全员促销，采取“全员营销”“百日攻坚”等行动措施和营销政策，让基层员工懂方法、会营销。实施“日调度、周分析”的 PDCA 经营管理机制，找到差距、分析原因、制定措施，促进增量创效。

做强广告宣传，是利用广告尽心宣传。例如，利用广告媒体资源，招募合作伙伴，共同打造覆盖全国的线下广告网络，聚焦出行场景，大举布局特色广告。

用好错峰促销，是利用好各加油时间段的特点开展促销活动。例如，在晚 8 点至次日早 6 点的低谷时间段加油，可享受加油优惠、增值优惠等政策；使用电子钱包或相应 App，享受站级夜间优惠 2%。

（4）渠道策略

渠道策略包括优化网络布局和净化市场环境。

优化网络布局，筛选出位置优势明显、客户群体稳定、具备销售提升潜力、利于改造建设的加油站网点，进行改造升级，挖掘站点销售提升潜力。收购控制社会加油站资源，重点关注加油站位置比较好、因经营不善有出售诉求的民营加油站网点。选取站点打造“爱心驿站”，关爱劳动者尤其是出行、外卖、即时配送等新就业形态劳动者。

净化市场环境是指针对油品市场竞争主体多元化、低价资源冲击严重、竞争白热化等情况，协调政府力量，共同加强市场监控力度，全力维护企业利益。

3. 服务策略差异化

当前加能站发展的趋势，更多体现在“为客户创造价值”。考虑到能源本身的同质性特点，加能站的营销更多体现在服务策略的差异化。

（1）差异化营销，提升终端服务水平

一体化营销：按照“毛利总额最大化”的原则组织营销工作，从油卡非润一体化、线上线下渠道一体化、内外部资源一体化三个方面推进。

集团单位客户开发：夯实网格化客户开发责任，分行业进行梳理，做好客户分级开发维护，健全客户档案。

平台客户合作探索：在加油服务的基础上，继续探索在靶向营销、非油业务和综合运营方面的合作，实现相互赋能，共建平台，共同引流。

拓展社群营销：充分发挥一线员工积极性，利用社交媒体，打造集商品销售、客户服务、品牌推广为一体的线上综合性服务平台，利用私域流量拓展站点、区域营销。

精细营销：按照“数字化营销”的方向策划营销方案，实施促销活动投入产出最大化。

（2）发挥多方优势，实施多元化营销

发挥企业品牌、职能、资源、人脉等优势，以加能站为中心，充分挖掘周边业务。利用叠加服务，有效连接各方资源，不断扩大客户的权益包。在打造多元化综合服务站的基础上，进行多元化的营销。包括与银行、通信等拥有丰富客源的企业合作，建立线上终端连接，将企业的优惠政策、促销信息、服务项目等通过线上渠道触达对方客户。与4S店、汽车展会、车友俱乐部、交管在线、停车场、数字地图等平台联合开展活动，为有车一族提供加油抵扣券、非油打折券、免费洗车券等。与景区、旅行社、酒店、餐饮、邮政快递、影城、物业公司、保险公司等合作，拓宽品牌宣传、新客赠礼、引流客户渠道。发挥基层党支部优势，加强与社区、村委、事业单位的联建，为扩大“企业+”和深化“加能站+”提供助力，促进资源的深入融合。

综上所述，加能站的营销策略发展趋势在于将不同补能方式的策略进行了综合，实现统一协调和整体优化。当然，从占比来看，加油站的营销策略发展仍是行业策略发展的代表。

五、2023年我国加能站信息化分析与未来趋势

随着信息技术的飞速发展，加能站信息化建设已成为提高能源供应效率、优化顾客服务体验的关键基础设施。从早期的单一加油站管理系统，到现在的加能站管理系统，信息化建设经历了深刻的演变。这一过程不仅涉及技术的更新换代，而且涉及通过技术创新实现能源供应的多样化、智能化和服务的个性化。

（一）加能站信息化建设与应用现状

1. 加能站管理系统功能多

传统的加油站管理系统主要关注基础的交易处理、库存管理和顾客服务等功能，实现加油站购、销、存、量、价、客户服务、支付等的全面管理。基本功能集中在以下几方面：交易处理，包括成品油及非油品销售记录、顾客支付方式管理等；配送及库存管理，包括监控油品及非油品配送与库存，确保油品供应与需求之间的平衡；顾客服务，包括提供基本的顾客服务管理，

如会员管理、促销活动等；财务管理，包括销售价格、销售收入、成本和利润的记录与分析；生产管理，包括设备运行监控、预警、设备维护等。

随着加能站服务业务的不断拓展，加能站管理系统在继承传统加油站管理系统功能的基础上，功能有了相应扩展，以便处理更加复杂的任务，包括：多能源供应管理，整合电能、氢能、天然气等多种能源的供应、智能调配与管理；充电桩和加氢站远程监控，利用物联网技术实时监控设备状态，实现远程故障诊断和维护；客户服务个性化，通过数据分析，提供个性化的服务推荐和优惠活动；与智能电网互动，通过储能、V2G 等技术，实现与智能电网的互动，优化能源供应与消费，提升能效和加能站效益。

2. 需要各子系统间的协同工作

加能站是集多种能源供应和转换于一体的复杂系统，需要各子系统间的协同工作。主要子系统包括能源供应系统、能源转换系统、能源管理系统、辅助设施系统等，以实现能源的高效利用和优化配置。

能源供应系统包括各种能源的采集、储存和供应系统，如电力、天然气、热力等。这些系统提供加能站所需的各种能源。能源转换系统包括各种能源的转换和利用设备，如燃料电池、太阳能光伏发电系统等。这些设备能够将各种能源转换成所需的能源形式，并实现能源的高效利用。能源管理系统包括各种能源的监测、控制和调度系统，如能源管理中心、智能控制系统等。这些系统可以对加能站的各种能源进行实时监测、控制和调度，以确保能源的高效利用和稳定供应。辅助设施系统包括各种安全、环保、消防等设施，如安全监控系统、环保设备、消防器材等。这些设施可以保障综合加能站的安全和环保。

3. 与传统加油管理系统相比，技术架构上存在差异

（1）模块化设计

加能站的现代管理系统采用模块化设计，能够根据需要灵活添加或修改功能模块，以适应不同能源供应和服务的需求。

（2）云平台基础设施

利用云计算技术实现数据的高效处理和存储，同时保证系统的高可用性和扩展性。

（3）物联网集成

通过集成物联网技术，实现对充电桩、加氢站等设备的实时监控和管理，提高运维效率。

（4）数据分析与智能决策

利用大数据和 AI 技术，对顾客行为、能源消费模式等进行分析，支

持智能化的决策和服务个性化。

4. 加能站与 IT 技术发展高度契合

区块链、人数据与 AI、物联网等技术的应用成为突破传统能源服务模式的关键。这些关键技术的选择和应用，直接影响着加能站的性能和运营效率。

（1）能源储存技术

加能站需要储存多种类型的能源，包括成品油、天然气、电力、LNG 及氢能等。不同类型的能源，需要选择合适的储存技术和设备。例如，成品油和天然气常用的储存技术包括油罐和储气罐，电力常用的储存技术包括电池储能和超级电容器。这些储存技术需要具备高效、安全、可靠的特点，以确保能源的供应和使用。

（2）能源转换技术

加能站需要将不同类型的能源进行转换，以适应不同的用途和需求。例如，将光伏转变为电能，将电力转化为驱动电动汽车所需的充电电流，将电能转化为电化学储能进行存储等。能源转换技术需要具备高效、环保的特点，减少能源的浪费和污染。

（3）能源传输技术

加能站需要将能源从储存设备传输到使用设备，需要选择合适的能源传输技术和设备。例如，利用管道将成品油、天然气等液体或气体传输到加能站，利用输电线路将电力传输到各个用电设备。能源传输技术需要具备高效、稳定的特点，以确保能源的及时供应和稳定供电。

（4）能源监测与控制技术

加能站需要对能源的供应、传输和使用进行监测和控制，以实现能源的合理调度和节约利用。能源监测技术包括传感器、监测系统等，用于实时监测能源的使用情况和储存情况；能源控制技术包括自动化控制系统、调度系统等，用于对能源进行合理调度和管理。能源监测与控制技术需要具备高精度、高可靠性的特点，以确保能源的高效利用和安全运营。

（5）安全保护技术

加能站的建设需要考虑到能源在使用和传输过程中的安全问题。安全保护技术包括防火、防爆、泄漏检测等措施，用于保护能源设备和系统的安全运行。需要考虑到环境保护，采取相应的措施减少对环境的污染。安全保护技术需要具备高效、可靠、环保的特点，以确保加能站的安全运营。加能站管理系统、工控系统及数据安全同样重要。

5. 加能站信息化建设仍面临挑战

加能站信息化建设已取得了显著进展，但仍面临诸多挑战。例如，安全性问题，随着系统越来越依赖于网络和软件技术，数据安全和系统安全成了重要的考量因素。技术兼容性问题，以及不同能源设备与系统间的兼容性问题，都可能影响整体系统的效率和稳定性。成本控制问题，先进的信息化设备和技术的引入，也带来了较高的初期投资和运营成本。客户接受度问题，顾客对于新技术和新服务的接受程度不一，需要通过持续的宣传和优化服务来提升用户体验。

虽然面临挑战，但加能站的信息化建设是持续演进的过程。通过不断的技术创新和应用实践，加能站将能够更好地满足未来能源消费的多样化需求，为实现能源的可持续发展贡献力量。

（二）加能站数字化转型与智能化发展分析

1. 智能监控系统实现能源供应设备的远程监控

加能站的数字化转型是应对能源行业挑战、满足市场需求变化的关键。数字化技术如云计算、大数据、物联网、AI 等，为加能站的智能化管理和服务提供了坚实的技术支撑。加能站管理系统建设需考虑集成多能源管理、智能监控、数据分析等功能于一体的平台，支持不同能源类型，如电、气、油、氢的供应管理。同时引入智能设备和传感器，实现能源设施的实时监控和维护，以及通过高级数据分析来优化能源分配和使用效率。

我国许多加能站已开始应用智能监控系统，实现能源供应设备的远程监控和管理，以及自动化能源资源调度。例如，智能充电桩可以根据电网负载自动调整充电功率，优化能源利用率。基于大数据和 AI 的用户行为分析，可以根据用户充电习惯和行驶路线，推荐最优充电站、预测充电需求等，能够提供更加个性化的服务。

2. 多方面措施应对，确保平稳运营和数据安全

加能站的数字化转型正在全球范围内逐步实现，带来了效率提升和用户体验优化。相关系统建设、系统安全、数据安全、自动化安全、网络安全以及客户服务等方面，是关键考虑点，对于确保平稳运营和保护用户信息至关重要。

（1）系统安全

关注点包括确保能源管理系统免受外部攻击，保护系统控制不被未授权访问。这涉及采用加密技术、建立安全的网络通信协议、实施定期的系统安全审计等措施。

（2）数据安全

措施包括确保存储和传输的数据加密，保护用户的个人和支付信息

不被泄露。实施严格的数据访问控制，确保只有授权人员能够访问敏感信息，以及采用数据匿名化技术来进一步降低泄露风险。

（3）自动化安全

要着重于保护自动化过程中的系统和数据，包括对自动化控制系统进行定期的安全评估，建立应对突发安全事件的快速响应机制，以防止自动化系统被恶意软件或攻击者利用。

（4）网络安全

网络安全涉及保护加能站内部网络和云服务不受网络攻击的影响，包括使用防火墙、入侵检测系统以及对网络流量进行持续监控等策略。

（5）客户服务

数字化转型可通过建立在线服务平台、移动应用等方式，提供 24×7 的自助服务、实时客户支持和个性化服务。同时，使用大数据和 AI 技术分析客户行为和偏好，可以提供更加定制化的服务和产品推荐。

（三）加能站智慧化发展未来趋势

综合能源服务已被正式纳入“十四五”规划，表明了国家对于能源服务智慧化和综合化发展的高度重视。

1. 智慧化将发挥越来重要的作用

随着全球能源转型的加速以及数字技术的快速发展，加能站的智慧化成了可持续能源系统不可或缺的一部分。加能站的智慧化应用将现代信息技术如物联网、大数据、AI 等贯穿于能源的生产、转换、运输、储存、消费和使用的全过程中。这些技术赋能能源系统，提升能源利用效率，促进实现低碳排放目标。

智慧能源的发展促进了能源的生产和供应模式变革，推动了能源消费方式的革新。通过现代信息技术的应用，为能源电力行业的数字化、智能化转型提供了坚实支撑。随着技术的不断发展和应用场景的不断拓展，智慧能源将在促进能源供给革命、能源消费革命、能源技术革命以及能源体制革命中发挥越来越重要的作用。

2. 多能协同优化技术可实现不同能源类型之间的互补与协调

多能协同优化技术可实现加能站不同能源类型之间的互补与协调，进一步提升能源利用效率。加能站智慧化发展的关键趋势体现在以下四个方面。

（1）集成多元能源供应

随着能源种类的多样化，未来的加能站将不限于提供电力、天然气或传统的石油产品，更会融入太阳能、风能等可再生能源，以及新兴的氢能等，形成一个多元化的能源供应体系。不仅满足不同用户的需求，而且提高能源利用效率，减少环境污染。

（2）智能化服务与管理

借助物联网、大数据、AI 等技术，加能站将实现智能化的服务和管理。例如，通过智能传感器和监控系统实时监控能源设备的状态，预测维护需求，减少故障时间。利用大数据分析用户行为，提供个性化的服务推荐。应用 AI 技术优化能源分配，提升能源利用效率。

（3）用户交互体验的革新

通过移动互联网和虚拟现实技术，提升用户在加能站的互动体验。用户可以通过移动应用技术远程控制充电、支付，并获取能源消费数据，享受更加便捷和个性化的服务。此外，通过虚拟现实技术，用户在等待充电期间可以体验虚拟旅游、在线教育等服务，提升等待时间的价值。

（4）与智能电网的深度融合

加能站将成为智能电网不可分割的一部分。通过需求响应、储能系统等技术，实现与电网的双向互动。在电网负荷高峰时，加能站可以减少能源消耗或提供电力支持，帮助平衡电网负荷，提高电网的稳定性和可靠性。

3. 智慧化发展的核心在于技术创新

智慧化发展的核心在于技术创新，包括能源生产、输送、存储、消费等全方位的技术进步。综合智慧能源系统通过源、网、荷、储一体化的自治系统，推进零碳化建设，加速实现碳中和目标。能源智慧化技术的应用，如物联网、大数据、AI 等，提升了能源使用效率，保证了系统的安全稳定运行。

未来，加能站的智慧化发展前景广阔，但面临技术集成和标准化、数据安全与隐私保护、资金投资与运营成本、用户接受度和教育等挑战。针对这些挑战，需要加强行业内外的合作，推动技术标准和协议的统一；加强数据加密技术的应用，建立严格的数据访问和处理机制；探索政府补贴、合作投资等多元化融资方式；加强用户教育和宣传，提高用户对新技术和服务模式的认知度。

六、2023 年加油站安全管理形势及未来趋势

2023 年，相关法规进一步完善，执行力度加大，政府部门对安全的监管越来越严，加油站行业面临更高的安全管理要求。加油站经营企业加

强内部管理，提升员工安全意识，确保安全生产。随着物联网、大数据等智能化技术的广泛应用，加油站安全管理水平得到了显著提升。通过实时监测、预警和数据分析，企业可以及时发现和消除安全隐患，降低安全事故发生的概率。采用科技手段结合更加全面细致的风险防控机制，将会对加油站整体安全形势及相关工作持续赋能。

（一）加油站安全管理形势分析

1. 我国对于加油站安全管理有严格法规

国家法规和地方政策相结合，对加油站安全生产的各个方面进行了规范，确保了加油站安全有序的运营。加油站对安全管理的重视程度不断提高，员工的安全意识日益增强。加油站的安全事故得到了有效控制，保障了人民生命财产的安全。

（1）国家层面

加油站安全管理严格依据《安全生产法》《消防法》《危险化学品安全管理条例》。《安全生产法》对生产经营单位的安全生产保障、安全生产监督管理、安全生产事故应急救援与调查处理作出了明确规定。对加油站来说，它要求其建立完善的安全生产责任制，加强员工培训，定期进行安全检查等。《消防法》主要目标是预防火灾和减少火灾危害，保护公民人身和财产安全。加油站作为消防安全重点单位，需要遵守严格的消防安全管理规定，如安装阻火装置、设置防火标志、进行每日防火巡查等。《危险化学品安全管理条例》针对加油站的危险化学品特性，规定了其生产、储存、经营、使用、运输和废弃等方面的安全管理要求。

（2）地方政府层面

地方政府通常会根据国家法律法规，结合本地实际情况，制定更为具体的加油站安全管理规定。这些规定包括加油站的安全设施要求、日常运营规范、应急预案等。

2. 环保对加油站安全管理提出更高要求

全球对环保问题日益关注。加油站作为可能产生污染的场所，面临的环保要求也越来越严格。

（1）排放控制

环境保护要求包括严格的排放标准。加油站排放的污染物种类和数量受严格限制。加油站必须采用更环保的设备和技术，减少挥发性有机化合物、颗粒物等污染物的排放，改善周围空气质量，减少可能引发的呼吸系统疾病。

（2）燃料质量

环保要求加油站销售更清洁、更环保的燃料。例如，一些地区通过推广使用低硫燃料，以减少硫氧化物的排放，降低酸雨等环境问题的发生。此外，生物柴油等可再生能源的使用持续得到鼓励，以减少对传统化石燃料的依赖。

（3）油品储存和运输

随着加油站通过采取措施，防止油品泄漏和挥发。例如，采用双层油罐或设置防渗池，防止油污水泄漏到地下水中，造成水体污染。废物处理方面，加油站产生的废油、废水等废物需得到妥善处理，防止对环境和公众健康造成影响。

（4）设备更新和维护

加油站需不断更新和维护设备，以确保符合环保标准。例如，更新更高效的油气回收装置，以减少油气排放；定期维护和检查设备，确保正常运行，防止泄漏等问题的发生。

3. 加油站对员工的安全培训提出新要求

加能站得到快速发展，可以实现加氢、充电等多种补能，对加能站员工也提出更高要求。例如，新能源汽车的充电设施需要专业的知识和技能进行操作和维护。加能站需要接受相关的安全培训，了解充电设施的工作原理、安全操作规程和应急处置方法，以此进一步提高员工的安全意识和技能水平，确保能够正确地操作和维护充电设施，避免安全事故的发生。

（二）加油站安全管理形势分析

1. 国家或地方性法规执行力度不够，安全管理仍存在不足

国家和地方有相关的政策法规，但部分加能站安全意识薄弱，对安全管理的重视程度不够，实际执行过程中存在执行力度不够、监管不到位的情况，存在安全隐患。随着技术的不断发展，一些新的安全技术和设备出现，但法规政策可能未能及时跟上，导致技术更新与法规政策之间存在不匹配的情况。

2. 充电站、加氢站的安全性需引起重视

新能源汽车特别是电动汽车，不使用燃油，在补能过程中不存在燃油泄漏、火灾和爆炸等风险，显著降低了加能站的安全隐患，减轻了加能站防火、防爆等方面的安全压力。但是，大量电动汽车在加能站集中充电可能对电网造成冲击，尤其是在用电高峰期间。加能站需要考虑到电网安全的问题，采取相应的措施。同时，我国氢能行业正在高歌猛进，但若发生爆炸事故，会立刻触动主管部门和百姓的敏感神经，将对行业造成巨大负面影响。就已发生的爆炸事故来看，氢能安全问题已渗透到氢气的制、储、运和加氢、用氢等各个环节，亟须引起更高度重视。其中，加氢站的安全性问题格外凸显。

3. 设备故障是安全事故常见原因之一

加能站安全事故的主要原因可以归结为设备故障和违规操作、安全管理不到位、外部因素、人为因素四个方面。其中，设备故障是导致加能站发生安全事故的常见原因之一。例如，在四川广元的过氧化氢罐车爆炸事故，是由于设备故障或违规操作导致罐体破裂和泄漏。一些加能站存在的设备老化、维护不当等问题，增加了事故的风险。外部因素方面，天气条件、地质环境等自然因素可能影响加能站的安全运行。为了预防事故的发生，加能站应加强安全管理和应急处置能力，定期进行安全检查和设备维护，提高员工的安全意识和操作技能，同时加强监管和执法力度，确保加能站的安全运行。

4. 智能化技术进步推进加能站安全提升

物联网、大数据和AI技术地结合在加能站安全管理中发挥着越来越重要的作用，进一步提高了加能站安全预警和应急响应能力。

（1）物联网技术实现设备互联与远程控制

物联网设备可以相互连接并与中央管理系统通信。在紧急情况下，管理人员可以远程控制加能站的设备，如关闭阀门、启动应急照明或报警系统，从而迅速响应潜在的安全威胁。

（2）大数据实现风险分析与模式识别

大数据分析工具通过处理和分析加能站的历史数据和实时数据，识别潜在的安全风险和异常模式。通过对比分析正常情况下的数据模式和异常情况下的数据模式，系统提前发出预警，帮助管理人员及时采取预防措施。同时，通过分析设备的运行数据和维护记录等大数据帮助预测设备的维护需求，避免设备故障导致的安全问题。这种预测性维护策略可以确保加能站的关键设备始终处于良好状态，降低故障发生的概率。

（3）AI技术实现智能监控与异常检测

AI驱动的监控系统通过实时分析摄像头图像，自动识别异常事件，如火灾、车辆事故或入侵行为。一旦检测到异常，系统可以立即触发警报并通知管理人员。

（三）加油站安全趋势预测

未来，加油站安全形势将面临更多挑战和机遇。随着新能源汽车的普及和替代能源的发展，加油站的安全管理需灵活应对，适应未来发展趋势。通过综合施策、多方协作和持续创新，不断提升加油站的安全管理水平，保障人民生命财产的安全。

1. 紧密关注并适应监管政策法规的变化

国家对安全生产的重视程度不断提高，对环保、消防、职业健康等方面的要求更加严格。政府对加油站安全管理的监管政策和法规可能会发生变化。加油站需要密切关注政策动态，及时调整安全管理措施，以适应新的监管要求。例如，设立专门负责政策跟踪的岗位或团队，确保及时了解并解读最新的监管政策和法规；对加油站内部的安全管理制度和流程进行定期审查和更新，确保符合最新的政策要求；加强与政府部门的沟通，参与政策讨论和制定，为行业健康发展提供建设性意见。

2. 充电站需合理规划布局，配备消防设施

各加能站在建设电动汽车充电站时，要合理规划布局。充电站应远离易燃易爆物品和建筑物，确保与周边建筑保持一定的安全距离。同时，合理规划充电设施的功率和电流、配备稳定的电源和备用电源等，确保充电设施的正常运行和电网的稳定。此外，电动汽车充电站应配备齐全的消防设施，包括灭火器、消防栓、水枪等常规灭火设备，还应设置火灾报警系统和监控系统，以便及时发现和处理火灾事故。

3. 注重加氢站整体设计和选址，同时重视系统及运行安全

在加氢站的设计规划阶段，应选择合适的建筑结构避免氢气聚集，同时设置机械与自然通风。除了着眼加氢站的整体设计和选址，还需重视加氢站设备、系统及运行制度的安全。在运行监管方面，由于涉及人工运维，则需更加严格的监督措施和科学管理方法。另外，为防止发生氢气泄漏，应及时排查、发现系统薄弱环节，改进设备；为避免泄漏氢气被点燃，还应制定严禁烟火等安全制度。

4. 社会与经济因素影响深远，加油站员工需不断加强安全管理

社会与经济因素对未来加油站安全趋势的影响是多方面的。随着经济的发展、城市规划的变化、人口密度的增加以及技术的进步、政策法规的调整，加油站的安全管理将面临更高的挑战和要求。加油站需要不断加强安全管理，提高风险防范能力，以应对未来可能出现的安全风险，包括提升员工安全意识、加强设备和设施维护、完善安全管理机制、优化油品

储存和运输管理、加强外部因素防范，以及推广先进的安全技术和信息化手段。这些措施将有助于提升加油站的安全管理水平，确保加油站的安全运营。

5. 加大环境影响防范，提高抗灾能力和应急响应速度

社会环境的变化，如恐怖袭击、社会治安问题等，可能对加油站的安全运营造成威胁。自然灾害如洪水、地震、雷电等可能对加油站的设备和设施造成损坏，影响加油站的安全运营。

针对社会环境变化，加油站需要加强与当地公安、消防等部门的沟通协作，与其建立长期稳定的合作关系，共同维护加油站周边的安全环境。同时，开展公众安全教育活动，提高周边居民和司机的安全意识，减少外部威胁。建立紧急联络机制，以便在发生紧急情况时能够迅速获得外部支援。

针对自然灾害，加油需提高抗灾能力和应急响应速度，对加油站进行定期的灾害风险评估，识别潜在的灾害风险点，并制定相应的防范措施。同时，加强与气象、地质等部门的合作，及时获取灾害预警信息，提前做好应急准备。定期组织应急演练，提高员工在自然灾害等紧急情况下的应对能力。

6. 智能化水平不断提升，提高加油站安全管理水平

智能化水平在不断提升，物联网、大数据分析等可进一步实现对加油站设备和运营数据的实时监控和分析。智能化技术的应用，能迅速发现潜在的安全隐患，及时采取应对措施，从而提高安全管理的效率和准确性。例如，智能传感器、泄漏检测系统等能实时监测设备状态，可以预防泄漏、火灾等安全事故的发生。再如，加氢站层面，可设置一套快速发现泄漏的监测系统来保障其安全性。同时，科学布置氢气传感器，及时探测，为隔离气源、降低氢气释放量赢得时间，并运用智能算法进行定位，便于事故后进行设备检修。未来，还可利用虚拟现实技术进行安全模拟演练，使员工能够在模拟的紧急情况下进行实际操作，提高应对突发事件的能力。

Ⅴ 投资建设篇

一、2023 年我国加油站投资建设与未来展望

（一）我国加油站投资建设现状

截至 2023 年底，我国境内加油站总数 112787 座，同比减少 1.99%。2019—2023 年我国加油站总量变化趋势如图 5-1 所示。其中，中国石化、中国石油两大主营加油站数量占比 47.51%，同比增长 1.2 个百分点；民营等加油站占比 49%，同比下降 1.16 个百分点；中国海油、中国中化及外资占比 3.49%。

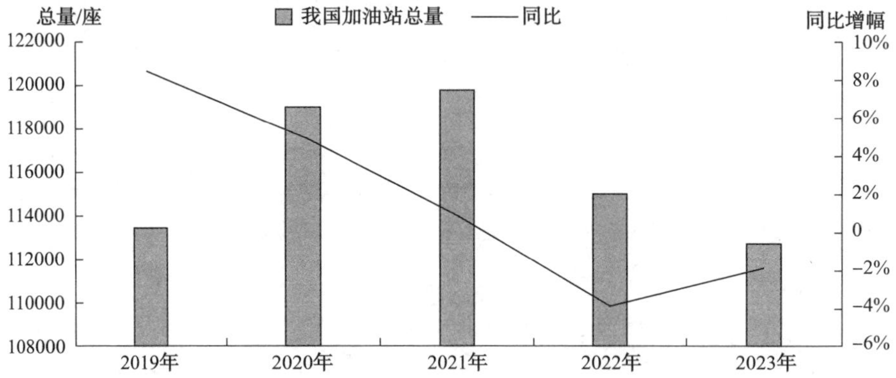

图 5-1　2019—2023 年我国加油站总量变化情况

从加油站分布看，我国加油站分布位置包括省道、国道、县乡道、城区、农村、高速公路、水域及其他位置。分布在县乡道的加油站数量占比最大，占比 24.86%；农村加油站数量占比排名第二，占比 24.19%；省道国道加油站数量占比 22.59%；人口密集度较高的城区加油站数量占比排名第四，占比 21.29%。由于车流量及人口密集程度不同，加油站的盈利水平不尽相同，分布在省道、国道、城区及高速公路等位置的加油站更具优势。

1. 国有石油公司加油站投资及建设现状

（1）中国石化市场份额更多

截至 2023 年 12 月，国有石油公司加油站总数超过 5.5 万座，占据运营成本优势较高的城区、国道、省道和高速地段，区位优势明显。从分布区域来看，河北、山东、河南、江苏、安徽、四川等地的加油站数量位于

国内前列。由于历史原因，中国石化加油站主要分布在我国中部和南部，截至 2023 年 12 月加油站总数为 30918 座；中国石油在北方和西部地区的炼厂居多，因此加油站主要布局在北部，截至 2023 年 12 月加油站数量为 22509 座。

（2）不同国有石油公司加油站数量增减不一

进入 2023 年，由于个别省市城市建设、道路规划，淘汰了一些效益不佳的加油站，中国石油加油站总数较 2022 年的 22586 座减少了 77 座。中国石化与中国石油略有不同，整体保持低位增加。截至 2023 年 12 月，中国石化加油站比 2022 年的 30808 座增加 110 座。中国海油近几年通过多种模式继续扩大零售网络规模，加油站数量缓慢增长。截至 2023 年 12 月，中国海油在营加油站 1125 座，比 2022 年增加 47 座。

（3）快速推进向“油气氢电服”综合能源服务商转型升级

2023 年，国有石油公司更加快速地构建多能互补新格局，在综合加能站等多条赛道上发力，全面推进综合加能站的建设。截至目前，中国石化、中国石油通过在传统加油站基础上改建、扩建或者新建等方式，已实现加氢站、充换电站、分布式光伏发电站的遍地开花，同时在加氢站、制氢技术、氢燃料电池、储氢材料等多个领域开展了诸多工作。

2. 民营及独立炼厂加油站投资及建设现状

成品油零售审批资质下放政策的逐渐落地，推动了民营加油站的连锁化、规模化发展。

截至 2023 年底，我国民营加油站数量为 55270 座，同比下降 4.21%。主要原因是随着越来越严格的合规化检查，民营加油站成本上涨，新投站难度加大。另外，新能源汽车的快速崛起，高油价高成本之下加油站利润和销量的下滑，民营加油站加速整合。一些地理优势不明显、效益差的民营加油站被淘汰，民营油站数量延续下滑趋势。

目前，民营加油站总量排名靠前的省市有河北、山东、河南、江苏、安徽、四川、湖南、山西、陕西、云南等（见图 5–2）。其中，河北、山东、河南的民营加油站数量位居全国前三，合计占比 36%。

民营加油站初步形成规模的地炼企业有陕西延长、京博石化、东明石化、富海集团、联盟石化、汇丰石化、鲁清石化等。地炼企业加油站数量超过 300 座的有陕西延长、京博石化和富海集团。

随着政策的不断放开，独立炼厂为扩充成油品销售途径，提高市场占有率，越来越重视投资建设加油站。但随着市场竞争的加剧，以及城区及主干道加油站基本饱和，新进入加油站以布局城郊和乡镇为主。

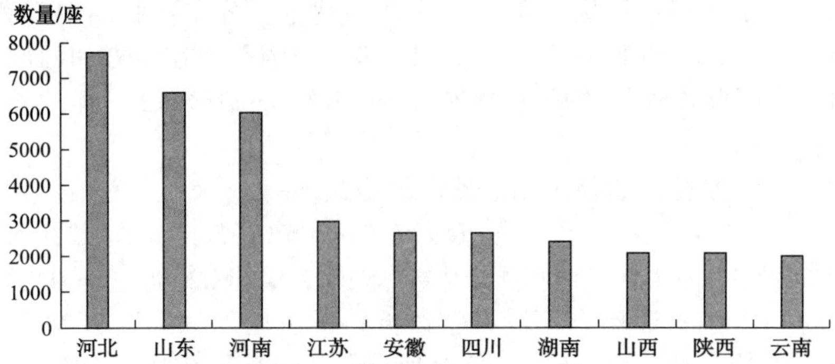

图 5-2　我国民营加油站数量前十省份

由于高额投入带动资金紧张，部分民营企业以特许经营和短期租赁作为主要参与加油站市场的方式。随着竞争加剧，特许经营进一步加强管理，更意识到品牌的重要性，更注重提高服务水平，主动寻求与国有石油公司的加油站品牌进行合作。

3. 外资加油站投资及建设现状

2023 年，外资企业在中国成品油零售市场持续建设加油站。截至 2023 年，外资在中国运营加油站 5000 余座。

（1）壳牌

壳牌是我国最大的中外合资加油站连锁品牌，主要推广以资产站、租赁站及轻资产的品牌特许加盟为主。目前在中国的独资与合资加油站总数近 3000 座，与 2021 年 1710 座加油站相比有了明显的增加。遍及 21 个省市，主要分布在陕西、四川、河北、山东、重庆、山西、天津、广东、北京、江苏等省市。其中，陕西有 400 余座，四川有近 300 座，华北地区有 300 余座，江苏有 200 余座，广东有 100 余座，重庆及浙江亦有几十座。

（2）埃克森美孚

埃克森美孚是我国第二大中外合资加油站连锁品牌，在中国的加油站以合资方式合作，主要是与中国石化合作。目前在中国的加油站数量为 1000 余座。主要分布在福建和湖南，其中在福建与中国石化合作的加油站占大部分。

（3）英国石油公司

英国石油公司在中国同样采取合资的方式，主要与中国石油、中国石化合作。目前在中国的加油站数量近 800 座，分布主要集中在广东、浙江。在广东主要与中国石油合作，在浙江则主要与中国石化合作。另有少量与独立炼厂东明石化合资的加油站。

（4）道达尔能源

道达尔能源与中国中化共同出资成立了合资企业中化道达尔燃油有限公司，是中国成品油零售市场开放后首个获商务部批准经营成品油零售的合资项目，使用联合品牌发展加油站网络。目前其在中国独资及合资加油站总数将近600座。分布较为广泛，主要在辽宁、河北、北京、天津、江苏、浙江、上海7省市。其中，位于河北、辽宁的加油站数量较多。

（二）2024—2025年我国加油站投资建设建议

短时间内我国成品油零售市场格局难有大的改变，国有石油公司将稳坐第一把交椅。但是，未来加油站竞争会越发激烈，尤其是外资品牌加油站持续加入，会进一步倒逼国内品牌加油站的提升，从而使我国整个成品油零售市场更加成熟。未来几年，我国加油站的整体数量难有增加，即便增加，增量不会太大，更多的是大企业合作、兼并、优胜劣汰。加油站投资建设的方向更加明确。

1. 严格控制总量，合理优化布局

目前，我国加油站布局存在两方面的问题。一是我国城市总体规划指标中，较少将加油站作为一种城市公共配套设施进行规划和配置。而且不同城市加油站的主管部门不同，管理的出发点和依据不同，缺乏组织协调性。二是布局结构不合理，不均现象严重。存在核心城区网点偏少，外围局部地区又过于集中的情况，造成资源的浪费。而在农村的零售网点却严重不足。

未来加油站布局应进一步以国家有关成品油市场整顿和规范的要求为指导，加强加油站行业发展的宏观调控和管理，严格控制总量，合理优化布局，逐步建立起与国民经济发展相适应、满足广大消费者需要、布局科学合理、竞争有序、功能完善的现代化加油站销售服务网络体系。

各加油站主体或将进一步加大在重点路段建站投运，利用信息技术测算最优站点数量，发挥整体布局功能，发挥整体优势，实现经营效益和社会效益的最大化。由于城区大部分地区已经饱和，新建加油站在部分县级以下较为偏远地区的可行性较大。偏远地区土地成本、人工成本相对较少，监管力度较小，可操作空间较大。

2. 竞争加大，轻资产开发模式将成为重要建设渠道

2023年，新能源车持续增长、油价维持震荡走势，持续压缩加油站盈利空间。此外，随着石化产业炼化一体化项目投入，成品油批发竞争加剧，零售终端采购呈现白热化、多样化趋势。

与此同时，加油站也逐渐由卖方市场进一步转变为买方市场，规模化品牌经营将成为加油站发展新趋势。目前，加油站行业同时存在重资产模式（自建、收购）和轻资产模式（租赁等）。特别是最近几年，部分加油站经营企业利用其体系化的管理能力和品牌连锁优势，在重资产模式无法施行的情况下，积极向轻资产模式转型。2024 年，轻资产开发模式将成为加油站建设的重要渠道，特别是民营加油站，这样既能通过轻资产模式拓展企业业务，也能打造加油站企业的知名度，提升企业的竞争实力。民营加油站或将由分散运营的小规模加油站集中成为中大型品牌加油站，在国企和外资之外，逐渐形成全国和地区性的民营加油站品牌。

3. 绿色发展提速，传统加油站转型需因“站”制宜

2024 年，我国加油站将更加快速地向综合能源站方向发展。例如，“十四五”期间，中国石化发展氢能产业的总体思路是规划建设加氢站（油氢合建站）1000 座。在此发展过程中，更多地将以改扩建为主，在原有加油站的基础上发展加气、加氢、充换业务。

传统加油站转型要因“站”制宜，最大限度地利用加油站的场地优势、品牌优势来带动其他业务发展，将加油站的建设、运营、管理进一步高效化，实现企业高效服务和效益增长。例如，针对城市站点，按照“一类一策”“一商圈一策”“一站一策”来开展业务转型，最大限度地发挥终端资产价值。现阶段可选择站内增设充电、换电和加氢等补能设施，并且积极以补能为中心拓展业务和经营范围。针对城际站点，未来主要向快充、快换和加氢方向发展，同时辅以移动充电车、充电桩，并进一步拓展业务范围，加强盈利能力。针对乡村站点，未来转型方向应该朝着销售农用物资、机具设备、车辆及提供相关服务等方向发展。

4. 外资加大投资力度，国内加油站品牌必须提高竞争力

面对庞大的中国市场，外资纷纷计划加大投资力度抢占市场份额。bp 计划“十四五”期间在中国新投资 1000 座加油站，壳牌计划未来 5~10 年新投资 2500 座加油站，海湾石油计划未来 10 年内新建 1000~1200 座品牌加油站。沙特阿美收购了浙江石化 9% 的股权，拟在浙江及华东其他地区布局成品油零售网络。外资的加入，在加剧行业竞争的同时将促进国有石油公司、民营加油站提升服务质量，推动行业整体转型升级。国有石油公司、民营加油站必须采取有效的措施优化管理体制，提升员工素质和服务态度，加大创新力度，提供更好的服务和产品，汲取优秀的管理经验和技术，不断提高核心竞争力。

二、2023 年我国加气站发展建设情况与未来展望

（一）我国 LNG 加气站发展概况

1. LNG 加气站市场相对活跃

我国天然气重卡技术已成熟，广泛适用于不同场景的长中短途运输，车用市场对其认可度日渐提高。重卡“油改气”稳步推进，我国 LNG 重卡保有量提升速度加快，LNG 加气消费量稳步增加。

LNG 重卡、LNG 客车的发展对实现“双碳”目标、促进天然气行业高质量发展有重要作用。2023 年《天然气利用政策（征求意见稿）》调整了天然气下游利用项目的等级，其中保留“以液化天然气为燃料的载货卡车、城际载客汽车等运输车辆”为优先类，标志着其得到了政策的支持。

2023 年，多方面因素推动了 LNG 重卡销量的提升。首先，2023 年我国经济稳健恢复，货物运输需求持续增长，LNG 加气需求量逐步增加。其次，LNG 价格高开低走，2023 年 LNG 均价 4839 元 / 吨，较 2022 年下跌 1515 元 / 吨，跌幅 24%。而柴油主营零售价格 7968 元 / 吨，二者价差 3129 元 / 吨。随着 LNG 价格持续下降，柴油价格维持高位，LNG 经济性凸显，终端市场倾向 LNG 重卡。再次，2023 年 7 月 1 日国Ⅵ排放标准政策的全面执行，政策面继续促进柴油重卡升级。最后，叠加 2022 年 LNG 高价抑制终端市场发展导致 LNG 重卡销量不佳，使得 2023 年 LNG 重卡销量增长势头明显。2023 年，LNG 重卡销量达 15 万辆，较 2022 年增长超过 3 倍。

LNG 重卡的蓬勃发展，进一步刺激对加气站等基础设施的投入。2023 年，LNG 加气站市场相对活跃，刺激新的加气站投入运行。上游企业加快布局 LNG 终端市场，采购内部 LNG 工厂以及内部代加工工厂的 LNG 资源，在享受内部优惠的情况下让利终端，努力拓展在 LNG 终端业务的市场份额。

2. LNG 加气站数量、销量双增

随着近几年清洁能源的持续推广，尤其 2023 年在 LNG 价格走低的吸引下，LNG 重卡销量增多，上牌量也逐步增加，促使 LNG 加气站数量快速增长。此外，2023 年我国逐步放开对新冠疫情的管控，2021—2022 年未如期投产的 LNG 加气站加快建设进度，逐步投入运行。2023 年，我国

LNG 加气站达到 4661 座，同比增长 23%。2013—2023 年我国 LNG 加气站数量变化情况如图 5-3 所示。

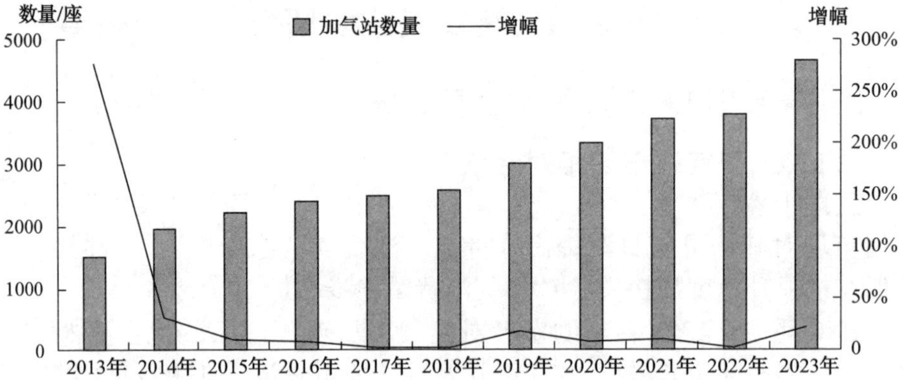

图 5-3　2013—2023 年我国 LNG 加气站数量变化

2023 年，我国加气站销量同样大幅增长。主要原因是 2023 年我国 LNG 交通用气达 1723 万吨，同比增加 33%。2019—2023 年，我国 LNG 交通用气量仅在 2022 年出现跌幅，其他时期均呈上涨趋势，2023 年增幅创下 5 年新高（见图 5-4）。

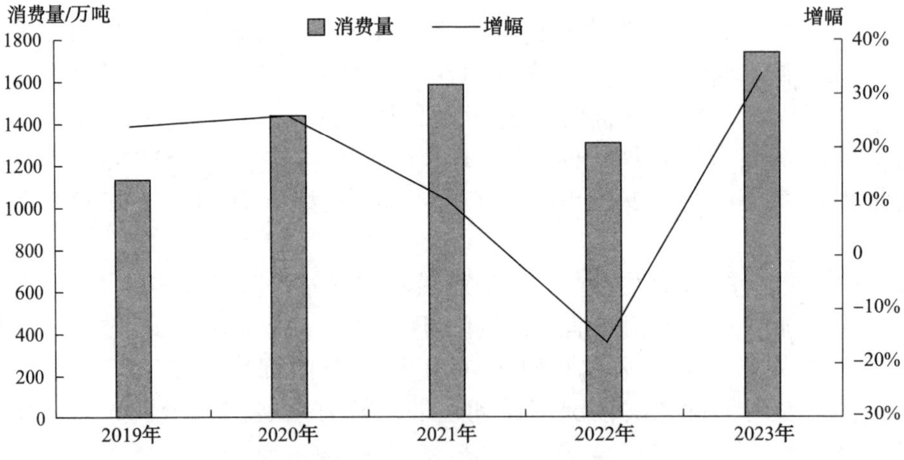

图 5-4　2019—2023 年我国交通用气 LNG 消费量及占比

3. “三桶油”市场份额加大

2023 年，“三桶油”结合自身上中下游产业一体化的优势，利用自主投产的 LNG 工厂、代加工工厂以及进口 LNG 等便利资源，加快布局 LNG 终端市场。将 LNG 终端销售业务与成品油销售业务统一管理，对内部

LNG 加气站执行优惠价格，LNG 零售价格基本低于其他加气站，抢占了终端 LNG 重卡用户，在 LNG 加气站的市场份额逐步加大。其中，中国石油占比 24%，同比增加 3%；中国石化占比 11%，同比增加 6%；中国海油占比 8%，同比增加 2%。“三桶油之外”的其他企业占比 57%，同比下降 5%。2023 年我国 LNG 加气站市场份额如图 5-5 所示。

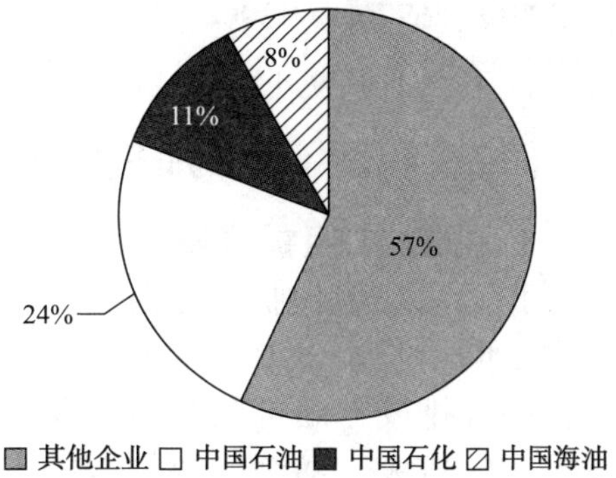

图 5-5　2023 年我国 LNG 加气站市场份额

4. LNG 加气站布局相对完善

2023 年，我国加气站基础布局分布变化不大，主要分布在西北、华北、华东等地，排名前十的为陕西、河南、山东、山西、河北、内蒙古、浙江、新疆、广东、四川（见图 5-6）。

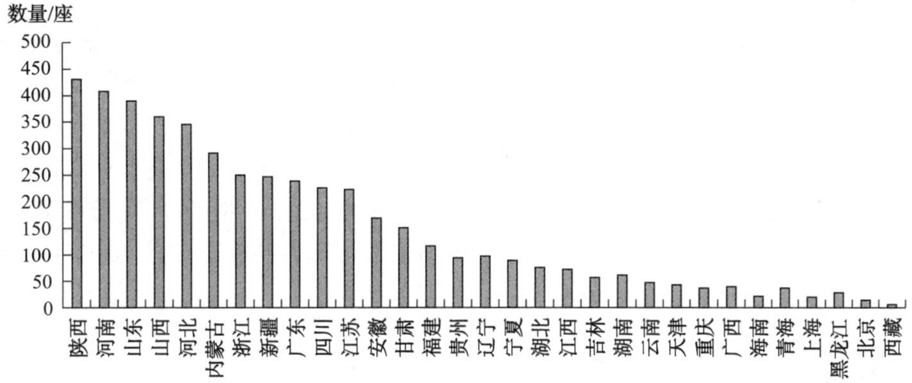

图 5-6　我国 LNG 加气站分布情况

在资源优势下，陕西、山西、内蒙古、新疆、四川等地 LNG 加气站分布充分，为当地 LNG 重卡发展提供了基础条件。河南作为我国交通要道，LNG 加气站布局广泛。河北、浙江、广东等因处于经济发达地区，在清洁能源要求下，对 LNG 物流运输需求增加，LNG 加气站数量位于前列。整体来看，我国 LNG 加气站布局相对完善，网络密度提升，LNG 重卡加气便利性提高。

与加气站密切相关 LNG 重卡，2023 年上牌地区主要集中在山西、河北、宁夏、河南、陕西、山东、四川等地。山西 LNG 重卡上牌量增量超过 3.1 万辆，河北、宁夏、河南、山东、辽宁、江苏等 6 地上牌量分别增长 523%、677%、939%、940%、758%、1539%。2023 年，多地 LNG 重卡上牌量增幅跑赢了 LNG 重卡市场增速。

（二）我国 LNG 加气站前景展望

1. LNG 车用需求有力支撑

我国对环境保护力度加深，对可持续发展日益关注，对清洁能源的需求不断增长。LNG 作为供应稳定的清洁能源，在改善空气质量、减少车辆尾气排放方面可以发挥重要作用，在重卡车用市场、船舶“油改气”发展空间较大。继续受政策端的支撑，以及 LNG 经济性优势进一步增强的带动，预计 2024 年车用市场中，LNG 重卡对燃油重卡的替代性将继续提高。

重卡用能聚焦在 LNG 和氢能，但氢能车型的长距离、大范围应用尚需市场。因此，LNG 重卡是未来几年重卡主要的增长领域。虽然受到新能源汽车的冲击，但由于新能源汽车自身技术以及发展的周期问题，未来几年内 LNG 在交通利用方面依旧具有较好的发展空间。预计到 2025 年，国内 LNG 重卡保有量超过 100 万辆。此后随着 LNG 重卡市场逐渐饱和及报废量的增加，2026—2028 年 LNG 重卡保有量增速将逐渐减缓。2024—2028 年我国 LNG 重卡走势预测如图 5-7 所示。

未来 LNG 交通利用的发展潜力较大，预计 2024 年车用 LNG 加气量达到 2043 万吨，在 LNG 下游消费中占比保持 52%，将有力支撑 LNG 加气站需求稳步上升。发展 LNG 加气站仍将是 LNG 下游产业发展的主要方面，LNG 加气站行业的发展可期。

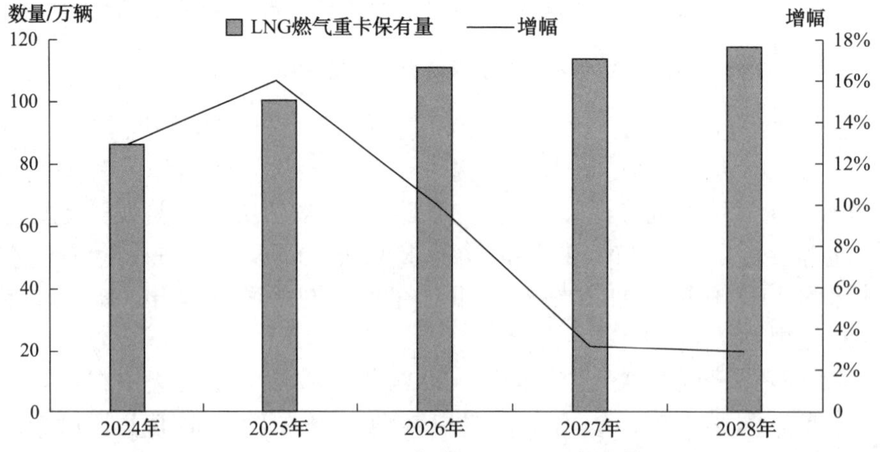

图 5-7　2024—2028 年我国 LNG 重卡走势预测

2.“三桶油”市场份额进一步增加

LNG 车辆加注市场具有竞争主体多、竞争激烈程度高等特点。“三桶油”将利用优势，各自发挥优势，继续布局终端市场，以优惠价格吸引终端用户，通过并购、收购等形式继续扩大在 LNG 车辆加注市场的占比。

中国石油致力于打造价值创造新高地，一体推进天然气、新能源、非油业务协调发展，持续增强“油”之外的创效能力。采取橇装站等低成本模式开发加气站，同步成立车用终端天然气管理团队，提升天然气价值创造能力。中国石化推行“石化资源—石化物流—石化加气站—终端用户”一体化经营模式。中国海油聚焦物流重卡市场，积极推动 LNG 车辆转化。在客户端通过加强与头部物流企业合作，推行长周期“油气联动”价格机制，扩大 LNG 车辆加注市场增量。

3. 加气站未来发展面临竞争

未来由于加气站数量的持续增加，LNG 终端市场的竞争将加剧，加气站的竞争力和盈利能力将逐渐拉开差距。

未来 LNG 加气站的发展不仅仅是数量单纯的增长，还要以质量提升服务终端用户。除了在 LNG 零售价格上要具备经济优势，还必须在加气站规模、附加服务等方面形成更加多样化和个性化的竞争渠道，满足不同的市场需求和用户偏好。要进一步推进加气站布局、分布、密度等合理化，以适应不同的区域特点和发展水平。

三、2023 年我国加氢站发展建设情况与未来展望

（一）加氢站建设整体呈稳中向好趋势

加氢站是氢能产业链的关键节点，也是氢燃料汽车进行大规模推广的重要基础设施。2023 年，我国新建成加氢站 55 座。截至 2024 年 3 月 1 日，我国建成加氢站 414 座（包含建成、运营和暂停）。预计到 2024 年底，我国加氢站累计建成数量将突破 500 座。

1. 河南、内蒙古、广东和浙江建成数量居前四位

从建站地域分布来看，2023 年我国新建成的 55 座加氢站分布在 24 个省市。其中，建成数量列前四的地区分别是河南、内蒙古、广东和浙江，合计新建成加氢站 22 座，占比 40%；甘肃、湖北和四川新建成加氢站的数量均为 3 座，并列第五位。

2. 以合建站为主

从建站类型来看，截至2022年末，我国累计建成的加氢站中单一站占比达62%，为主要建站类型。而2023年新建成加氢站以合建站为主，占比72%。可见在加氢站盈利困难的背景下，合建站以“油”养氢的模式获得市场青睐。一方面，油氢合建站在节约人力成本和管理费用方面占有优势。另一方面，油氢合建站与加油站共用土地，既能节约运营商的拿地成本，又能有效缩短加氢站建设的审批时长。

3. 加注能力以1000千克/日及以上为主

从加注能力来看，2023年新建成加氢站中，加注能力在500~1000千克/日的占比近38%，加注能力在1000千克/日及以上的占比超51%，占主要地位。加注能力在2000千克/日及以上的代表性加氢站有中国石化重庆长寿经开区综合能源母站（含加氢功能）、华久新能源综合能源站、汇能正和加氢加气（LNG）一体站、金马氢能固定式加氢站等，加注能力分别为6400、2000、3000、2000千克/日。大型加氢站可满足多车型、大规模氢气加注需求，同时提升了加氢站整体盈利水平。

4. 投资主体以国企为主

从投资主体来看，2023年新建成加氢站的投资建设主体以国企为主，占比近72%。其中，中国石化建站数量最多，共建成17座；其次为中国石油，共建成5座。民企占比17%；少数外企如壳牌及美国空气产品公司等，占比不足4%。2023年新建成加氢站的设备集成商整体分布较为分散，主要有国富氢能、厚普股份、海德利森、中集安瑞科等。

5. 设备采购投入继续下调

压缩机、氢气储存容器、加氢系统占据加氢站建设的主要成本。从2023年我国部分加氢站设备的采购中标情况来看，日加注能力在500千克/日的加氢站设备采购项目投入金额在330万~460万元，日加注能力在1000千克/日的加氢设备采购项目投资额近900万元。整体来看，加氢站设备采购投入较2022年继续下调。

（二）我国主要加氢站运营企业及特色

1. 中国石化

2023年2月，我国首个甲醇制氢加氢一体站在大连自贸片区投入使用。该站由中国石化大连盛港油气氢电服“五位一体”综合加能站升级而来，每天可产出1000千克99.999%高纯度氢气。此外，中国石化武汉革新大道站、徐州兴华站、天津西十四道加能站等综合能源站及青云店油氢合建站、温州双屿加氢站、沭阳开发区加氢站皆于2023年投入运营。

2023年10月，中国石化香港加氢站业务布局迎来新进展。林德亚太工程有限公司与中国石化（香港）有限公司签署合约，为其供应1套35兆帕加氢站成套设备。该加氢站位于香港新界元朗区，加注能力可达1200千克/日。

2. 中国石油

近年来，中国石油按照“战略布局、稳步推广、规模发展”三步走阶段部署发展氢能，重点发力，致力于打造国内领先的氢能供应商、贸易商、服务商。2023年，中国石油北京时顺苑油氢合建站、甘肃庆阳市东环路加氢站、四川资阳牙谷油气氢电综合能源站先后投入运营。黑龙江地区首例能源供应最齐全、服务功能最丰富的综合能源服务项目——七台河冠军路油氢电综合能源站正式破土动工。此外，重庆沙坪坝区丝路加油站、苏州花桥综合能源站改建项目也陆续进入项目评审及备案阶段。

3. 国家能源集团

国家能源集团着力构建“绿色氢能产业链”和“氢能创新服务链”体系。国华投资（氢能公司）作为国家能源集团绿色发展的主力军，高度重视氢能产业的培育孵化，已在全国规划布局多座加氢站。

2023年6月，国华如东光氢储一体化项目获准备案。该项目拟配套建设一座加氢能力500千克/日的加氢站。同月，国华仙桃加油加氢合建站项目获准备案。2023年下半年，国华宁东可再生氢碳减排示范区项目所含两座加氢站——永利加氢站和枣泉加氢站，全部顺利中交。正式投运后，合计加注能力达4000千克/日。

4. 国家电投集团

国家电投集团致力于推动绿电转化、氢能、储能、用户侧综合智慧能源等产业落地。在氢能领域，已布局北京延庆园加氢站、宁波绿动慈溪滨海经开区示范加氢站、上海国际汽车城加氢站、雄安容东综合加能站等多座加氢站。

2023年7月28日，由国家电投河北公司（雄安公司）投资建设的雄安新区首个加氢站项目——容东综合加能站正式开工。该项目为固定式三级加氢站，加注能力1000千克/日，氢气加注压力35兆帕。

5. 中国能建

中国能建下属氢能源公司业务覆盖氢能制、储、运、加、用、研等全产业链各个环节。中国能建表示，依托全产业链优势，从绿电绿氢（电力化工）融合领域迅速切入，分阶段、有侧重地全面介入氢能制备、运输、存储及应用等产业链全端。

依托绿电绿氢项目，中国能建已规划多座加氢站。2023 年 5 月，中国能建石家庄鹿泉区光伏制氢及氢能配套产业项目签约。该项目包含新能源制绿氢、加氢站、氢能研究院等在内。2023 年 9 月，中国能建松原氢能产业园项目正式开工，项目规划年产绿氢 11 万吨，绿氨 / 醇 60 万吨，配套建设电解槽装备制造生产线及综合加能站等。

6. 中广核

中广核新能源拟在宁夏灵武建设宁东 17.6 兆瓦清洁能源制氢项目，项目包括光伏站、制氢站及加注能力 500 千克 / 日的加氢站。中广核新能源与一派氢能、康普锐斯签署三方合作协议，拟在内蒙古鄂尔多斯共同合作推进 20 万千瓦风光制氢一体化项目。首期计划在伊泰杭锦旗化工周边建设一座加注能力 26 吨 / 日的加氢站。

7. 中国华电集团

2023 年 3 月，山东华电潍坊氢储能示范项目发布水电解制氢系统设备招标公告。该项目分两期建设，采用电解水制氢工艺技术，建成后制加氢能力 6 吨 / 日；二期在一期的基础上进行扩建，建成后制加氢能力为 12 吨 / 日。

2023 年 9 月，华电德令哈 PEM 电解水制氢示范工程项目正式投产。该项目是我国在高海拔地区制绿氢的首次尝试，利用青海省丰富的太阳能资源发电直接电解水制氢。项目配套建设一座加氢能力 500 千克 /12 小时的加氢站和 20 兆帕氢气充装系统。

8. 美国空气产品公司

美国空气产品公司是一家居世界领先地位的工业气体、化学中间体产品和相关设备的全球供应商。在我国，空气产品公司前瞻性地在北京、山东和浙江等多地布局加氢站业务。2023 年 9 月，海盐首座氢能源综合服务站——空气化工产品（浙江）有限公司商业加氢站项目已建成完工。该项目为二级加氢站，加注能力 1000 千克 / 日，每日可满足 100 辆氢能公交车运行。

9. 华润燃气

华润燃气作为中国最大的城市燃气运营商之一，2016 年开始正式探索综合能源业务。该公司在分布式能源领域展开了项目试点，随新能源汽车市场的发展进入了充电桩行业，随后又涉足加氢站业务。2023 年，华润燃气加氢站业务稳步推进。南京江宁公交东部停保场加气加氢合建站进入氢气采购环节，郑州花园口加氢站、杨桥大道加氢站先后获准备案。

10. 东方电气

东方电气已掌握氢制取、氢储运、氢加注及燃料电池领域核心部件设计与系统集成技术，是国内氢能行业一流的核心装备研制及综合解决方案提供商。在加氢站方面，已在四川成都、凉山、雅安、内江及贵州贵阳等城市筹划建设加氢站，其中多座加氢站已建成投运。

11. 三一集团

三一集团设定了一个雄心勃勃的目标，即在未来五年内成为中国最大的综合氢解决方案提供商，引领全球产业转型，并布局涵盖绿色生产、储存、运输和加注设备的全面氢能产业链。

2023 年 3 月，三一集团旗下三一氢能有限公司与广泰氢能科技签订战略合作协议，将在上海修建首座 2000 千克级加氢站。同年 10 月，湖南三一重卡制氢加氢一体站计划改扩建，项目拟投资约 4200 万元，建设制氢规模 2000 标准立方米 / 小时和加注能力 2000 千克 / 日的制氢加氢一体站。

12. 美锦能源

美锦能源拥有煤炭、焦炭、化工、钢铁、电力、物流、氢能及氢燃料汽车七大产业板块，是我国氢能全产业链布局头部企业。2018 年底开始运营两座加氢站。目前，美锦能源在山西省已建成加氢站 9 座，在建加氢站 12 座；在全国已建成运营加氢站 20 座，“十四五”期间将建设 300 座加氢站。

13. 鹏飞集团

鹏飞集团布局孝义鹏湾氢港氢能产业园，规划建设 20 万吨焦炉尾气制氢、5 吉瓦风光电制 10 万吨绿氢、100 座加氢站、30 万辆氢能重卡、零碳物流智慧运营管理平台及万辆重卡大物流等。

2023 年 3 月，继鹏飞孝义北姚加氢综合能源岛、西王屯加氢综合能源岛及金港湾加氢综合能源岛投运后，鹏飞城市加氢综合能源岛在孝义市正式投入运营。鹏飞城市加氢综合能源岛兼具加氢、加油、加 CNG（压缩天然气）、充电及非油综合功能，加注能力 2000 千克 / 日。

14. 荣程集团

荣程集团用绿色运输串起产业链条上下游，打造国内氢能交通新样板。截至目前，荣程集团投用自用加氢站及加氢橇装站 3 座、商用油氢合建站 1 座，运营氢能重卡 225 辆，搭建了两个氢能运输示范应用场景。

2023 年 7 月，荣程建元“制储加运”一体化站项目开工奠基。项目包括 6000 千克 /12 小时商用加氢站组团。该组团包括 6 个独立的商用加氢站，每个加氢站加注能力均≥1000千克/日。2024年，预计完成区域规划的全部商用氢电一体化站点的建设，其中2个站点将配套1300标准立方米/小时绿电水电解制氢项目。

（三）未来我国加氢站行业发展前景

1. 政策不断出台，将利好氢能行业发展

2021年3月，氢能被正式纳入“十四五”规划“前沿科技和产业变革领域”。国家多部门支持、规范氢能发展的利好政策频出，涵盖氢能技术路线、氢燃料汽车发展规划、氢能产业基础设施建设等细分领域。在国家和地方多重利好政策加持下，我国氢能行业有望进入高速成长期，并在交通运输、工业等领域持续渗透，预计将产生较为广阔的市场空间。

2. 氢燃料汽车渗透率提升，将加快加氢站建设

加氢站主要用于氢燃料汽车氢气加注，是联系产业链上游制氢和下游应用的重要枢纽。高密度的加氢站建设是氢燃料汽车大规模推广的必备条件。随着未来氢燃料汽车渗透率的不断提升，预计我国加氢站建设将加快，投入运营的加氢站数量也将实现快速增长。

3. 加氢站市场规模不断扩大

国家政策大力支持氢燃料汽车的发展，氢燃料汽车需求持续增长，带动加氢站行业市场规模保持良好的增长趋势。2021年，我国加氢站市场规模30.52亿元，2022年市场规模约49.4亿元，2023年我国加氢站市场规模78亿元。

虽然2023年整体加氢站建设速度放缓，但随着未来研发技术以及加氢设备的国产化突破与规模化生产，加氢站建设成本将大幅下降。在政策环境逐渐变好、商业模式逐渐修正的形势下，加氢站盈利问题有望逐步得到解决，将进一步提升加氢站产业规模。

4. 加氢站建设运营模式呈多元化发展状态

长期以来，掣肘我国加氢站发展的主要因素有投资额度大、运营成本高、盈利困难等。为控制成本、实现盈利，我国加氢站建设及运营模式正呈现多元化发展状态。

（1）加氢站多样化发展

按功能划分，我国加氢站主要可以分为单一加氢站、油氢合建站；按建设方式划分，可主要分为固定式加氢站、撬装式加氢站；按供氢模式划分，可分为制氢加氢一体化站、外供氢源的独立加氢站，以氢气长管拖车运输的外供氢源模式为主。

由于我国氢气储运成本高且运输距离有限，制氢加氢一体站越发受到市场青睐。广东、山东、河北等多地相继出台政策支持制氢加氢一体站的建设。2021 年和 2022 年，我国分别新建成制氢加氢一体站 3 座和 10 座；2023 年，我国新建成制氢加氢一体站 6 座，另有 10 座一体站正在建设中。

（2）综合加能站成为加氢站建设重要趋势

在 2023 年建成和在建的 27 座加氢站中，有 17 座是综合加能站，包括河北辛集、安徽合肥、河南濮阳、浙江杭州、甘肃庆阳、湖北武汉、江苏徐州等 7 地均为首次投运综合加能站。综合加能站将一套班子（包括土地和人员），应用于多种加能场景，可大幅降低加氢站的建设成本、后期运营成本，有利于加氢站建设推广。

（3）制氢方式来源更加多元

从加氢站建设主力中国石化来看，2023 年在大连投运甲醇制氢加氢一体站，在南宁投运氨分解制氢加氢一体站。通过取消氢气运输环节的方式来降低加氢站营运成本，为加氢站商业化推广模式投石探路。此外，中国石化正在山东构建“微管网”加氢站项目。通过管道输氢的方式解决加氢站到站氢价高的问题，缓解运营成本高的压力。齐鲁加氢站作为“微管网”加氢站项目的首座加氢站，已于 2023 年 12 月 15 日正式投入运营。

四、2023 年我国充换电站发展建设情况与未来展望

我国电动汽车产业发展迅猛，产销量连续多年稳居世界第一。电动汽车渗透率的不断提高，带动了充换电补能配套设施的建设。2023 年，在《新能源汽车产业发展规划（2021—2035 年）》及一系列相关政策的持续推动下，我国电动汽车产业进入全面市场拓展期。伴随电动汽车的推广应用，市场主要矛盾从“里程焦虑”向“补能焦虑”转移。国家层面密集发布多项政策文件，各地方政府陆续出台实施细则，引导充换电基础设施产业高质量发展。充电与换电相辅相成，共同推进电动汽车补能配套发展。充换电行业步入快车道，发展势头极为良好。

（一）2023 年我国充换电站发展建设现状

1. 电动汽车保有量呈高增长态势

我国新能源汽车持续呈高速增长态势。截至 2023 年底，我国新能源汽车保有量达 2041 万辆，占汽车总量的 6.07%。其中，纯电动汽车保有

量 1552 万辆，占新能源汽车保有量的 76.04%。2023 年，新注册登记新能源汽车 743 万辆，占新注册登记汽车数量的 30.25%，而 2019 年新注册登记新能源汽车仅为 120 万辆。

2. 充电基础设施增量显著

2023 年，我国充电基础设施增量 338.6 万台，桩车增量比为 1∶2.8。其中，随车配建私人充电桩增量 245.8 万台，同比上升 30.6%。公共充电桩增量 92.9 万台，同比增长 42.7%，使全国公共充电桩数量达到 272.6 万台，其中包括 120.3 万台直流充电桩和 152.2 万台交流充电桩。

广东、广西、海南、江苏、湖北等 12 个省市已实现了充电站的“县县全覆盖”和充电桩的“乡乡全覆盖”。在各个省市中，充电电量主要集中在广东、江苏、河北、四川、浙江、上海、山东、福建、陕西、河南等地。充电以公交车和乘用车为主，其他类型的车辆，如环卫物流车和出租车等占比较小。特来电是拥有最多充电桩（52.3 万台）的充电运营企业，其次是星星充电（45.1 万台）、云快充（44.8 万台）、国家电网（19.6 万台）以及小桔充电（15.8 万台）。

2022 年，我国新能源汽车充电模块行业市场规模为 79 亿元，同比增长 64.3%；2023 年以来，随着新能源汽车渗透率的不断提高，配套充电基础设施建设力度不断增长，我国新能源汽车充电模块行业市场规模已达 100 亿元以上。

3. 换电站建设快速发展

车企对于电动汽车的补能重视程度已上升到全新高度。换电技术作为我国电动汽车领域中一项重要创新，提供了快捷的能量和方式，在提高效益、降低等待时间等方面具有明显的优势，对于改善用户体验、促进电动汽车发展有着重要意义。同时，换电模式可以占用更小的面积，目前已有运营商推出了微型换电站。

在一系列有利因素驱使下，再加上换电模式得到了国家政策的大力支持，2023 年，更多方面看好换电赛道的发展，大量资本涌入。一方面，各大车厂先后进入换电领域，加快换电车型推出和量产，并有计划地推进换电站布局，例如北汽、蔚来、吉利汽车、长安汽车等。另一方面，换电运营商持续增加，奥动、伯坦、协鑫能科等换电站运营商加快换电站建设，积极与主机厂合作。

2022 年是我国换电站建设放量的元年，2023 年换电站建设快速发展。截至 2023 年底，我国有换电站 3567 座。而 2019 年底我国换电站数量仅为 306 座，短短 4 年，换电基础设置扩张了 11.6 倍，且增速越来越快。排名前五的省市为浙江、广东、江苏、北京、上海。

4.“三桶油”积极布局充换电站

中国石化加快从传统油品销售向“油气氢电非”综合能源服务商的转型步伐。发展换电站和大功率直流快充新业务，成为其重要举措之一。2023 年，中国石化在国内快速布局充换电网络，持续构建传统能源与新能源新业态相融互促、一体推进的服务终端网络，在新能源汽车充电领域特别打造服务品牌“石化易电”。截至 2023 年底，中国石化在全国累计建成充换电站 3600 余座，投用充电枪 2.1 万把，充电设备总功率超 2.6 吉瓦，均以直流快充为主。2023 年 11 月，中国石化首座超级充换电综合能源站——安徽石油大众综合能源站在合肥投入运营。该站点设有快充、货车快充、液冷超充等不同类型的充电车位 142 个，充电最快仅需 10 分钟，大幅缩减了车主的充电等候时间。

中国石油加速推进充换电业务布局。2023 年，先后开启了贵州、青海、四川等多个省市充换电业务。2023 年 5 月 17 日，与广汽能源达成战略合作，推进乡镇地区充电桩基础设施建设，加快乡镇补电网络布局；2023 年 8 月，与五粮液集团合资成立了四川中新绿色能源公司，布局新能源汽车充电领域，包括充电桩销售、机动车充电销售、集中式快速充电站、电动汽车充电基础设施运营、电池销售、新能源汽车换电设施销售等；2023 年 9 月 8 日，收购了普天新能源有限责任公司 100% 的股权，其拥有公共充电桩数量超 2 万台。截至目前，中国石油已累计建成充换电站 718 座。

中国海油积极布局和建设综合加能站。2023 年 6 月，中国海油与蔚来能源达成合作，共建充换电基础设施。

（二）我国充换电站发展趋势及投资建设建议

1. 电动汽车渗透率提高带来充换电站发展巨大空间

随着电动汽车推广应用的主要矛盾从“里程焦虑”向“补能焦虑”转移，充换电基础设施网络的服务能力上升为业界关注的焦点。可以预见，在未来一段时间内，充换电基础设施将继续快速增长，并将与电动汽车的发展保持同步。

2025 年，我国电动汽车销量将突破 1000 万辆，销量占比将超 30%，保有量将增加至 3224 万辆。在“双碳”目标下，商用车电动化转型成为必然趋势。预计到 2025 年，我国电动商用车销量将达到 48.8 万辆，销量占比将达到 12%，保有量将达到 111.2 万辆。

我国换电汽车销量快速增长，保有量迅速增加。到 2025 年，我国换电汽车保有量将突破 400 万辆，占电动汽车总保有量近 13%。其中，换电乘用车保有量预计达到 376 万辆，占电动乘用车总保有量的 12%；换电商用车保有量预计达到 38 万辆，占电动商用车保有量的 33%。

2025 年我国电动汽车渗透率将超过 30%，将带来巨大的补能需求。因此，充、换电设施建设与运营将蕴藏巨大空间和机会。

2. 我国充电站发展趋势

随着国家对电动汽车产业的大力支持和推广，电动汽车的销量将持续增长。这将直接推动充电模块市场的发展。同时，技术的不断进步将推动充电模块的效率和可靠性的提升，引领充电模块向高电压、高效率方向发展，从而进一步降低成本。

预测到 2024 年底，我国充电桩行业市场规模有望达到 1700.1 亿元；到 2025 年底，我国充电桩行业市场规模有望达到 2210.2 亿元；到 2026 年底，我国充电桩行业市场规模有望达到 2870.2 亿元。五年复合年均增长率将高达 37.8%。

（1）大功率充电模块未来将成为市场主流

当前市场以单枪功率 60~120 千瓦为主流，部分桩企考虑到整机成本选择 40 千瓦模块。系统中模块数量越多，单个模块失效对整体影响越小，更有利于柔性充电智能分配和降低运维要求。充电模块单模块功率越大，单瓦的成本越低。随着大功率充电站的建设越来越多，充电模块功率也越来越高。不仅如此，充电模块的转换效率将不断提高，单个充电模块的功率密度也会不断提高。

随着对续航里程和充电速度要求的提升，未来部分电动汽车的电压范围有望提升至 1000 伏，甚至 1500 伏。为满足这一需求，充电模块将继续朝更宽输出电压范围的方向发展。

（2）液冷将成为主要冷却方式

当前充电模块的主流散热模式是直通风的风冷模式。然而，在高压快充环境下，电缆需承受 400~600 安的大电流，对散热需求更高。相较于风冷，液冷在耐候性、使用寿命等方面具有优势，液冷充电模块技术使充电桩功率部分全封闭，提高了防护等级和可靠性。因此在大功率充电模块的散热需求下，液冷将成为主要冷却模式。

（3）智能化和网络化成为重要趋势

未来的充电模块将不仅仅是提供电力输出的功能，还将集成更多的功能和服务。例如，可以结合太阳能发电系统，实现绿色能源利用；可以结合其他智能设备，如智能停车系统、支付系统等，提供更便捷的服务。

与此同时，未来的充电模块将更加智能化，具备远程监控和管理、数据采集与分析、智能调度与充电优化、互联互通与车联网集成、安全防护与故障预警、支付与计费集成、自我诊断与自我修复、能源管理系统集成等功能。未来的充电模块将不仅仅是电力转换设备，而且是电动汽车生态系统中的智能节点。通过深度融合信息技术和电力技术，实现充电过程的自动化、数字化和智能化。

（4）超充网络建设将进入井喷阶段

越来越多车企推出基于800伏高压平台打造的电动汽车车型，意味着超充将成为未来新能源汽车主流的补能方式之一。2024年，超充网络建设会将进入一个井喷阶段，很多标志性技术将迎来新突破，800伏高压快充将更快速普及、放量。

多家企业宣布或计划在2024年加快布局超充站（桩）。例如，华为计划于2024年率先在全国340多个城市和主要公路部署超过10万台华为全液冷超快充充电桩，实现“有路的地方就有高质量充电”。广汽能源发布“万桩计划”，2024年将加速推进高质量充电行动，加快布局建设1000伏高压平台超充终端。理想汽车计划2024年累计上线超级充电站2000座以上，建成“九纵九横”超充网络，实现国家高速主线70%和三线及以上城市核心城区50%的覆盖率。宝马和奔驰也计划到2026年在中国建立至少1000个充电站和7000台超充桩。

一些地方政府提出了大力布局超充站（桩）的规划和目标。例如，广州计划2024年建成“超充之都”，深圳提出到2025年建成“超充之城”，海南提出2025年要建成“超充之岛”。

值得注意的是，800伏超充高压系统要克服安全、成本和整个电网容量三大影响。其中，电网容量一直是800伏超充在规模化应用上的难题。特别是当同一时段充电用户过多，导致无法全程输出稳定电压，对电网将是一大考验。

3. 我国换电站发展趋势

（1）换电站建设将迎来高速发展期

相比于单一的充电站，换电站在储能、调节电网、降碳等领域大有可为。2023年12月21日召开的全国工业和信息化工作会议强调，2024年要支持新能源汽车换电模式发展，抓好公共领域车辆全面电动化先行区试点。这是国家首次明确支持“换电模式”发展，进一步稳固了整个换电行业的发展趋势。

在新政策支持下，换电站面临的建设成本高、换电车型选择少等问题将不断被化解。更多企业将布局换电赛道。换电模式将在电动汽车补能体系中扮演更重要的角色。

换电站建设将迎来高速发展期。到 2025 年，我国换电车型占比有望达到 30%，新建换电站数量将突破 1 万座，保有量突破 3 万座，换电站设备市场规模有望达 402 亿元，用电市场规模有望达 138 亿元，运营市场规模有望达 606 亿元。换电市场规模合计将超过千亿元。

（2）换电站标准无法统一等问题仍有待化解

尽管如此，我们还要清醒地看到换电站仍面临的不少难题，例如换电模式在现实中存在着消费者心理预期差距、标准无法统一和重资产运营成本等。

从用户角度看，部分人不愿意将新电池换一块折损电池，心理上很难接受这种换电模式。而对于换电站来说，重资产运营成本远高于建设充电站，很多企业难以走出亏损。

换电模式面临的最突出问题是标准化。现有换电站服务模式只能“一对一”服务于单一品牌，而不能共享。而要统一换电标准体系绝非易事。由于不同厂家、不同地区对于标准的理解和需求存在差异，协调各方的利益和意见的过程相当复杂。另外，标准的制定涉及技术、法规、市场等多个方面，需要各方共同参与和合作。

未来几年要解决好换电模式的标准化问题，这样才能使换电站成为服务多元的开放性补能网络，降低换电模式成本，从而推动换电模式进一步推广和普及。目前，蔚来分别与长安、吉利、江汽集团、奇瑞等车企达成换电战略合作，有利于推动换电标准的统一和规范，进而提升换电模式的竞争力和吸引力。

4. 中国石化、中国石油充换电站发展动态

2024 年伊始，中国石化两次大资本战略投资布局充电领域。一是投资西安领充创享新能源，二是与充电桩巨头万帮数字能源联手布局充电产业。万帮数字能源是我国第二大公共充电桩运营商国内充电桩巨头，星星充电是万帮数字能源的核心品牌之一。2024 年 1 月 12 日，中国石化万帮新能源（江苏）有限公司注册成立，中国石化持股 70%。该公司经营范围包括发电、输电、供（配）电业务，集中式快速充电站，充电桩销售，机动车充电销售，电池制造与销售等。

中国石油 2024 年将进一步加大充换电业务的投入，逐步实现所有乘用车的全覆盖。预计“十四五”时期将建设充换电站 1000 座以上。预计到 2025 年，中国石油将在农村地区建成超过 100 万个充电终端。

五、2023 年我国光伏发电站发展建设情况与未来展望

在“双碳”目标背景下，我国能源结构持续优化，太阳能发电得到了广泛关注。光伏发电在加油站行业的建设、推广力度不断加大。随着国内光伏产业日渐成熟，光伏建设运营成本进一步下降，光伏发电是未来一段时期内效益最好、建设速度最快、最契合各地减碳目标的新能源项目，也是成品油销售企业实现“双碳”目标和转型升级的重要抓手。

（一）光伏加油站建设情况

1. 以配套综合加能站为主

2023 年，我国光伏加油站建设仍以配套综合加能站为主。

中石油方面，新疆销售阿克苏交通路加油（气）站光伏项目正式接入电网，标志着新疆销售首座自建光伏项目并网成功。吉林销售建成投运 60 个加油站光伏发电项目，装机总量约 670 千瓦，累计发电总量达 89.1 万千瓦时，每年可减排二氧化碳 550 吨，

中国石化方面，河南石油确立了构建“油电服光储充一体化”综合服务体的发展模式，通过优化光伏发电降低运营成本，再通过充电业务带来客户资源促进非油品经营，增设储能设备能够稳定光伏绿电供给和缓冲充电电力容量需求。河南许昌北俎庄加能站于 2022 年 12 月撤气改电后，采用“油电服光储充一体化”的发展模式，建成了拥有 24 个 60 千瓦直流车位、两个 7 千瓦交流车位的大型充电场站，累计充电量已突破 48 万千瓦时。

2. 大多选用“自发自用、余电上网”模式

我国加油站光伏“自发自用、余电上网”项目稳步推进。在这种模式下，加油站只需要配置光伏组件、逆电器、控制器等基本设备，不需要增压、输送等配电设备。对加油站来说相对简单，易于上手。当光伏发电量超过加油站使用的电量时，多余的电输送到公共电网，避免出现弃电；当光伏发电量不能满足加油站使用时，就自动从公共电网中补充。

（二）光伏加油站经营现状

1. 光伏加油站初见效益

很多加油站考虑转型，“光伏 + 加油站”的热度不减。但加油站切忌

盲从，开发光伏发电项目需充分考虑自身条件、区位差异、技术条件等要素。

“自发自用、余电上网”的加油站光伏发电应用模式让加油站见到了效益。加油站罩棚和站房顶部为闲置区域，为安装光伏组件提供了有效面积。加油站用电为工商业用电，价格高于民用电。随着加油站增设充电桩和换电站，光伏发电有着更高的消纳价值。相比之下，“离网—储能—自用”“并网—储能—售卖（充电桩）”因投资较大，经济性稍差。

2. 投资方式以第三方投资为主

在并网运营模式下，加油站光伏项目投资方式主要有两种：一是自主投资，即由加油站业主投资建设安装光伏设施并进行运营管理；二是第三方投资，加油站业主提供屋顶或罩棚顶使用权，第三方光伏企业或电力公司负责光伏项目建设、维护等投资与费用，光伏项目发电量由加油站使用并按照一定折扣收费，余电上网及其他收益均归属第三方。目前，大部分并网加油站光伏项目为第三方投资，主要原因在于加油站业主光伏设施的建设与运维经验、专业力量不足，而且前期手续办理和并网程序相对复杂。

3. 投资效益受多因素影响

（1）投资成本

近 10 年来，我国光伏发电项目的投资成本一直处于下降过程。2023 年，由于整个供应链价格的下降，系统及组件价格相继下降。从长远来看，我国光伏发电项目的投资成本仍将保持下降趋势，系统成本已从 2011 年的 17.6 元 / 瓦降至 2021 年的 3.42 元 / 瓦。

（2）发电量

发电量主要受两方面因素影响：一是年利用小时数，直接由区域太阳能资源决定；二是系统综合效率。通常分布式光伏发电系统综合效率在 80% 左右，但从实际运营情况来看，受组件效率、运营维护、系统衰减等因素影响，光伏系统实际综合效益差异较大。这两个因素共同决定了光伏系统的实际发电量，进而影响项目的经济性。

（3）电价和自用比例

加油站作为分布式光伏用户侧项目，发电量自发自用比例普遍超过 60%。工商业用电价格越高，节省电费效果越好。目前，各省市用电价格差异较大。在电价较高的华东地区，光伏项目的投资收益普遍高于西北等地。此外，全国各省市上网电价均低于工商业用电价格，意味着自用比例越高，尤其是高峰时段自用比例越高，项目节省电费越多、效益越好。

（4）其他因素

补贴到位情况。北京、广东等地区光伏项目可享受不同程度的补贴，包括一次性补贴和度电补贴等形式，但在不同地区补贴实际到位情况不同。同时，自建自用型分布式光伏项目基本无法享受相关税费减免。受行业发展及国家政策影响，预计未来分布式光伏项目装机或并网补贴将进一步减少。

碳排放交易增收尚不明朗。对单个光伏项目而言，获取碳排放收益难度较大。即便规模化建设应用进行碳排放交易申请认证，也存在前期费用高、认证过程烦琐等问题。

运营管理成本。第三方投资方式下，加油站业主虽然不承担相关费用，但项目在运营过程中存在第三方对光伏设施的维护不到位、清理不及时等疏于管理情况，从而导致光伏系统综合效率不高。

（5）多元化应用场景对投资效益的影响

从光伏项目投资效益影响因素分析中可见，自用比例是影响加油站光伏发电项目投资效益的重要内部因素。单独看光伏项目经济性一般，但通过拓展加油站能源补给新功能，如投放充换电设施，可以增加站内用电量、提高光伏发电自用比例，从而进一步提升项目整体投资收益。

例如，某Ⅰ类资源区一座大型油气合建站自主投资近80万元，包括安装光伏面板自动清洁机器人等相关费用建设光伏发电项目。该项目装机容量较大，装机功率为120千瓦，但加油站自用比例不足50%，项目内部收益率仅4.5%左右。为了进一步提升站内光伏发电自用量、拓展新业务领域，该站新增投资20万元用于增加充电设施，充电服务费为0.5元/千瓦时。随着充电汽车数量增长，预计日均充电量为250千瓦时，年充电量达到9.2万千瓦时，年均充电收益为4.6万元。按照光伏和充电整体投资和运营情况进行预测，光伏项目发电量自用比例提升至近60%，项目整体内部收益率提升至7.1%，增加了2.6个百分点。

随着新能源汽车的强势渗透，传统加油站向综合加能站转型发展是大势所趋。根据场地条件增加充换电业务，“光伏+充换电”在一定程度上实现了优势互补，可以更好地消纳光伏发电电量，同时增加充换电服务费等收入，是加油站光伏项目降本增效的有效途径。

（三）未来发展建议及趋势

1. 应以“自发自用、节碳减排”为主要定位

成油品销售企业要适应“双碳”目标要求和能源转型发展的大趋势，积极推进加油站光伏建设。受主营业务类型，以及加油站光伏项目“自发自用”为主等因素限制，通常加油站业主很难像第三方光伏或电力企业一

样享受相关税收等政策补贴。因此，需要更加注重建设方案与应用场景分析，积极探索在加油站增加充换电等增值业务，增加光伏发电自用电量，最大限度地提升加油站光伏发电利用率，从而提升光伏发电项目收益率。强化区域性整体投资效益测算，根据当地资源条件，在技术和经济论证充分的基础上，整体规划、统筹推进。

2. 慎重采取整体交第三方建设运营的模式

加油站光伏项目投资建设宜采用自主投资模式。加快光伏加电站建设，积极探索碳中和实施路径，是传统成油品销售企业加快向综合能源供应商转型升级的具体体现。在自主投资建设模式下，加油站的网络优势在能源转型过程中能够继续发挥。从建设综合加能站的长远发展来看，可更为主动，同时为新能源业务发展积攒投资建设和运营管理经验，培育自己的专业团队。

3. 搭建综合能源消费新场景

探索通过与光伏企业、电力公司、新能源车企等合资合作的方式，在加油站推动分布式光伏发电应用，试点开展"光储充换一体化"示范项目。由于光伏发电的随机性和不平衡性，以及充电桩负荷的不稳定，需要储能系统在光伏系统和充电系统之间起到桥梁纽带作用，实现光伏的最大化自发自用。同时，对于储能系统来说，当加油站或者服务区具备峰谷电价时，储能系统可实现谷电峰用，降低站内的用能成本。

推进"光储充换一体化"项目，一方面可以形成优势互补、利益共享的模式，有利于分布式光伏发电在用户侧的推广应用，在保障经济效益的基础上取得更大的社会效益；另一方面可以加快新材料和新技术应用、推动新业态发展，有序推进新能源汽车充换电业务，探索投放两轮电动车换电柜等，为加油站拓展新功能、赋予多元化消费场景，加速由油品销售企业向综合能源供应商转型发展，助力实现"双碳"目标。

六、2023年我国综合加能站发展建设情况与未来展望

（一）我国综合加能站投资与建设现状

结合我国综合加能站业务现状，从外部规划建设及内部在运营管理、安全管理、合规管理等方面进行分析，可以发现目前我国综合加能站存在的主要问题。

1. 外部存在的问题

（1）相关规划缺失

《新能源汽车产业发展规划（2021—2035 年）》提出，到 2025 年，新能源汽车新车销售量达到汽车新车销售总量的 20% 左右，高度自动驾驶汽车实现限定区域和特定场景商业化应用。到 2035 年，纯电动汽车成为新销售车辆的主流。尽管国家有远期规划，但各地在规划和安排上没有完整的方案及管理模式。例如，政府长期导向是充电业务还是换电业务，是否有长远规划，客户群体是否稳定。这些没有深入调查研究，对行业趋势的发展把握不准。因此，有可能导致盲目投入。

（2）建设环节存在漏洞

例如，增设充换电业务的加油站在后期改建过程中，是否需要按照属地要求办理相关证照，是否需要重新进行安全现状评价，是否考虑建设项目“三同时”（同时设计、同时施工、同时投入生产和使用）要求。由于属于新业务，当地标准要求不统一，可能导致工程项目建设出现漏洞，影响后续工作的顺利进行。如果相关业务交由第三方建设管理，在此过程中如果某一环节不符合标准要求，有可能面临违规处罚。但由于项目建设位于加油站内，即使在施工合同中明确双方责任义务，也不可避免地要承担连带责任，容易出现推诿现象。

2. 内部存在的问题

（1）运营模式产生的问题

近年来，在国家政策扶持下，大量新能源企业涌现，国有企业、民营资本纷纷涌入综合能源服务领域，行业快速发展的同时，带来不少问题。以下以加油站的充换电业务运营模式为例说明。

加油站目前充换电业务主要有合作模式和自建模式。合作模式为对方提供人员、设备、服务，加油站业主提供场地，收取场地服务费或者合同约定的提成。该方式可以降低投资成本，减少投资风险。但是加油站业主收益较少，运营过程中作为经营主体，出现纠纷或政府检查，需要承担主体责任，潜在隐患较大。自建模式为充电设备由加油站业主单独购买，单独运营，设备厂家提供售后服务。该模式投资成本较大，回本周期长，存在投资风险。

加油站充换电业务运营中，出现的问题包括：高峰期车辆引导不规范导致的现场拥堵，充换电车辆不能及时驶离现场，安全巡检不到位，引导客户消费非油产品意识不强等。同时，占位车辆也是一个问题。例如充完电后一直不驶离，一个车占 2 个车位，插枪不充电，燃油汽车占位等。

客户来加油站充换电，主要受品牌影响。内部运营模式客户不关注，因此可能出现加油站业主无法为充换电客户开具发票而引起纠纷的情况。服务不规范可能带来客户投诉等情况。

加油站业主没有自身的充换电平台，充换电经营数据、客户数据均在第三方手中。加油站没有获得实质性的客户，不能进行有效的客户链接。

（2）安全管理风险加大

同样以充换电业务为例说明。充换电业务基本以第三方运营为主，独立于加油站，HSE（健康、安全和环境）管理体系在新业务中的要求不能有效落地。第三方人员素质能力参差不齐，多数人员学历不高，工作经验少，缺乏相应技能经验。三级培训存在不到位就上岗作业的风险，导致员工安全意识淡薄。设备设施维护保养责任机制不健全，可能出现的漏电、静电事故是否进行过评估，是否有相应的应急预案并定期开展演练。加油站员工是否应当参与设备管理，存在职责不明确、监控存盲点的情况。环境方面存在的风险隐患没有定期进行评估，危害因素的辨识不到位。安全管理规范、标准、制度不健全，可能存在的违章指挥、违章操作不能有效监管。作为主体单位，第三方出现的事故即便与加油站无关，也需承担相关责任，对外协调仍需加油站参与。

（3）合规管理难度升级

加油站主营业务为成品油销售和非油销售，营业执照范围并没有充换电业务，无法为单位客户开具相关发票。零售管理系统没有充换电业务编码，无法自动获取经营结果，需要人工操作，通过采取入账到非油其他收费项目进行核算。一方面造成数据的失真，另一方面造成监管缺失。

（二）我国综合加能站投资与建设趋势

1. 众多企业涌入综合加能站新赛道

我国集加氢、加油、加气及充电为一体的综合加能站已成为发展趋势。新能源汽车的快速发展对汽柴油替代作用渐强，对传统石油行业的终端网络布局提出了新的要求，综合加能站的提升空间进一步加大。

众多企业涌入综合加能站新赛道，项目落地速度加快。国有石油公司具备资源和销售终端的优势，积极在现有加油站网络布局上升级转型，建设综合加能站。不只石油石化企业，电力、燃气、热力等公司也纷纷转型为综合能源服务商，寻求延长产业链并抓住新机遇。各类配售电企业、能源服务公司也将综合能源服务视为未来收益的增长点和今后业务的拓展区。

2. 国有石油公司大力发展综合加能站

为加快实现“双碳”目标，践行绿色低碳发展，国有石油公司把升级转型“油气氢电服”综合站作为发展目标，并大力打造品牌。

中国石化计划到2025年，将利用3万余座加油站、870座加气站的布局优势，建设1000座加氢站或油氢合建站、5000座充换电站、7000座分布式光伏发电站点，为社会公众提供综合能源，以消费终端为突破口带动产业链的能源转型。“十四五”期间，中国石化将完成5000座综合加能站新形象改造，目前已完成了800座的改造。

中国石油计划在“十四五”期间，在北京、上海、广东、四川、海南等重点地区优选站点率先发展综合能源站，示范带动，共同构建面向未来的“人·车·生活”生态圈。

中国海油通过与相关方合建充电站的方式，获取充电服务费分成或场地租金。随着行业进入快速发展期，中国海油自主投资、建设、运营充电站。与此同时，中国海油还积极推进充电、加氢、光伏等综合能源业务的发展。

3. 外资积极抢占市场份额

中国良好的新能源市场前景，以及各地推出的利好政策，让包括壳牌、道达尔、英国石油等在内的外资品牌积极在华进行综合加能站市场布局。

英国石油与滴滴出行合作，计划2030年在我国建设3.5万个充电终端。道达尔能源与三峡集团成立合资公司，在湖北建设大型快充站，计划到2025年安装运营超过1.1万台大功率充电桩。壳牌计划未来5年内在上海及长江三角洲地区建成6~10座加氢站，到2030年将扩展至覆盖长江三角洲地区的30座加氢站，每天可以为约3000辆氢燃料电池卡车或公交车供应氢气。

（三）综合加能站投资建设建议

在“双碳”目标的引领和新能源市场的推动下，综合加能站有很大的发展前景，但存在服务市场专业化不足、建站投运成本过高等问题。我国综合能源服务市场仍处于初级阶段，需要进一步加强政策引导和行业规范，推动企业加强技术创新和市场拓展，以实现行业的可持续发展。

1. 做好规划布局

加强与政府部门沟通联系。通过定期拜访或安排人员到发展改革部门挂职交流的方式，掌握当地政府对新能源业务发展的政策导向及行业趋势。重点关注是否发布氢能、充换电近远期发展规划，以及重点行业支持帮扶优惠措施、新能源车辆市场渗透率，确保企业新能源业务发展方向与政府方向相一致，科学合理地进行项目规划，避免无效投资和资源浪费。

培养新能源方面的专业人才，成立专家团队，结合国家战略布局和行业发展，深入研究加氢和充换电产业发展方向、新能源车辆消费市场，从投资收益、运营成本、管理模式、平台架构、客户资源等方面提出建设性意见，及时、准确向管理层进行反馈，提供有价值的决策支撑依据。

就目前市场情况看，充换电的主要目标人群是以网约车、出租车为主的运营车辆，其次是以面包车、厢式货车为主的物流车辆，最后才是私家车。因此在讨论建站选址以及运营等方面时，应主要考虑出租车网约车群体，并顾及其他顾客群体。

2. 利用现有加油站网络布局综合加能站

《关于进一步构建高质量充电基础设施体系的指导意见》提出，在确保安全前提下在具备条件的加油（气）站配建公共快充和换电设施积极推进建设加油（气）充换电等业务一体的综合供能服务站。

综合能源服务站将成为下一个能源风口。但当前充电市场竞争格局尚未定型，成本较高；加氢站受制于建设成本高，新建站数量不如预期。建设一座加氢站平均成本在 1500 万元，而普通加油站建设成本仅在 20 万 ~ 100 万元，严重影响建站积极性。

利用现有加油站网络布局新能源网络，建设综合加能站，项目落地可操作性强。可以节省土地资源，不增加重大危险源，便于统一管理，可以节省选址和征地耗费的时间，快速形成新能源综合服务站网络，避免重新选址、调整规划等。

3. 加强安全管理

（1）建章立制，完善制度

结合实际，建立《光伏发电操作规程》《充电作业操作规程》《换电作业操作规程》，细化操作步骤，明确加油站、第三方职责，以及各环节工作流程，涉及特种设备的要取得相关资质证书。根据新能源业务属性，建立管理机构，对 HSE 体系进行修订，完善安全生产标准化内容，要求第三方人员定期参加班组安全活动。重新修订应急预案，建立光伏发电、充换电专项预案，确定演练内容，明确岗位职责，定期组织演练，同时取得在安全主管部门备案的《加油站生产安全事故应急预案备案登记表》。

（2）明确职责，压实责任

强化员工培训，站内员工要熟悉光伏、充换电作业流程，知晓存在的风险隐患；做好第三方人员岗前安全教育及安全培训，内容包括安全生产管理规范、工艺流程及安全生产管理要素。站经理对包括光伏发电、充换电业务进行全流程诊断，辨识存在的风险隐患，把设备管理作为现场管理的重点，与第三方按照设备所有权属性划分安全职责，明确每台设备的责任人、责任清单、监督事项、处罚标准，建立责任设备检维修、故障处理、设备升级、巡检台账，做好历史数据收集。设立专职安全管理人员，将第三方充换电业务纳入日常管理，做好安全生产工作日常监督及管理工作，定时巡检，发现问题及时向第三方反馈，突发情况第一时间处置。

（3）数字赋能，强化创新

增设自动化设施设备，实现在线监测，降低人为的不安全因素。例如自动化火灾报警系统、工业监视系统与工艺联动系统，以此提高光伏发电、充换电的稳定性和自动化水平，持续提升本质安全水平。建立数字化周界系统，对充换电业务进行区域管理。例如，对车牌进行识别，新能源车辆驶入加油区后进行提示，充电完毕车辆不及时驶离时进行提示等。

VI 典型实例篇

一、多场景、多业态，打造一站式综合能源服务站
——中国石油四川销售南充分公司顺庆滨江数字综合能源站

南充位于川东北，被誉为千年丝绸之都，三国文化之源。南充分公司隶属中国石油四川销售公司。南充分公司坚持突出质量效益，加快转型升级。2023 年，南充分公司实现油气销量总量 50.51 万吨，同比增加 17.8%，成功跃上 50 万吨台阶。实现非能源收入 11397 万元，完成预算进度 108.5%；实现毛利 2456 万元，完成预算进度 112%；全年实现利润总额 4108 万元；网络开发完成立项 7 座、落地 6 座，新能源开发 7 座；获得四川销售公司 2023 年度先进集体称号。

围绕建设世界一流绿色低碳综合能源销售企业这一中心任务，南充分公司积极构建四川销售公司党委提出的“三横一纵”发展新格局，致力于提升核心价值和核心竞争力，以精细化管理推动实现企业治理体系和治理能力现代化。作为区域能源保供的“顶梁柱”，南充分公司探索出量效齐升的高质量发展路径，其底气在管理，关键在创新。顺庆滨江数字综合能源站（见图 6–1）的应运而生，正是企业面对未来、拥抱新能源、开拓新路径的生动实践。

图 6–1　顺庆滨江数字综合能源站全景

顺庆滨江数字综合能源站位于南充市滨江北路一段，毗邻南充市市政府，企事业单位云集，西南石油大学与加油站分处道路两侧。周围学校、图书馆、商场等公共设施齐全，集中了滨江学府、鸿升等十多个小区，属

于社区型加油站。打造后的顺庆滨江数字综合能源站总占地 6500 平方米，是四川销售第一座“光储充放”一体化新能源试点站，也是一座集油、气、电、光伏、储能及休闲购物于一体的综合型能源服务站。

（一）精益营销，实现油品稳定增长

顺庆滨江数字综合能源站共设置 4 台加油机、16 支加油枪，现有员工 17 人，平均年龄 28 岁，全员都是大专以上学历。加油站开业以来，油品销售稳步增长，到 2023 年底，日均销量较技改前增长 112%，创下了单日销售 42 吨的最高纪录。

1. 夯实提量根基，稳定客户群体

打造 1+3 客户开发模式，将加油站作为主阵地，抓好现场进站客户的开发和维护。走访周边市场、摸排工程客户，延伸加油站服务半径。开发顺发实业、顺庆区机关事务管理局等汽油消费单位客户，稳定用油需求。维护消防支队、中国邮政、中国移动等五家集团客户，锁定单位员工用油。

2. 推广营销活动，培养消费习惯

加油站员工提前吃透公司营销方案，充分融合电子加油卡充值赠礼和消费满减的优势，站在顾客角度为其算账、省钱，以充多送多为主导制定统一促销话术。鼓励加油员现场推介客户办理电子加油卡，给予员工优途专项激励。该站加油卡移动支付占比 66%，位列南充分公司第一，客户进站率、回头率明显提高。

3. 精准激励，量化考核

试点运用阿米巴手环，当班员工佩戴阿米巴手环自动与加油机感应，实时采集提枪次数及加油量。通过手环，员工可随时查看加油升数及笔数，加油站管理员可通过后台查看全员数据，两项指标均作为基础数据纳入员工月度考核，在油品销售方面实现精准激励，多劳多得。开业以来，日均汽油纯枪销售较技改前增长 89.37%。

（二）精细管理，助推店销高质量跨越

顺庆滨江数字综合能源站便利店营业面积近 400 平方米，销售 23 大类 898 种商品，增设购物车、购物篮等，以满足不同消费群体的购物需求。截至 2023 年 12 月底，实现销售收入 279.09 万元，毛利 47.78 万元，分别完成预算进度的 194% 和 93%，同比分别增长 244% 和 143%。

1. 现场“走动式”促销

在现场采取“走动式”促销方式，配备两个促销花车，抓住客户在加

油现场的黄金 90 秒，给每个加油员下达每天现场非油销售任务，作为业绩指标单独考核，纳入加油站销售之星的评选，形成你追我赶的良好氛围。

2. 开发“团购式”客户

采取“内外结合”的方式，通过多品类、多数量、多样化的产品将公司每月内购活动引入站内；站内非油巴员积极“走出去”营销，开发站外团购大客户，通过社群营销，建立专属客户服务的企业微信群，当好客户的“管家”。

3. 陈列“创意式”堆头

在便利店内通过设置南充特产专区、牧场牛奶堆头、酒类专柜、粮油专区、纸品堆头。采取“站内卖场氛围打造 + 现场走动营销”的方式，结合站内员工的积极开口营销，自开业以来，日均销售 10154 元。

4. 体现“温馨式”设计

整个便利店的色调统一设计成了明亮且温馨的暖色调，在便利店大门入口处设置了一块互动式透明感应屏，在人员进入时进行语音提示，为进店的客户营造科技、温暖、宾至如归的消费场景。

（三）转型升级，实现新能源接续发展

南充分公司秉承“绿色发展，奉献能源”的企业价值追求，加快企业在新能源建设中的步伐，将加油、充电、光伏发电等多种业态综合布局，向新能源方向稳步发展。

1. 增加光伏发电，实现节能减排

顺庆滨江数字综合能源站进行了“光伏 + 储能 + 充电”的综合能源布局，在营业用房、辅房、罩棚以及充电车棚顶增设了分布式光伏板，不仅拥有光伏自发电，还有储能“削峰填谷”自储电，可以自控成本，在白天时段为顾客降低服务费。通过自发自用、余电上网的运行模式，减少了碳排放，节约了电费。截至 2023 年 12 月底，顺庆滨江综合能源站运营天数为 162 天。光伏发电量为 27977 千瓦时，储能充电量为 29468 千瓦时，放电量为 16446 千瓦时，充电桩充电量为 105174 千瓦时。

2. 自选自建，开展充电业务

紧跟国家新能源发展步伐，以电动汽车充换电为切入点，顺庆滨江数字综合能源站采用“自选自建”的模式（见图 6–2），自行建设了充电设备。现场共有八台 120 千瓦双枪直流充电桩，日均服务能力 150 车次。目前，充电站日均充电量 1200 千瓦时，实现新能源业务收入 102682 元，实现收益 37523 元，其中余电上网收入 5167 元，服务费收入 33885 元。

图 6–2　顺庆滨江数字综合能源站智慧充电站

3. 实现碳中和

顺庆滨江数字综合能源站加油站通过“点点”碳中和服务平台，以每吨 100 元的价格购买了 30.1 吨“四川省大渡河沙湾水电站项目（CCER）”核证碳减排量，用于中和加油站有关碳排放量，以此实现了碳中和。该笔 CCER 碳减排量由成都市绿色低碳发展协会集中注销。顺庆滨江数字综合能源站也被四川联合环境交易所授予了“零碳加油站”的称号，实现了绿色、循环、低碳发展。

（四）丰富业态，赋能油站经营创效

近年来，加油站的蝶变正在逐步颠覆人们对加油站的传统认知。“人・车・生活”相互融合成为不可阻挡的潮流，南充分公司正由单纯依靠“油品产品销售”向“以用户体验为中心”转变，构建“人・车・生活”生态圈成了加油站转型发展的方向。

在顺庆滨江数字综合能源站，通过线上线下一体，搭建了“购物 + 加油”“购物 + 充电”“购物 + 洗车”的多个消费场景。在已有加油站现场、便利店和渠道优势的基础上，将线上赛道打造为另一个业务增长极，依托“中油好客 e 站”App、“去惠购”小程序，量身定制大客户专属服务方案，常态化开展直播带货、抖音营销等新型营销活动，降低大单依赖程度，推动线上线下业务相互引流，实现油品、非能源业务从“量”到“效”的转变。同时，着力加强现场销售环节，通过“造节”营销、专项促销，持续培养客户消费习惯；坚持精品路线与乡村振兴并举，将南充市土特产品引入便利店专柜，提升客户对品牌的价值认同和情感共鸣。

为更好地服务有车一族，在顺庆滨江数字综合能源站出口处，引入第三方全自动隧道式洗车机，为客户缔造“最安全、最经济、最快捷、最方便”的服务。根据洗车业务服务定位，开展加油满额，用移动支付推送洗车电子券活动，积极引流“线上＋线下”客户群体，结合市场实际情况、油价波动等，动态调整促销活动，开展加油满送咖啡、送洗车券等油非互动、油非互促等活动，进一步扩大并稳定客户群体。

（五）强大现场，提升客户现场体验

加油站现场作为提升客户体验的重要内容，加油现场可以看到，罩棚及檐口按照新的设计标准，选取“崛越·新时代”形象进行了包装亮化；在四根立柱上，增设了冷光屏广告，不仅拥有 5 伏超低压 LED 灯珠，安全达标，还能美化立柱，提升加油站的文化形象。4 台 4 枪智慧屏幕加油机，同时配置 10 台无线防爆对讲机，加油现场、便利店可实时沟通。现场还设有便捷“自助式”洗车。现场配备自助洗车机，采取“通过式”洗车方式，配备专人擦车服务，体现了高效便捷的特点。自开业以来，日均洗车量由 30 台增加至 90 台，单日最高 135 台，非能源收入日均增长 580 元。

便利店上方设置了可以播放裸眼 3D 的 LED 数字屏（见图 6–3），可以看到立体的图像和视频，带给客户新奇而独特的视觉体验。便利店内包含咖啡、蛋糕、书店、中油自助充值机等多种业态，并设有游艺区、充电休息区、母婴室、户外劳动者驿站、南充土特产专柜、储藏柜等功能室，构建了“人·车·生活”完美的生态圈。

图 6–3　顺庆滨江数字综合能源站便利店

便利店内的客户休息区，不仅有与市总工会合作打造的五星级户外劳动者驿站，还有农行智慧货架以及各类型的休闲座椅。在这里，客户可以免费享用热水、无线网络等服务。卫生间区域，不仅有传统的女卫和男卫，还专门为孕妈妈和小宝宝们设置了温馨的母婴室，方便他们稍作休息。

（六）创新设计，呈现安全绿色发展理念

顺庆滨江数字综合能源站将安全环保理念贯穿始终，在加油站的多个场景都可以感受到。在加油现场，用环保无毒的丙烯酸 + 环氧树脂对整个地面进行了涂刷；为了保证现场安全，在加油区域安装 2 台无线油气浓度探测仪，对加油站现场油气浓度进行监测，未报警的情况下，顾客可在现场使用手机进行支付，如发现现场油气浓度超标，户外监测仪和室内接收器将同时报警。

在卸油区，操作井内配置了一套“两探一视”监测系统，可实时采集数据、分析数据、监测操作井油气浓度及操作井内的水位高度，实时预警，保障生产安全；油罐区采用折叠式通气管，解决了 PV 阀和阻火帽保养难题，通气管折叠放低到地面，进行检查维修作业时将自动切断 PV 阀与通气管的通路，避免登高作业安全风险，确保现场作业人员的安全。

在便利店内，站房中间的中空区域配置了有传统文化与中国石油特色的天幕，不仅可以同时控制所有天幕的开关，也能精确地单独控制每一扇天幕的开关，灵活控制光线强度，为便利店营造不同氛围。

（七）根植地方，彰显深厚石油文化

顺庆滨江数字综合能源站地处南充市滨江大道，毗邻曾经的南充炼油厂，对面就是西南石油大学，有着深厚的石油底色。嘉陵江边迎朝阳，石油会战擂鼓响。1958 年石油工业部在南充召开“全国石油工业南充现场促进会”，川中石油大会战拉开序幕。随之，南充炼油厂、西南石油大学相继成立。后来，在中学地理教材中，南充也被醒目地标记为石油城。筚路蓝缕启山林，栉风沐雨砥砺行。南充炼油厂自建厂以来，不断巩固川中石油大会战成果，创造了一代又一代传奇业绩，为南充石油行业发展做出了巨大贡献。伴随着“为石油而生，为石油而息”的口号，西南石油大学为我国石油工业输送了大批科技人才，满足了行业对人才的迫切需求。1962 年，川东北首座大型成品油集散库——燕儿窝油库在嘉陵江畔诞生。20 世纪 80 年代，燕儿窝油库相继被写入小说和拍

摄成电影，成了第一部反映石油销售企业的影视作品。正是有着这些历久弥新的故事，南充分公司将它印刻在了顺庆滨江数字综合能源站的文化墙上。

面对日益严峻的环境挑战和不断增长的清洁低碳能源需求，推动传统能源与新能源业务协同发展是提升核心竞争力和核心功能的必由之路。南充分公司将秉承“绿色发展、奉献能源、为客户成长增动力、为人民幸福赋新能”的价值追求，积极践行新发展理念，全力服务新能源建设，聚焦经营业务高质量发展，努力开拓市场、抢占先机，提高企业核心竞争力，增强核心功能。以更加务实有力的行动做优基本面，夯实基本功，有序推进充电网络布局，稳步构建“油气电 + 光伏”综合能源互补新格局，在奋力建设世界一流绿色低碳综合化能源销售企业中贡献力量。

二、推进新能源布局　助力企业高质量发展

——中国石油重庆销售渝中分公司丝路加油站试点打造综合能源站

渝中分公司是中国石油重庆销售下属二级企业，位于九龙坡区杨家坪商圈。近年来，受市内出行、企业外迁、新能源车辆渗透、竞争对手影响，经营遇到了严峻挑战。

为发展“破局”，渝中分公司全面贯彻落实改革发展转型创新的各项要求，并在重庆销售的坚强领导下，前瞻性谋划，围绕充电、换电、加氢、光伏“4+N”赛道积极推进新能源布局，统筹能源安全稳定供应和绿色低碳转型发展，并以丝路加油站为试点，成功推动综合能源站打造，为重庆销售打造新能源示范企业贡献力量。

（一）立足新形势把握新机遇，探索转型发展新路径

分公司充分认识到，在国家“双碳”战略的引导下，随着新能源对传统能源的替代加速，向综合能源服务商的转型是企业发展的必由之路，综合能源服务站的建设事关未来发展、企业形象和综合实力提升。因此，要想在新发展阶段构筑发展新优势，提升企业综合竞争力和品牌形象，在激烈的市场竞争中脱颖而出，就必须在巩固传统优势的基础上，于变局中

开新局，寻求高质量转型发展路径。

丝路加油站是分公司的主力油站，位于重庆西部现代物流园区东南侧。该园区规划面积为 33 平方千米，拥有永辉物流园、中国外运、中友货运、盛装物流、马邦物流、红星美凯龙智慧物流城等物流企业 200 余家，每年作业量实现集装箱 1.5 万标箱，大宗物资吞吐量可达 200 万吨。依托物流园区，加氢客户群体具有一定稳定性，未来发展具有先天优势。同时重庆销售积极响应重庆市政府和中国石油集团对发展加氢项目的支持，经过分公司各级领导对加氢项目的认真调查研究后，决定在原丝路加油站的基础上，新增加氢功能。

（二）加快能源转型，丰富综合服务新业态

在推动丝路综合能源服务站试点建设过程中，分公司聚焦落实绿色低碳战略，顺应能源转型之变，积极探索综合能源服务商业务，加快推进多种业态，以及昆仑好客服务实体化和创新性发展。

1. 采取橇装设备方案，增设加氢业务

丝路加油站（见图 6–4）增设加氢业务，是继两江双溪加油新建加氢功能后布局重庆的第二个加氢推广站。所以分公司高度重视、提前谋划，考虑到目前加氢产业处于政府引导和市场培育阶段，在锁定“定向客户”的基础上，优先采取橇装设备方案节省投资。目前已建设加氢集成橇 1 座，内含氢气压缩机 1 台、1 台双枪加氢机，氢气总储量达到 639 千克，经测算年加氢量将达到 160.6 吨。

图 6–4　丝路加油站全景

同时为保证加氢项目的持续运营，2022 年 8 月，重庆销售与庆铃汽车股份有限公司签署战略合作框架协议，双方约定开展包括建设丝路加氢站在内的加氢业务等新能源产业合作，共同推动氢、电、车、商业营运融合发展。庆铃汽车组织生产加氢车辆投放，预计年内生产和销售规模将达到 200 辆，在丝路站附近物流园一次性投入氢能物流运输车 50 辆，并锁定在丝路油氢合建站加注氢气，预计可研日均销量 0.440 吨 / 日。

2. 叠加充电业务、提升竞争优势

该站周边 3 公里范围内约有 6 座充电站（见图 6–5），其中 2 公里内 4 座，3 公里内 6 座（约 51 个快充、21 个慢充），充电客户均使用网络平台消费，区域内外竞争较为集中，趋于白热化。分公司坚持因地制宜、精准发力，加快布局充电项目，在站房南侧空地增设充电桩区域，目前建设有 2 台直流双枪充电桩，并将原变压器 160 千伏安增容至 630 千伏安，可同时满足 4 台新能源车辆充电需求，为客户提供快捷方便的充电选择。

图 6–5　丝路加油站内车辆正在充电

3. 强化油非互促，拓宽服务渠道

为更好地服务有车一族，分公司将丝路加油站综合汽服业务进行重点打造，增加了快捷洗车设备，站内的便利店同步提供了客户等待休息的司机驿站，为驾驶人员提供多元化的增值服务；同时随着社会生活节奏的加快和商务出行的增加，快餐需求也随之凸显，分公司积极联系重庆当地餐饮龙头品牌“陶然居集团”，开展一体化营销服务，在便利店内设置陶然居盒饭专卖柜，以此来促进非油和油品销售的提升。

（三）加强新能源研究和学习，推动经营管理新变革

新能源业务对重庆销售成品油销售企业来说是全新的领域，大家都处在摸索和起步阶段，相对于传统业务，经验积累处于空白，工作难度大、矛盾问题多。这就要求重庆销售员平时要加强研究与学习，通过向同行学、集中培训、交流沟通等多种方式，不断提升业务能力。

分公司积极为转型变革做准备，从政策宣贯、实地参观、知识储备、培训教育等多方入手，组织该站经理赴两江双溪加氢站现场学习，参观原材料、制氢、储氢、销售、充装现场，对制氢、氢气压缩、氢气储存、氢气罐装加注等设备和操作流程有了近距离接触和了解，为丝路加氢站项目投运后的运营管理做足准备。同时，要求加油站不仅做好当前的业务经营管理工作，更要从长远角度为行业转型打好基础，做好准备，多思考、多储备、多锻炼、多创新，争做“多面手”，争当“急先锋”，为未来市场竞争夯实基础。

下一步，分公司将继续优化完善终端销售网络布局，抢抓先机，不断拓展合作深度广度，引领带动更多传统产业升级，发展新经济、培育新动能，为地方产业绿色高质量发展贡献石油力量，为重庆销售建设基业长青的一流综合性能源销售服务商做出新的更大的贡献。

三、高质量推进电能业务　打造企业发展接续动能
——中国石化江苏石油分公司加速推进充电业务

为贯彻落实习近平总书记关于“四个革命、一个合作”能源安全新战略的要求，中国石化江苏石油深入贯彻落实集团公司党组部署要求，进一步明确“综合能源 + 综合服务 + 数字经济”的发展目标，大力实践“稳油、扩气、增电、推氢”建设综合能源服务体系的可行路径。

江苏石油积极拥抱电动革命，2018 年开展充电合作业务，2022 年获得系统内首批充换电建设和运营资质，正式启动自建自营充换电业务（见图 6–6）。2023 年 9 月，江苏石油成为中国石化首家累计充换电量超亿千瓦时的企业。2024 年 1 月，江苏石油与万帮数字能源股份有限公司合资成立“中石化万帮新能源（江苏）有限公司”，在全省建设运营 8500 余个充电位，率先成为省级头部充电运营商，标志着江苏石油推动

传统能源供应商向综合能源服务商转型迈进了坚实一步。

图 6-6 江苏石油开展充电业务

为加快电能业务领域布局，江苏石油积极探索并确立了“源网荷储桩、充放换售场”电能业务发展思路，将充电业务精准定位为“综合能源服务商的转型平台、综合能源＋综合服务新增客户的引流入口、电力资源聚合商的网络基础”。

（一）深刻认清转型大势，找准业务发展定位

1. 完善领导组织

根据江苏石油新能源业务发展的新任务、新要求，公司成立新能源领导小组和四个专业工作小组，主要领导担任领导小组组长和副组长，相关部门负责人任专业小组组长，厘清工作职责，跨部门高效协同，形成工作合力。各地市公司相应成立了新能源工作小组，地市公司一把手任组长，抽调各部门精兵强将组成工作专班，实现兵团作战，快速抢占市场、快速决策。

2. 加强政策研究

一是加强对国家、省和各市新能源汽车推广政策的研究，及时跟踪新能源汽车产业、电池产业发展动态，深入研判电动革命的冲击影响和电力市场改革大势，开展专题调研分析，形成了《关于推进江苏公司电能业务的调研报告》和《新能源转型发展对企业安全管理的挑战及策略》的课题报告，为电能业务的高质量发展奠定坚实的政策和理论基础；二是广泛调研产业链头部企业，主要领导多次赴电能产业链企业调研，开展企业座谈

和交流，了解和跟踪电动汽车和电池产业最新发展动态，组织地市公司一把手赴先进场站学习，积极汲取发展和运营经验。

3. 强化顶层设计

在多层面调研论证的支撑下，公司制定出台了《关于加快充电业务高质量发展的实施意见》，对充电业务进行全面、科学的部署和规划，将充电业务定位为综合能源服务商的转型平台、综合能源 + 综合服务新增客户的引流入口、电力资源聚合商的网络基础，以充电业务为起点和切入点，全方位介入“源网荷储桩、充换放售场”电能业务市场，明确了深入研究电能业务方向，实行快速扩张战略，强化顶层设计，向产业链顶端延伸，实现“率先建成省内头部充电运营商和第一直营平台”的目标。

（二）充分整合内外部优势，抢占充电业务发展高地

1. 对外强化合作，争取最佳发展条件

一是利用良好的企地关系优势，主动与工信、能源、城管、电力等职能部门对接和沟通，一方面宣告中国石化进军充电业务的决心，另一方面寻求政策和资源支持。二是主动对接集团驻苏企业，了解他们通勤车及员工私家车用电需求，以及企业内部可挖掘的场地资源。三是通过前期市场排查和梳理，集中力量密集拜访文旅、医院、地产等企业，积极推动多地市与交投、城投的合作平台，快速进入充电业务并抢占优质场地资源。7 月 12 日，与盐城市政府签订共建绿色低碳发展示范区合作备忘录，成功锁定亚洲最大中汽研测试实验场的充电业务合作。

2. 对内苦练内功，锚定发展目标不放松

一是绘制“路线图”，完善工作流程。为缩短审批流程、快速决策，江苏石油进一步明确了省、地市公司集中会战的工作流程，专业工作小组建立周例会制度，前置集中会审建设发展项目，加强项目效益测算的把关，提高决策效率。二是用好“指挥棒”，制定充电业务网络发展考核与奖励办法，明确了各地市年度发展任务指标、奖惩标准、分配原则等，充分调动各级人员积极性。三是树立“风向标”，建立通报机制。将各地市公司发展和建设进度进行周通报、月总结，通过公开排名激发地市公司精气神。

（三）强化底线思维，提升充电业务管理水平

1. 强化安全底线思维，确保新业务本质安全

一是严格按照充换电项目验收标准组织验收，高标准高要求，从源头

确保工程建设质量。二是尽快建立严格和完整的安全管理体系，下发《江苏石油分公司充电场站 HSE 管理规定》，并组织学习和落实。在实施过程中结合新业务特点不断调整和优化。三是常态化组织全覆盖式的充换电站安全隐患排查，针对电动汽车着火事故强化应急演练，以查促改，消除安全隐患，以练为战，提升实战能力，扎牢安全“篱笆”。

2. 扎牢管理基础，提升管理运行能力

一是明确站外站现场管理责任人，站外站管理办法明确现阶段站外站使用“网格化管理”模式，依托现有加能站管理团队，由 5 公里范围内距离场站最近的加能站经理负责日常管理，同时明确是站外站运行管理的第一责任人。二是省公司发挥统领作用，进一步强化顶层设计，完善制度和办法，指导地市公司落实建设、运营、考核等责任，构建齐抓共管、协同推进的工作格局。三是地市公司探索建立区域充电设备专业维保队伍，提升设备维保能力。四是省公司和地市公司开展多样化营销活动，打通成品油、易捷服务和充电业务会员体系，实现主副业互融互促、互相引流，提升客户满意度，增加客户黏度，提升充电桩利用率，提高投资回报率，提升经营创效水平。

3. 全方位赋能，锻造充电业务人才方阵

深挖现有人才队伍潜力，围绕电气工程、市场开发、电力贸易等业务的需求，组建专业人才库；用活“揭榜挂帅”，以项目课题为驱动，释放人才活力，加强对需求侧响应、虚拟电厂等“无人区”业务的探索应用，以创新打造企业发展新的闪光点；制定“人才引进计划”，遵循“专业对口、按需引进”的原则，通过社招、校招组织优秀专业人才引入；搭建学习平台和激励机制，调动各级员工升级赋能学习的积极性和创造性，为公司电能业务发展提供源源动力。

（四）强化新思维，推动充电业务高质量发展

1. 坚持用户至上思维，不拘一格开展营销活动

进一步强化互联网思维、平台视角，构建“以客户为中心”的一体化营销体系和运营机制，更专注于理解客户需求，加强客户消费行为分析，更注重对服务提升的研究，在洞察客户需求的基础上，匹配差异化的营销与服务。在强化运营和营销上下功夫，打通“油—电”“服—电”互动通道，形成“充电 + 综合服务”新业态（见图 6–7），构建差异化竞争优势。开展多样性营销活动，实现客户拉新、留存、促活和转化，提高充电设备利用率。

图 6–7　多台车辆正在江苏石油充电场站内充电

2. 深化生态思维应用，配套易捷服务协同发展

围绕“易捷 + 电”服务理念，打造综合业态。站外站完善充电场站便利店、洗车、自动售卖机等配套设施，以及汽车展示与销售、保险等配套业态，打造电动车主“半小时充电圈”。站内站大力拓展综合服务，引导充电客户进入便利店休息消费，打通加油卡充电功能，推广充电积分洗车业务，为运营车客户提供餐饮服务。

（五）积极介入电能业务，通过创链实现新突破

在设备、技术、管理上与头部企业合作，形成产业链要素创新。国家正在构建新型电力系统，江苏石油积极探索打造“光储充放”一体化电站，整合光伏、储能和微电网资源，向负荷型聚合商转型。整合上中下游绿电资源，深度参与电力市场交易，通过探索推进 V2G 技术，参与需求侧响应、建设虚拟电厂业务系统，向综合型聚合商转变。

未来，江苏石油将进一步推进一批光、储、充、放（V2G）一体化电能项目实施落地，加大力度推动传统耗能企业用户侧储能智慧微电网业务，提高能源利用效率、降低碳排放和加强碳资产管理，为更多客户提供更加丰富的能源配套服务。积极探索打造特定场景下的移动储能 + 车网互动 V2G+ 定制车辆的商业模式，推动石化产品的价值链向上下游不断延伸，为打造能源转型升级、价值多元化拓展，为企业转型和国家能源安全战略而不懈努力。

四、存量规划，以设计赋能增量价值

——中国石油辽宁销售大连分公司星海湾加油站新形象改造项目

什么是存量？任何资产一旦建设完成（包括城市、商场、道路、管线、高架桥等），就立刻成为存量资产。

存量规划，则主要是指面向存量用地的空间规划。在保持建筑用地总规模不变的条件下，通过存量用地的盘活、优化、挖潜、提升而实现高质量可持续发展的规划，其本质是在遭遇空间资源硬约束形势下采取的一种破冰突围之举，是以转变土地使用方式和提高空间资源利用效率为目标的全新路径探索。

当前，城市化发展已步入提质减速阶段。存量时代来临，商业的优化与体验再升级已逐渐成为项目焕发新生与持续性运营的新起点。加油站作为汽车生活的核心公共服务场所，如何洞察新时代下汽车消费者的理念与习性，布局新场景、开发新商品、延展新服务、创造新体验，打造油品销售“综合能源服务站”和“人·车·生活”生态圈，是每座加油站突破自身发展瓶颈、实现换档升级的关键。

（一）改造背景

1. 曾经的加油站“顶流”，成为制约高质量发展的短板

辽宁销售大连分公司星海湾加油站（见图 6–8）的地理位置十分珍稀特殊。它位于亚洲最大的城市广场——星海广场东侧，广场周边的住宅楼盘均为大连楼市首屈一指的高端项目。

作为销售系统名副其实的销量冠军站、运营明星站和管理示范站，星海湾加油站以极高的经营业绩水平享誉油品销售市场，是中国石油大连地区当之无愧的加油站“顶流”。拥有大量的高端客户消费群体是星海湾加油站的又一特征，自销售系统推出 98 号汽油以来，该站曾多次刷新全省销售纪录，赢得了令人瞩目的耀眼成绩。

然而，星海湾加油站始建于 1998 年，站内布局原为 6 机 4 枪，加油机都在立柱里侧，通道窄，场地小，车位少，一到高峰就发生拥堵，加油车辆排到马路上。为保证该站的持续高效发展，分公司先后对其进行过站内扩建、品牌升级、防渗改造等 3 次局部改造。近年来，随着其经营成绩

越发优异，站房布局不合理、外观形象陈旧、设备设施落后、便利店功能发挥不充分等硬件短板带来的限制也日渐突出，逐渐成为制约其高质量发展的严重短板，亟待解决。

图 6–8　改造后的星海湾加油站

2. 星海湾加油站成为新形象升级试点

2023 年，销售公司下发中国石油新形象标准，辽宁销售选取了星海湾加油站进行新形象升级试点。在辽宁销售的指导下，大连分公司以中国石油最新建设标准为蓝本，以建设销售系统最红明星加油站——“长江以北，星海最美”为目标，于 2023 年正式实施了星海湾加油站新形象升级改造项目。该改造项目充分融合了加油站经营管理中的实际需求，采用先进技术，融合艺术元素，优化项目管理，最终呈现出该站领先于销售系统的改造效果，并形成了翔实丰富的管理经验。

（二）改造流程

1. “以供调需”，“可视化模型”助力设计价值实现

存量站升级改造，其自身往往已经形成了稳定的客户群体和消费习惯。对其升级改造，必须结合项目自身特点予以有针对性的设计，探寻定量土地上的增量空间模式，以用地结构的调整来改善加油站功能结构，实现各方面职能平衡。

2022 年，大连分公司积极响应戴厚良董事长关于数字革命的部署与号召，大胆迈出数字化转型的创新步伐，自主设计出一套营销数据可视化

模型。该模型依托 Power BI 软件平台搭建，适用于中国石油内网环境。目前包含纯枪销售分析、油非转化指标、加油站分时段销量、利润分析等 21 个模块，可实时跟踪纯枪销量、非油收入、价格到位率、毛利率、卡销比等 50 余项经营指标，并内嵌 RFM 客户分析、阿米巴单站价值管理等模型工具，能够充分满足销售企业各个层级的经营分析、横纵对标、创效预测等需求。

2. 可视化模型，缓解加油站现场拥堵问题

彼时，星海湾加油站正处于场地有限、多项促销政策叠加、排队现象严重、取消优惠又担心客户流失的多重困境。分公司营销数据可视化模型研发团队负责人带领团队深入研究，将星海湾站过去七个月的数据分品号、分时段细分，通盘考虑量、价因素，力求量效最优结果。在数字技术的加持下，团队很快发现该站 92 号、95 号、98 号客户群体的到站周期和消费规律并不同步，且有迹可循，具备以分段优惠分流各个客户群的可能性，并最终确定该站采取“周一、三、五让利 95 号主力客户群，周二、六、日开展 92 号促销，周四单设 98 号优惠专场”促销政策并沿用至今，有效缓解了星海湾加油站的现场拥堵问题。

在此次新形象改造过程中，可视化模型再度发力，通过对用户的大数据行为研究、空间智能分析及趋势研究，实现了对客户需求的精准和前瞻性洞察，进而为项目的设计定位、动线规划、空间尺度等提供决策依据。

3. 存量改造绝非简单概念叠加，抓住重点才有出路

自项目立项以来，大连分公司累计召集 12 次专业评审会议，主要领导牵头，充分征求站经理、员工、管理团队、机关专业线的需求意见，力求将提升经营潜力和改善生产生活条件的需求充分融合到设计方案中。

在流量为王的时代，内容决定时间，时间决定消费。在过往的项目中，参与方案比选的评委来自不同专业，晦涩的工程图纸往往让人难以理解，完工后不满足预期导致事后返工的情况时有发生。为最大限度缩短工期、节省成本，分公司项目管理团队采取了建筑信息模型（BIM）工具进行方案比选和施工图审核，即项目管理团队按照设计单位提供的方案、施工图，由技术人员使用建模软件进行虚拟建设，在虚拟建设中遇到的问题，往往就是实际建设中可能存在的问题。通过这一工作方式，项目团队大幅减少了图纸错漏问题，并使项目最终呈现效果与评审通过的效果图几乎完全一致，取得了良好的管理效果。

从加油机、裸眼 3D 屏到龙头地漏、瓷砖墙面，均由项目管理团队把关，压实具体选型选材，避免施工单位私自降低建设标准；统筹协调各设备材料生产到货排期，做到场外预制、同步生产、集中到货安装，等等方式，不一而足，最终达到了该改造项目成本最小化、效益最大化的目的（见图 6–9）。

图 6–9　改造后的星海湾加油站

4. 实现施工全过程记录，为后续项目留下管理经验

大连分公司对加油站停业改造设有完整管理流程。根据客户分流方案，选取替代站点做好承接准备，提前做好客户沟通，现场设有分流告示；对加油站原有设备资产进行技术判断，按情况选择留用或调拨；管理团队安排人员全过程值班值守，做好现场安全管理过程监控；现场装设 2 部远程摄像头，实现省公司远程施工现场检查；安装 2 台延时摄影机，实现施工全过程记录，为后续改造项目留下丰富管理经验。

（三）改造效果

1. 新元素：结合地域特色提升顾客体验

星海湾加油站在改造过程中，将都市的时尚元素和海洋文化相融合，在便利店外墙，选用了国内最先进的 LED 模块，打造了极具视觉冲击力的东北地区首座站内裸眼 3D 大屏，可根据时令、促销展示不同内容，烘托各类主题氛围，提升客户体验和消费意愿，在迎检、迎宾、对外活动等场景中，起到较好的展示效果；将“海洋”作为灵感的来源，以流线、动感、韵律、节奏的形式来表达海洋的各种形态。站房墙面设置多条冲孔式灯带，模仿海浪波纹设计，在夜间赋予加油站“灵动之感”。智能罩棚照明设计可根据现场车辆多少、停靠位置自动调节灯光，从而提高照明效率，降低能耗，减少维护成本。便利店内舒展的弧线形灯光可在多种色系间随意切换，便于配合季节、节日营造不同的室内氛围，在营造丰富的视觉体验同时，也为提升商品的“颜值”做出贡献；一楼的网红玩偶 IP、二楼楼梯拐角处的艺术画作，吸引消费者驻足，实现强 IP 引流，进而刺激消费。

无论黑夜白天，在多样的光影效果和消费场景叠加下，油站内外组合成了丰富的空间层次，以“IP+ 场景”双维度构筑出满足消费者多元需求的美好生活场景，极大提升了消费者的购物体验。

2. 新空间：动线改造为油站赋予全新生命力

在便利店（见图 6–10）设计中，内部流线占有重要地位，它的合理规划与运营成败息息相关。改造后，星海湾加油站营业面积从原有的 120 平方米增至 190 平方米，增幅近 60%。便民卫生间面积从原有的 15 平方米增至 35 平方米，增幅 130%。优化员工与客户分区，让员工享有独立休息空间，舒缓工作疲劳。

图 6–10　星海湾加油站改造后的便利店

同时，在实现空间利用率最大化的前提下，分公司还聚焦动线整体性、平面可达率、空间视线连接、特色区域进行规划：一层设大面积便利店、独立餐饮外包区、客户休息区，二层设加油卡业务厅、星级卫生间和室外露台，增设了休闲互动区、时尚打卡点、大客户休息室、自有商品专区等，并预留了两个60平方米室外露台随时配合营销主题搭建临时场景、营造促销氛围。流畅动感的线路设计在赋予消费者体验感的同时也平衡了便利店的运营需求，创造出一个富有特色和生命力的全新体验场所。

3. 新功能：现场运营及服务效率极大提高

升级改造后，星海湾加油站现场采用新型单元组合式加油机，6台6枪加油机实现了任意车位的全品号覆盖，车主停车更自由、员工引导更方便，从而有效提升现场通过率；加油枪、胶管采用新型材料，重量较传统部件减轻2/3，让加油站员工尤其是女员工更加省力，让广大车主的自助加油变得更加轻松；加油机设有多媒体触屏、双声道对讲等功能，方便员工实时掌控现场、提升服务；全站配套安装“三次油气回收”装置，确保加油站全面符合各项HSE现行最高标准，切实践行中国石油绿色低碳环保理念；加油机内增设“可燃气体报警器”等新设备，为进站顾客提供安全、环保、绿色、放心的消费环境。

五、万里国道加能站“蝶变”之路

——中国石化上海石油分公司青卫油氢合建站

万里蜿蜒的318国道，一头是国际大都市上海，另一头是西南边陲日喀则市。在这条景观国道两侧沿途，诸多红色的中国石化加能站日夜为奔波路上的车友倾情服务，为百姓群众的美好生活加油助力。

上海徐泾镇被冠以万里国道第一镇的称号。中国石化上海石油青卫油氢合建站就坐落于此，是318国道起点的首座综合加能站，为出发前往全国各地的车辆提供加油、加氢、购物服务，也为来自四面八方的车友提供周到、暖心的服务，不断擦亮添彩中国石化的金字招牌。

远远望去，青卫油氢合建站红、蓝、白三色罩棚檐口惹人注目，右上方的氢能标识十分抢眼，绿色环保主题墙彩绘鲜艳亮丽。整洁优美的环境、充满活力的形象，是青卫油氢合建站给来到加能站的客户的第一印象（见图6-11）。

每座站都有它的故事，而回顾青卫油氢合建站的“蝶变”历程，正是中国石化品牌故事在加油站的生动演绎。

图 6-11　青卫油氢合建站全景

（一）戴上“红帽子”，开启新提升

青卫油氢合建站始建于 2001 年，设计建造时是一座社会加油站。该站投运次年，上海石油便以整体收购的方式将该站收至麾下，戴上了中国石化的“红帽子”。该站成品油零售量便开启了一路高歌猛进模式。到 2011 年底，青卫油氢合建站的成品油日均销量就从 3000 升攀升至近 35000 升。十年时光，该站销量增长超过 10 倍，接近于万吨级加油站。

据首任站长吉建明介绍，当年成为中国石化 2 万余座加油站之一后，该站实现了质的变化，品牌效应更加凸显。该站依托大虹桥开发区的独特优势，且距离沈海、沪渝、京沪等高速公路不远，来自全国各地的车友慢慢成了该站的忠实客户。同时，加油站通过开展“百日竞赛活动”等服务提升行动，实现了加油流程规范化、日夜营运标准化、优质服务个性化，销量一路飙升。

2000 年初，徐泾地区依靠优越的地理位置，加之交通运输业迅速发展，形成了大型物流运输基地。当时，很多物流大中型企业相信中国石化的信誉，觉得中国石化的油品质量、计量有保障，还有定点的积分加油优惠，且持有中国石化的加油卡可以实现“一卡在手，畅行全国”的无忧体验，纷纷定点到该站加油。为了更好地服务客户，该站提供代保管中国石化加油卡服务。诸多交通物流企业有着数十张甚至上百张加油卡，都需要一一对应车牌号加油。该站就像大管家一样，帮助这些大客户管理着加油业务。就这样，客户放心、员工满意，成就了该站销量增长的首次“蝶变”（见图 6-12）。

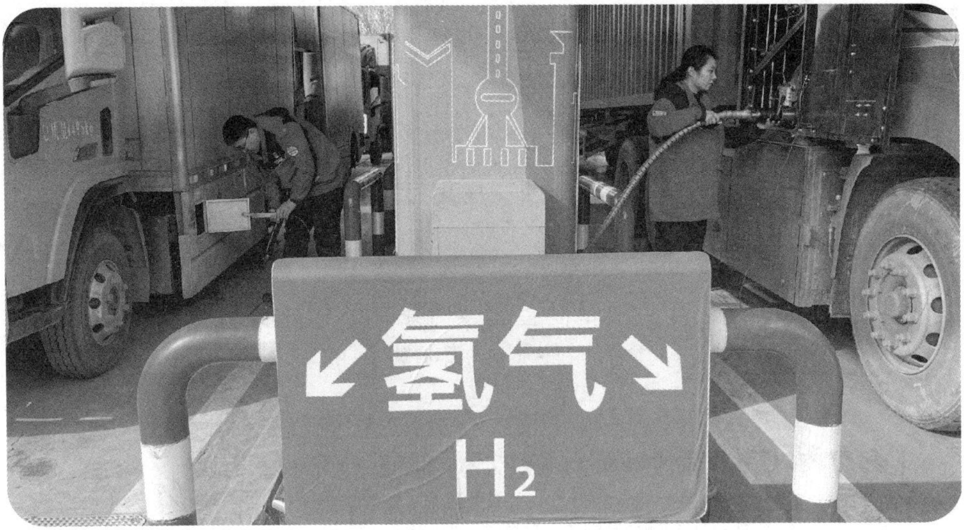

图 6-12 加氢服务优质，客户满意而归

（二）引进“非油品”，实现再飞跃

2008 年底起，中国石化在加油站开设了易捷便利店，全面打造汽车生活的驿站，为车友及百姓购买生活物资提供方便，搭建“人 · 车 · 生活”生态圈。青卫油氢合建站是上海石油首批开设易捷便利店的加油站之一。这对于该站而言，相当于开启了第二次的“蝶变”历程。

刚开设便利店时，该站的商品不算丰富。当时，该站的柴油销量已达到加油站总销量的三分之二，进站消费以卡车司机居多。便利店开门迎客后，方便面、火腿肠等速食商品成了畅销品。车友们也对该站夏天有冰镇饮料、冬天有姜茶热饮的周到服务赞不绝口。

在接下来的便利店业务运营中，青卫油氢合建站的易捷便利店严格遵循中国石化万店无假货的非油品经营原则。这也深深烙在了车友及周边居民的印象中，每一滴油都是与承诺的理念一脉相承。

有了非油品业务后，油非互促的营销活动在青卫油氢合建站迅速火爆起来，加油赠好礼、加油送洗车、个人加油卡开通便利店消费功能等吸引了大量客户。该站场地大，能同时停下 10 余辆大型货车。司机们愿意到该站来加油、购物、休憩。

在油非互促效应下，青卫油氢合建站的油品零售量在 2011 年达到近万吨。此后，随着大虹桥开发区的建设及国家会展中心启动建设，徐泾地区的大量工厂企业外迁，大型物流企业纷纷搬迁至 10 余公里以外的华新镇，导致该站的柴油销量逐渐回落。

当年，该站的柴油销量开始下滑。但是，该站周边商务类、服务型企业迅速扩张，公寓社区迎来大量市民入住。同时，该站员工积极走访周边工业园区客户，在加油站进行针对客户的交通指引、供应热饮水、手机充电等多项免费服务项目，使得汽油零售量呈现快速增长趋势。

在柴油、汽油客户的“博弈”转换中，青卫油氢合建站运营的第二个十年，零售柴汽比从 2011 年的 2∶1 逐渐转变为 1∶2，客户群体发生了根本性转变。2022 年，受到疫情防控因素等影响，该站销量骤跌至谷底。

然而，青卫油氢合建站抓住了新能源发展的契机，2021 年建设成为油氢合建站后迎来了第三次“蝶变”。

（三）供应“氢能源”，激发新动力

如今的青卫油氢合建站是一座集加油、加氢、发卡网点、易捷便利店于一体的综合加能站，也是一座服务进博会、服务员工、服务新就业群体的爱心驿站。该站有 19 名成员，响应“双碳”目标号召抢占新能源发展高地，立足岗位、务实创新，努力创建上海石油一流班组，念好“氢、情、亲”三字诀，蓄势激发新动力（见图 6–13）。

图 6–13　合建站蓄势激发新动力

自 2021 年 10 月起，青卫油氢合建站成为上海石油首座同时具备 35 兆帕和 70 兆帕高压氢加注能力的油氢合建站。2023 年 9 月，该站向首款市场化运营的氢能源商务乘用车加注氢气。2023 年 2 月，两辆氢能源公交车在上海青浦 20 路公交线路上试运营。其所加的氢气就来自青卫油氢合建站。这是上海石油首次向城市公交车供应氢气，并不断丰富供应氢能源的应用场景。目前，青卫油氢合建站日加氢量近 700 千克，为实现“双碳”目标做出了积极实践。

近两年，青卫油氢合建站更加走实了“以油育氢、以氢促油”的新路。2023 年，青卫油氢合建站

向各类氢能源车供应氢气量同比增长 176%，油品销量同比增长 29%，已恢复至疫情前 2019 年的水平。

此外，该站在服务客户方面更有亲情特色。数九寒冬天里，站经理张雅婷热情地与客户郑师傅招呼。郑师傅是附近的一个环卫工人，经常会来青卫油氢合建站续水、休息。该站的“爱心驿站”内配有空调、微波炉、小药箱、冰箱，还有沙发、按摩仪、杂志等，可以提供热水热饭、手机充电、应急药箱等暖心服务，专门供环卫工、网约车司机、外卖“小哥”等户外工作者休憩。站经理张雅婷还会组织站里员工包饺子，邀请经常来站的环卫工人品尝。青卫油氢合建站变成了户外劳动者躲避酷暑严寒的温馨港湾。2023 年，该站已挂牌成为上海市总工会的“户外劳动者爱心接力站”，在万里 318 国道起点持续为中国石化品牌增添亮色。

青卫油氢合建站紧紧抓住国家会展中心的展会经济效应，以及虹桥交通枢纽的辐射作用。每逢进博会等各类展会时，该站便会承担起展会期间的各类保障工作，同时会组建保障志愿队伍，并为展会开辟绿色通道。而且，该站还配备了含有 80 多种语言的翻译机为顾客提供道路问询、配置了心肺复苏（AED）急救设备等贴心和周到的服务设施。

近日，上海石油已经启动了利用青卫油氢合建站辅助用房开发新配套服务设施，包括快餐店、自助洗车机、“司机之家”等，将以崭新的姿态服务八方来客。

六、打造综合能源服务站　满足顾客多元化需求

——中国石油安徽销售合肥分公司乌鲁木齐路综合能源服务站

作为安徽省省会，合肥市成品油市场较为复杂，市场竞争异常激烈。合肥分公司隶属中国石油安徽销售公司，现有加油站 83 座。长期以来，合肥分公司坚持解放思想，转变观念，创新驱动，精细运营。2023 年实现成品油销售同比增幅 7%，其中纯枪销售同比增幅 6%；直批销售同比增幅 10%，创历史最好水平；非油毛利同比增幅 54%，利润实现同比增幅 22%；实现加油站开发 3 座，投运 1 座。各项重点工作有序推进、安全环保平稳运行，合肥分公司获得安徽销售公司 2023 年度先进集体荣誉。

面对合肥市新一轮科技革命和产业变革深入发展的新机遇，合肥分公司锁定新能源汽车产业作为“首位产业”，主动顺应能源消费结构变化，优化投资方向，调整开发节奏，投资重点向新能源、LNG 业务和数字化

转型升级倾斜。投运光伏发电项目3座、充电站2座、换电站3座，实现加油、加气与新能源业务多种业态齐头并进、共同发展的新局面。在此期间，合肥分公司选取了乌鲁木齐路加油站作为试点，致力于打造综合能源服务站，满足顾客多元化需求。

乌鲁木齐路加油站位于合肥市包河区乌鲁木齐路与河北路交叉口西北角，是安徽销售公司首座集光伏发电、充电、换电、加油、洗车、购物于一体化的综合能源补给站，也是贯彻落实集团公司“清洁替代、战略接替、绿色转型”三步走总体部署的生动实践站。主要经验做法如下。

（一）强化精准营销，油品迈进万吨序列

乌鲁木齐路加油站于2013年6月正式营业（见图6–14），加油站占地面积6.4亩，现场有4台4枪卡机联动加油机，员工13人，日均服务超千车次。2023年7月20日乌鲁木齐路修路正式通车，2023年油品销量突破万吨，柴汽比0.12。

图6–14　乌鲁木齐路加油站员工正在加油

1. 聚焦客户开发，落实“五走进”

乌鲁木齐路加油站地理位置不占优势，想提升销量，就必须“走出去、请进来”。公里范围内拥有4S店50多家，为了实现客户精准开发，该加油站围绕安徽销售公司“7率3增”总体部署，利用企查查重点摸排潜在客户；通过“五走进”实施“一站一周一客户”；借助“工作宝”工具跟踪拜访等方式，累计成功开发4S店23家。

2. 实施异业联盟，引流新客户

为了扩大宣传范围，与银行、物业等合作，增设站外泉眼11家；自

制海报小样、二维码开展扫楼拉新，替新客算好优惠账，累计引流新客户1200个；广泛宣传汽油4项促销及高频车优惠，成功开发高频车86辆，通过强化客户大开发，大幅提高进站率，实现汽油日均增量3.2吨。

3. 高效服务体系，铸优质口碑

结合“1663服务树”体系，“1”是围绕客户在加油站消费活动路线、“6”是客户经常涉足的6个区域、“63”是员工与客户发生接触的63个点，提升服务质量。2023年下半年，柴油出现短期供应紧张，大量柴油客户涌入，加油站对新来的客户保持办卡加油，实现了让新客留下来；对老客户做到正常保供，让老客户有优越感。由此，加油站成功开发了宝骊物流、创智运输、曼迪新药业、新模范等22家单位客户。目前乌鲁木齐路加油站固定单位客户400余家，月均充值额达到200万元，日均增量约5.5吨。

（二）筑牢非油根基，助推店销稳步增长

乌鲁木齐路加油站便利店营业面积95平方米（见图6–15），销售19大类730种商品，其中烟、酒、家庭食品、包装饮料4大品类收入贡献率达80%以上，2023年累计非油收入近500万元，毛利近百万元，油非转换率32%。

图6–15 顾客在便利店购买非油商品

1. 店面基础优化，四季主题优化

便利店结合4大品类的客户需求，重点开展店面优化，设置香烟专区、组合礼包区，酒类、米油、奶类等专区，结合季节特点，开展主题促销，通过逐渐优化，带动店销收入每天提升约1000元。与此同时，开展

"金秋送爽""迎冬送暖"等四季主题营销，并通过多种组合套餐提高店销。2024年1月，销售礼包780份，增收4.5万元。

2. 深化销售政策，激励员工业绩提升

针对主推商品、畅销商品、高毛利商品、站外大单等设置不同的销售奖励政策，当日销售，当日兑现，让员工"卖与不卖""卖多卖少"不一样；通过强化开口营销，员工收入同比增幅23%，大大激发员工销售热情。如客户购买方便面的同时提醒客户买鸡蛋、鸡爪、火腿等泡面搭档，吃完泡面后口味重，建议口香糖清洁口腔。精准套餐，深受顾客好评。例如，一位员工2023年4月至8月就销售381套，个人创收4500多元，创效4万多元。如此销售，员工每天有目标，每个班组卖2~3个套餐就多挣100多元。

3. 加强精细管理，引流客户能力提升

乌鲁木齐路加油站利用客户跟踪拜访，全面建立客户档案，掌握客户的商品需求，油价变动及时信息送达，顾客过生日送上祝福，通过拓展服务，挖掘潜在的非油客户。成功开发华邦工贸、萨拉尔自动化等13家非油大客户，酒、润滑油、车用尿素等累计增收60万元。

（三）开辟线上赛道，探索油站直播带货

"青年＋人才"当先锋，非油线上业务开辟创新赛道，为青年员工搭建逐梦平台。优选青年讲师团成员、优秀青年主播入队，打造优秀青年直播梯队，精准选好直播"领头雁"，将基层具有主动意识、持续钻劲儿、实践能力强的员工圈定为直播人才队伍，针对这类员工群体"创造力强、表现欲旺盛、拒绝平庸"等个性特点，"不拘一格降人才"，把"直播带货"作为营销人才的重要技能。每逢节假日，合肥分公司均开展线上直播，加油站门店曝光231万次，"中国石油"词条热度突破252万，带货视频曝光高达600万次，汽油日均增量23%，2023年线上业务收入突破千万元。其中，乌鲁木齐路加油站在"五一"直播中，就完成线上销售近百万元。

用最直观的视觉展示商品的特点，通过主播与客户的实时互动，极大地提高了客户的购物体验，利用直播商品价格的即时性、刺激性、优惠性，不断刺激客户加入抢购商品热潮之中，合肥分公司开发企业IP"骆呦呦"外观专利及11个大类百余种单品注册商标获批，并作为首家区外销售企业文化成果，入驻集团公司文化展厅。

（四）建设"工会驿站"，点亮便民服务坐标

充分发挥工会职能作用，扎实推进工会驿站建设。合肥分公司坚持

“党建带工建、工建服务党建”，根据总工会及安徽销售公司总体部署，忠诚履行央企三大责任。2023 年，建设 44 座工会驿站，均由区县工会给予统一授编号、上地图。

乌鲁木齐路加油站面向户外劳动者，聚焦环卫工人、外卖骑手、快递员、出租车驾驶员、交警等户外劳动群体，针对他们吃饭难、喝水难、休息难、如厕难等实际问题，扎实推进“工会驿站”建设工作，被合肥市包河区总工会授予“四星工会驿站”荣誉。“工会驿站”内不仅安装了空调，还配备了电视机、饮水机、微波炉、急救药箱、充电器等便民物品，而且 24 小时对外开放，免费为户外劳动者提供加水、热饭、休息、充电、娱乐等服务，用实际行动传递更多的石油温度，真正成为户外工作者的休憩港湾，全面彰显中国石油在地方的良好形象。

（五）增设汽服业务，赋能客户体验提升

1. 新增 13 座汽服站点，收入超千万元

在加油站开展汽服业务，是丰富加油站功能、提升服务体验、增强客户黏性，构建“人・车・生活”综合服务生态圈的重要组成部分，也是抢抓汽车服务市场商机，实现多元化发展、差异化竞争的重要方式。合肥分公司积极开展洗车、轮胎售卖等汽服业务，深入推进提质增效，提升加油站平台价值，打造综合能源站和便民服务综合体，让加油站“人・车・生活”生态圈更加良性发展。加油站利用各站的闲置场地，打造洗车服务站，深受消费者欢迎，“加油 + 洗车”已成为该站顾客的消费习惯之一，有效带动了油品、非油品销量共同提升。2023 年合肥分公司新增 13 座汽服站点，全年汽服收入超千万元，同比增加 412%。

2. 引入全自动隧道式洗车机，可满足多辆车同时清洗

为更好地服务有车一族，分公司还在乌鲁木齐路加油站进站口侧，引入第三方全自动隧道式洗车机，为客户缔造“最安全、最经济、最快捷、最方便”的服务。根据洗车业务服务定位，加油站开展加油满赠、用移动支付推送洗车电子券活动，积极引流“线上 + 线下”客户群体。同时，结合市场实际情况、油价波动等，动态调整满赠额度，做好客户服务。加油站还提前明确洗车操作流程、对员工进行安全操作培训，以及拍摄洗车视频、编辑推广软文，利用加油站电子显示屏、朋友圈、抖音账号宣传推广，强化线上推广力度。乌鲁木齐路加油站隧道自动牵引，可满足 3~4 辆车同时清洗，3~5 分钟即可完成。目前，日均洗车近 200 次，带动汽油日均增量 2 吨。

（六）加快转型升级，推动能源接续发展

合肥分公司坚持因地制宜，大力发展环保型“绿色加能站”，精准发力，布局“充换电服务”网络。加油、充电、光伏发电等多种业态的有机叠加，助力“双碳”目标实现和地方经济绿色发展。

1. 增设光伏发电，实现节能减排

公司在乌鲁木齐路加油站站房顶上增设光伏发电区，运行模式为自发、自用、余电上传式电网，共安装光伏组件 88 块，将光伏所发的直流电通过逆变器转成交流电，实现并网发电，每年累计发电量约 5 万千瓦时，节省电费约 5000 元 / 年，节约标煤约 17.5 吨 / 年，减少碳排放量约 49.85 吨 / 年。

2. 推动绿色发展，增设充电换电

为落实“双碳”目标，推进合肥能源之都建设，为绿色低碳发展做贡献。一是合肥分公司与国家电网合作建设充电站（见图 6–16），加油站设有 4 台 120 千瓦双枪直流充电桩，单车充满电 40~50 千瓦时，半个小时充电可达到车载负荷的 80% 以上，日均服务能力 80 车次，按照比例分成收益。二是在乌鲁木齐路加油站站房与出站口侧开展换电业务。为充电机仓及换电区，左侧机仓中有 14 块 44.5 千瓦时电池，24 小时不断电充电，服务于江淮电动小型营运汽车，实行全自动更换动力电池，日均换电 60~80 车次。截至 2023 年 12 月底，用电 47 万千瓦时，按照固定租金及换电量收益分成。

图 6–16　乌鲁木齐路加油站开展充电业务

加油站综合能源服务站是能源行业创新发展的缩影，它不仅能够满足现代社会对能源多样化的需求，还能够促进能源的可持续发展。合肥分公

司秉承“绿色发展、奉献能源、为客户成长增动力、为人民幸福赋新能”的价值追求，聚焦油站商圈，聚焦客户需求，聚焦资产运营，促进消费升级，服务美好生活，坚持高质量发展理念，在积极总结经验的基础上，不断完善“一站式”综合服务站，推动加油站综合能源服务站的健康发展。未来，随着技术的不断进步和市场的逐渐成熟，综合能源服务站将在能源供应领域扮演越来越重要的角色。

七、充换电业务量效全省第一
——中石化壳牌充换电业务长足发展

中石化壳牌（江苏）石油销售有限公司（以下简称“中石化壳牌”）是国内首家经商务部批准的从事成品油零售业务的中外合资企业，在苏州、无锡范围内经营管理了306座加能站。公司利用网络优势，2020年以来率先在江苏石油系统开展自建自营模式，积极发展加能站内充电业务。截至2023年底，公司已累计建成运营的充电站28座，设立充电车位270个。2022年6月自有充电平台上线以来，经过1年半的发展，公司目前拥有充电会员客户4.3万个。2023年，公司全年服务客户79.48万人次，平均每分钟服务1.5人次，实现充电量1787万千瓦时，全省贡献率27.7%，充电量规模全省排名第一，充电服务费收益471万元，完成全年创效目标129.3%，收益贡献率41.9%，在江苏石油系统排名第一。

（一）精练技能，实现设施建得快

充电站建设初期，双方的股东方没有成熟的建桩经验，属于在国内第一批“吃螃蟹”的先行先试者。

不会干就向书本学。项目团队成员摸着石头过河，不断在学中干、在干中学，不断加强自身技能学习。学习就是生产力，说干就干！仅仅用了三个月时间，全体项目组成员就通过自学取得了高压证，掌握了系统的高压电用电及安全知识。

不会干就向先进学。从选址测算建设运营开始，到全流程“跟班”学习，再到总结复盘模拟推演积累经验，项目团队积极向国内充电桩龙头企业取经。同时，项目团队结合公司实际情况，研究站内站的评估选址办法、报建和建设流程。公司第一年建设的10台充电桩全部实现当年建设当年盈利。

位于太仓西门加能站内的充电站在建设时，当地充换电市场还是一片空白。先行者往往压力更大，还遭遇前往备案时被拒绝的情况。为此，项目团队反复梳理资料，前往各个审批单位现场办公，一次次沟通汇报详细的建设施工方案、安全条件，打消对方顾虑。在项目组的一再努力和坚持下，各相关部门听取了建设方案并最终审议通过。

该项目既是太仓第一个站内充电项目，也是公司单站枪数最多的项目。该站总占地面积 1700 平方米，配有 24 个充电站终端、40 把充电枪，最快支持 120 千瓦快充，24 小时营业，是目前公司最大的自营充电站。站内集加油、易捷便利店、环卫驿站、洗车和充电于一体。目前，该项目已经成为公司转型升级的一道亮丽的名片（见图 6–17）。

苏州工业园区是公司辖区充电市场最好的区域，同时也是建设难度最大的区域，监管严、立项要求高。项目小组迎难而上，追根溯源，利用自身学到的供电知识，换位思考、反复推敲报批的难点和堵点，整理罗列国家相关政策，陈述其安全合理性，寻求到了权威机构的专业背书，最终获批在加油站建设充电桩，满足了客户大功率充电的需求。第一批两座站开业后，充电量迅速达到 400 千瓦时 / 枪以上，服务费达到 150 元 / 枪，实现了量利双丰收。

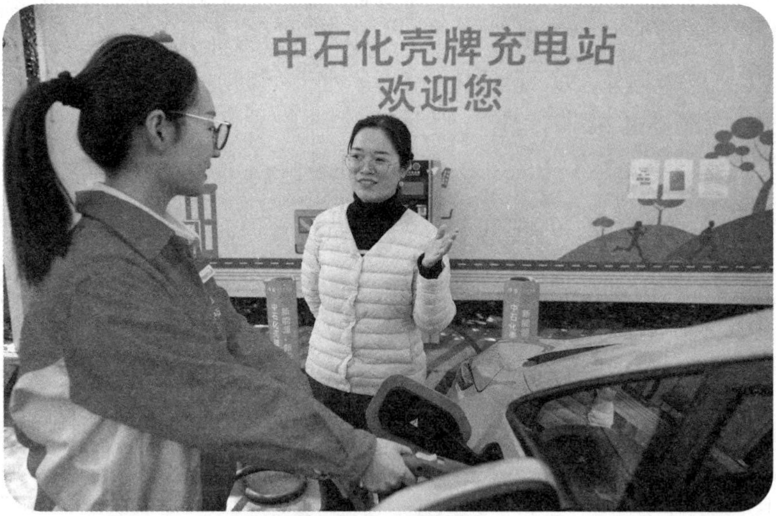

图 6–17　充电方便快捷

（二）精准施策，引客吸流进得来

充电桩建设项目组通过走访调研，发现张家港合兴站附近的大型农贸市场，每天深夜 12 点一过很多运输蔬菜的新能源车辆早出晚归，后半夜充电需求较大。专班全面梳理加能站场地资源，优化站内布局，细化项目选址、备案、立项、建设等工作。公司组织员工走访周边客户需求情况，开展商圈调查，在地图类 App 和充电 App 上更新加能站充电业务信息，加强信息传播，确保充电站建成后能迅速吸引到网约车、物流车等主流客户。充电站上线投营后，通过开展分时电价销售试点，既满足了运输蔬菜车辆的充电需求，又实现了公司充电收益的大幅提高。

苏州海湾站位于苏州高新区，周边有许多新兴企业。站前经常有无人驾驶的电动测试车辆经过。加上该站距离火车北站不足三公里，往来的网约车辆较多。油站经理通过调研分析打开思维，大胆预测、大胆建言，主动与公司充电桩建设项目组沟通探讨，提出建桩申请。经过紧锣密鼓报建、施工、调试，充电桩正式对外营业。充电桩旁边的一间仓库被改造成顾客休息室，里面配备了空调、沙发供车主充电时休息小憩。充电站投营后，环卫车、网约车都成了忠实顾客。

公司针对不少电动汽车车主不是唯一用车的情况，发动加能站经理对前来充过电的车主进行业务群管理，经常在微信群内发送营销信息、油品价格、营业时间等信息，便于同时维护客户的用油、用电需求，吸引更多的“头回客”变成“回头客”。

（三）精心运营，实现客户留得住

货车司机胡师傅从事水果批发生意。自从换了电动汽车，他便成了苏州角直站的常客。角直站是中石化壳牌投营的第一批充电站。该站附近的批发市场内，很多送货的车主更换了电动汽车。角直站便成为很多大巴车和小货车的固定充电场所。该站便利店内设置了休息区，提供热水、手机充电、无线上网等设施，提供盒饭、按摩椅、游戏机等服务，满足不同客户的差异化需求，为客户在充电等待期间提供更好的服务体验。长期往来的“熟客”与该站建立了合作关系。

公司要求，站经理第一时间要做好现场服务和客户答疑，将充电站日常巡查列入油站交班范围，每月不定时对油站进行巡查。公司建立了充电运营管理专项考核办法，每月对充电场站现场管理、环境卫生、客户服务等进行评价打分，将充电站的考核与充电业绩、管理考核挂钩，提升加能站员工服务充电客户的积极性和主动性。

公司将安全作为发展充电业务的前提，加强员工培训和日常应急演练，做到每个员工熟悉充电设备操作和紧急情况处理流程。同时，公司利用合作方大数据和安全平台的优势，对车辆充电情况通过大数据进行比对分析，发生异常情况时主动停止充电。此外，公司落实第三方每月至少1次设备巡检，场站配置安全检测设备，确保客户充电安全。

（四）精细管理，实现业务算得盈

中石化壳牌通过精细管理，积极为客户做好服务，实现业务算得盈。公司每周召开一次价格协调专题会，结合充电业务日报表和财务部门的业务数据，跟踪市场价格变化情况，逐站研究应对措施，开展价格测试，研究量价变化，一站一策定价，与头部充电平台建立沟通机制，掌握整体行业态势，找出当期最优价格策略。同时，积极争取第三方营销资源，开展新客户等专题促销活动，降低营销成本。

中石化壳牌上线充电运营小程序，大力发展自有充电客户。截至2023年底，公司自有充电客户比例达到20%，继续保持不断增长的趋势。公司通过线下问卷和线上小程序，组织开展满意度调查，询问并记录客户的体验感和意见，组织员工向客户推荐充电业务，吸引更多同行、朋友进站充电，提高充电量效水平。

接下来，中石化壳牌将继续坚持自建自营，发展站外充电业务，充分利用社会闲置土地建设独立充电站，并抢抓站外社会资源，发展站外充电建设，租赁停车场，分步建设充电站，不断拓展业务版图。同时，公司将根据网络现状，对充电空白区域进行合理补充，切实提高市场占有率，打造形象口碑。

八、天然气销售业务高质量发展实践

——中国石油甘肃销售分公司加快天然气网络建设典型实例

“双碳”目标下，中国石油集团公司制定“清洁替代、战略接替、绿色转型”三步走总体部署。车用天然气作为传统汽柴油向电氢新能源过渡期间的清洁燃料，仍将有10年左右的稳健增长期。中国石油甘肃销售公司以前瞻性的战略思维开发研究天然气业务，健全完善配套业务，加快天然气网络建设，取得了显著成效。

从2018起，公司开始布局LNG网络（见图6-18），LNG销售量随着销售网络的持续完善呈逐年增长趋势，实现了“一条主通道、一个中心区、九条连接线”的网络全覆盖。公司始终把巩固和提升市场份额作为一切工作的主线，一手抢抓网络建设机遇，一手严控项目开发成本，以轻资产模式加快推进油气网络建设，着力打造集团公司直炼资源最主要、最稳定的创效渠道，夯实销售业务扩销增效、稳健发展的基础。甘肃销售通过推进“自营零售 + 点供直销 + 社会站配置”批零一体化营销，加强客户档案管理，健全完善市场快速反应机制及资源补充保供机制，实施 LNG 进销存价每日动态监测，建立西部 7 省市对标分析机制，主动协调液厂调控损耗标准，2023 年天然气销量同比增加 13 万吨，在宏观政策调整、市场竞争加剧、新能源冲击等多重挑战和压力下，实现了天然气业务的量效齐增。

图 6–18 甘肃销售加气站

（一）抓住网络开发主动权，着力做强终端网络

甘肃销售积极探索开发模式，针对战略性市场，畅通多元化渠道，密切关注城市规划和道路建设，瞄准高速服务区、城市和高速出入口、国省道交通节点等关键市场，重点采取自建和合资模式，按照“储备、开发、建设”梯次，提前将项目纳入资源库管理，全力保障重点项目一个不丢。

为做好“十四五”规划，赢得未来五年网络开发主动权，公司用“网格化”思路排查市场，详细评估网络和市场的现状，确定控制关键点和交通节点，分区域、有重点地规划布点，完成了全省总规划和市州、高速公路 15 个分规划。在此基础上，深入协调、配合省市两级政府，做好规划编制，并主动对接融入和服务地方规划，下好“十四五”网络开发的先手棋，抓住网络开发的主动权。

通过抢抓甘肃省 13 条高等级公路建成通车、新增通车里程 3264 千米的机遇，与合作伙伴协同配合，取得了多个合资项目，与中建、中铁建集团签署战略合作协议，打开了 PPP 项目配套油气站建设的突破口，持续深化与地方国企合作，与临夏城投成立合资公司，锁定多个加气站建设项目。同时，公司组织专业队伍，深入调研重点道路 LNG 市场，专题研究关键节点，规划了由点到线、迅速成网的战略布局，依托现有的服务区及国道加油站建设加气网络，强力介入蓝海市场。

（二）严考核硬兑现，精益管控投资成本

公司坚持将成本控制融入网络开发、建设、考核各关键环节，厚植成本优势、汇聚发展动能。经过反复论证新开发项目，认真测算成熟项目，摸排优选，分步有序推进，对无效项目，坚决放弃，对短期增量不明显的项目，放缓建设步伐，优化利用有限资金用于新开发项目。针对土地成本占比越来越高的实际现状，以控制地价和面积为切入点，千方百计压控成本，对外加大沟通协调力度，做好前期准备，对内加大考核力度，将地价超预期调整概算、征地面积和有效使用率纳入考核，征地面积和可研销量直接挂钩，有效使用率以扣除代征土地不得小于总面积 75% 为限，进行严考核硬兑现，从源头上控制规模。

在成本管控方面，公司一是将设计优化作为方案审核的重点，严格“分公司 + 处室 + 专业评审”三级审核制度，在满足使用功能、提高运行效率的前提下，严控投资规模。二是优化审计费计费规则，制定阶梯取费制度，超审减部分的审计费由施工单位承担。三是对标前期费用，向标杆看齐，压控接水、接电、道路开口、土地整理等受行业控制的项目成本。

为有效利用闲置资产，公司成立资产清查小组，全面清查实物资产，对土地建立电子档案，分类管理。结合网络发展五年规划，积极主动开展闲置土地盘活再利用，资产有效瘦身的同时，获取新增项目的建设指标及土地的优惠政策，激活了闲置资产的“隐性”价值。在油站改造中，根据设备折旧、运行效率、维保费用等条件，充分论证，采用修旧利废、大站调小站、拆件备用等措施，实现废旧设备二次“复活”。

（三）加快配套标准建设，取得行业领先水平

2020 年 10 月 26 日，公司《加油与 LNG 加气合建站、LNG 加气站建设标准》《车用燃气质量计量管理手册》正式发布，标志着公司在标准化管理方面取得了行业领先水平。2022 年，率先编制发布《中国石油成品油库、站分布式光伏系统低成本建设实施指导意见》，为销售系统开展项

目应用提供了技术指导。

公司秉承“开拓高效市场、发挥品牌效应、提升业务效益、巩固主导地位”战略，通过总结近年来LNG加气站建设的成功经验，以“方案最佳、成本最优、效果最好”为导向编制了《加油与LNG加气合建站、LNG加气站建设标准》，从设计、建设、运营到维护环节充分体现经济、安全、实用理念，有效推动公司LNG加气站的开发建设达到“标准化设计、模块化建设、集约化采购、规范化管理”要求，实现“统一形象、扩大品牌、规范建设、控制成本、提高效益、强化管理”的目标。

《车用燃气质量计量管理手册》涵盖LNG、CNG等加气业务质量、计量管理要求，明确了加气业务从入库、储存、销售等各环节质量计量控制标准和管控措施，填补了销售板块在该业务管理制度上的空白，成为甘肃销售强化加气业务质量计量管理的纲领性文件。此外，公司在2021年6月1日，成功承办了销售公司LNG加气站安全风险防控培训班，重点围绕LNG营运、特种设备使用管理规则、LNG加气设备操作与维护保养、LNG站日常运行及管理等专题（见图6–19），向其他销售企业相关业务人员进行知识讲解，为天然气业务高质量发展提供了智慧方案。

图6–19　甘肃销售公司员工对LNG站日常管理

（四）健全完善天然气客户档案，全力稳客增客

下一步，公司将依托现有天然气网络，开展商圈、线路及需求分析，健全完善天然气客户档案，针对性制定营销方案，全力以赴稳客增客、扩大销量。

强化量价分析，完善比价模型，优化选商与购进节点，深化气非互促营销，切实增强终端创效水平。紧盯资源、配送、工艺流程和设备等关键环节，加强业务运行和营销策略研究，着力提升风险管控能力。立足省内市场实际，提前抢抓重大政策机遇，进一步完善网络规划，加快推进网络攻坚。超前谋划拓展产品服务，持续优化建站设计，深入研究站内布局，不断提高服务功能兼容能力和土地使用效率。坚持事前算赢、注重投资回报，做到数量与质量、规模与效益相统一。坚持不求所有、但求所用，加快推进合资公司项目落地，轻量化方式拓展网络，实现油气网络的一体化协同发展。

九、夯实油站五大基础　提质增效再建新功
——中国石油辽宁销售锦州分公司贵州路加油站高质量发展

辽宁销售锦州分公司贵州路加油站在锦州市内主干道解放路和洛阳路交会处，是一座五星级加油站。始建于 1977 年，是锦州分公司的第一座加油站。贵州路加油站（见图 6–20）占地 1600 平方米，共有 6 座加油岛，有 6 台 6 枪汽油加油机，共 36 把加油枪，日均注油量 31 吨，日均接待油非顾客 2000 余人。贵州路加油站是锦州分公司汽油销量最大的加油站。

图 6–20　贵州路加油站全景

贵州路加油站距离锦州大润发和家乐汇大型商超 1.4 千米，距离中化道达尔解放路加油站仅 1.2 千米，市场竞争异常激烈。多年来，贵州路加

油站全体员工迎难而上、团结拼搏，坚决夯实客户管理、现场管理、非油店销、单站薪酬和技能培训五大基础，贵州路加油站在高质量发展征途中不断迈上新台阶。贵州路加油站获评集团公司“百面红旗加油站”和全国青年文明号，被辽宁销售公司评为先进加油站。

（一）强化客户管理，夯实发展根基

1. 针对老客户当好客户“管家”

贵州路加油站帮助大客户查询打印消费记录，定期用短信提醒客户开具发票，节假日主动上门回访，积极为客户排忧解难，不断优化客户消费体验。例如，锦州一家大公司是贵州路加油站的重点机构客户，去年夏天这家单位管油的负责人在贵州路加油站自助加油后，忘记退卡就离开了。贵州路加油站经理千方百计，最终为其找到了加油站卡。为此，这家重点机构便成了贵州路加油站的忠实客户。

2. 开发新客户，要坚持不懈

之前，贵州路加油站了解到一个常年在社会加油站加油的政府部门准备更换加油点。看到执法队在政府采购网发布招标公告后，贵州路加油站认真准备，虽然前两次招标都因不足三家流标了，但贵州路加油站严谨认真的态度得到了执法队的认可。贵州路加油站始终坚持不懈，最终打动对方。现在这家政府部门 37 台车都在贵州路加油站定点加油，带动油品增量 100 多吨。

3. 针对零散客户，微信群进行差异化管理

贵州路加油站把零散客户、固定大客户、“10 惠”客户、使用 98 号汽油客户和经常购买非油商品的客户分别拉入“VIP 尊享群”“回头客优惠群”“每月 10 日聚会群”“高端贵宾群”“昆仑美好生活群”5 个微信群。每天通过“VIP 尊享群”添加客户，根据其消费习惯和关注问题进行群转化。同时，贵州路加油站将暖心服务融入工作日常，主动为进站车辆擦拭车窗、清理车内垃圾等，得到了广大车主的好评点赞。

（二）优化现场管理，提升服务水平

1. 科学排班，优化劳动力布局，提高通过率

通过率一直是贵州路加油站的“隐性短板”。贵州路加油站位于两条主干道交会处，四面八方都可以进车。表面上看似乎进出方便，但实际上因为进出口不明确反倒容易拥堵。

贵州路加油站进行了“五个优化”：一是早晚高峰时段多安排两名加

油员在现场付油，提高加油效率，缓解早晚高峰工作压力。二是每天早8时到晚6时，安排加油站室内营业员轮流到现场加油。三是把摩托车引导到外侧空闲加油岛加油，提高低效油枪使用率，缓解高效油枪加油压力。四是在中午换班就餐期间和临时高峰时段，员工根据需要随时到现场引导车辆、帮助加油。五是向排队的客户推荐电子卡移动支付，让客户减少排队等待时间，助力车辆的顺畅通行，提升现场通过率。

2. 明确要求，守牢底线，真抓真管真奖惩

贵州路加油站员工都有自己的卫生责任区，维护站容站貌是每位员工的责任。便利店也建立责任制，每个货架都有明确的责任人，上货、补货、价签、保质期“全负责”，出现问题“负全责”。同时，加油站站长把对员工的要求简化成大家都能做、都能坚持做的“底线规矩”，要求大家必须做到，做得好的有表扬，做不到的有说法。比如，现场安全巡检必须真到位、真检查、真记录。站长每周都不定期抽查两到三次，把监控录像和巡检记录进行对比，有效防止了巡检“人到心不到”的“走过场”。

（三）做强非油店销，提高创效能力

1. 总结经验，按需选品

贵州路加油站根据客户群特点、周围竞争对手情况、往期销售榜单、公司当季活动和员工销售能力进行综合评估，科学选品订货，保证货品有销路、库存不积压。此前，分公司开展的加油换购活动中，贵州路加油站根据综合评估结果大胆订货取得了喜人成绩。

2. 升级堆头，常态管理

精美的商品陈列自己会说话。此前，锦州分公司精选10座站打造非油样板站，贵州路加油站就是其中的一座。加油站重新规范了商品陈列，设计了特色堆头，增加了锦州特产商品专题陈列区，形成了标准陈列常态化管理机制。

3. 逢人开口，挨个尝试

贵州路加油站日均提枪1200笔，加上进店买非油商品的顾客，相当于每天服务2000多人次，这为开展非油业务提供了肥沃土壤。员工抓住机会，不给客户的消费能力和需求“算卦”，逢人就开口，“广撒网”挨个试，大家一齐积极做强非油店销。2023年，贵州路加油站销量两次在市直管理团队28座加油站中位列第一。

（四）单站薪酬赋能，积累永续动力

贵州路加油站把有限的资源向提高效益方面倾斜，制定了科学合理的薪酬分配机制，让员工更有奔头，实现销量和员工收入双提升的良性循环。比如，根据公司重点工作确定薪酬二次分配方案。全员讨论，分解任务指标，做到人人身上有任务，人人身上有指标。每周复盘，查进度、查落实、找差距，及时纠偏。薪酬分配方案细化到每一项工作都有激励机制。同时，要求员工记好“薪酬一本账”，每天登记油品销售、非油销售、单项考核奖励事项。员工每天都能算出当天的薪酬数额，引导员工牢固树立工资是挣出来的理念，增强扩销增量的积极性、主动性和创造性。

（五）做实技能培训，建强员工队伍

1. 月月抓培训，入脑入心入行动

贵州路加油站针对本月促销活动开展专项培训，为加油站进货和营销提供支持。同时结合每月“10 惠”电子券发放活动，多角度、全方位地开展加油站现场服务和开口营销培训。加油站全员（见图 6–21）参与培训学习，重点掌握电子券的推销和使用技巧，确保客户若有疑问，张口就能答，回答必须准。

图 6–21　热情洋溢的加油站员工

2. 经理做示范，带头打样树标杆

随着加油站进入 3.0 时代，电子卡成为维系顾客的重要抓手。贵州路加油站通过开卡、换卡、用卡、“10 惠”储值，一条龙跟进服务，用电子

卡把客户引来、挽回、留住。加油站不断掀起电子卡办理热潮，发卡计划完成比在锦州分公司月度排名中多次位居榜首。

3. 培训更简化，互学互助同进步

贵州路加油站制订了“每周一句”培训计划，让员工一周时间重点练习一句话术。一周一句，负担不大，天天都说，越说越会说，越说越爱说，渐渐地，开口营销话术成了员工的“口头禅”。同时，该加油站积极执行锦州分公司制定的周二例会制度，在这一天里全体员工按时到站，重点做好卫生清扫、安全培训、重点工作宣贯、阶段工作复盘和制定工作计划，全体员工畅所欲言，一起为建设锦州分公司精品示范大站贡献智慧和力量。

力量源于团结，事业成于奋斗。2023 年面对市场竞争逐年加剧、成品油资源过剩等严峻形势，贵州路加油站全体员工稳扎稳打取得了喜人成绩。2024 年，贵州路加油站将以更高的标准继续夯实客户管理、现场管理、非油店销、薪酬分配、培训赋能五大基础，团结一心、负重前行、危中寻机、铆足干劲，继续为企业的美好明天而奋斗打拼。

十、吊堡家服务，家人在高速

——中国石化贵州贵阳石油分公司首座高速加能站服务综合体

中国石化贵州贵阳石油吊堡加能站位于贵州省贵阳市白云区贵遵高速吊堡 K19+200M 处，成立于 2013 年 8 月 8 日，是贵阳石油打造的首座集高速公路司机之家和户外劳动者服务站为一体的万吨级综合服务站。吊堡加能站以家人之名，用心服务，打造“家服务”高速加能站综合体。

（一）天时地利 应运而生显担当

贵州贵阳白云区吊堡村地处白云区沙文镇南部，是白云区通往其他省地市的重要关口，俗称沙文镇的南大门，又因该村上高下低，整体呈椭圆形分布，像围建而成的城堡一般，故而取名吊堡。

贵遵高速公路是贵州省第二条高速公路，于 2004 年通车。贵遵高速的修建将吊堡村一分为二，为此，村里人将现在的吊堡村戏称为“左堡”和“右堡”。

随着贵遵高速的通车，吊堡村迎来了快速发展期，吊堡加能站也应运

而生，彰显国企担当，为贵遵高速南来北往的车辆提供优质服务。

吊堡加能站是一对子母站，亦如吊堡村一样坐落在贵遵高速的两边，分为左右两座站点。从贵阳往遵义方向为右站也称吊堡一站，从遵义往贵阳方向是左站也称吊堡二站。两座子母站占地面积约 8500 平方米，各有 6 台加油机、20 把油枪，各配备一台散装尾气处理液加注机。

吊堡加能站年均销量超万吨，是目前贵阳石油打造的首座集高速公路司机之家和户外劳动者服务站为一体的万吨级综合服务站。在加能站的进口处，醒目的“司机之家”展板高高耸立，迎接着省内外的旅客进站。

（二）因地制宜“布依之家”迎八方客来

近年来，随着贵州旅游业的发展，全国各地的游客纷至沓来。而进入贵州，位于贵遵高速上的吊堡加能站是不可或缺的中转枢纽。作为一座通往省内外的高速中转站，吊堡加能站始终坚持以客户为中心，将地方人文特色与服务水平深度融合，打造出了独具布依特色的司机之家综合服务站。

吊堡村主要聚居着布依族和汉族。在当地，盛行着这样的布依歌谣：“四面八方的家人啊，顺着贵遵高速来白云，白云有个吊堡村，这里的布依老少最热情……”这嘹亮悦耳的歌声传遍村里村外，萦绕在吊堡加能站的周边，吸引着无数贵遵高速上南来北往的行人。只要路经此地，他们总会停车驻足来到独具布依特色的吊堡加能站司机之家，加油、小憩、观一观吊堡村的美景、瞧一瞧水灵的布依姑娘、品一品当地的特色美食……

“哇！这个布依特色的凉拌米皮配西瓜，简直太完美了，这大热天的，真是解渴又美味啊！”在吊堡司机之家的餐饮店，外地游客张先生一边大口大口吃着一边笑呵呵说道。吊堡站因毗邻吊堡村，所以加能站大部分员工是村里的布依族同胞。“哈哈，你们站太有特色了，还有布依族小姐姐为我们热情服务。”“妈妈，快看，这位姐姐的布依服饰真漂亮啊！”过往的旅客们进站加油休息时，每当看见身着盛装的布依族员工们，总会情不自禁地上前合影留念。

（三）携手共进 十年坚守共发展

“你们这里真是好啊！不仅可以热饭、沐浴、睡觉，就像家一样温馨，关键还能了解布依文化，增长知识呢！”在吊堡站休息的司机王师傅望着墙上的布依装饰感叹道。“吊堡司机之家就像我们自己家一样，累了、困了、热了、冷了，就来歇歇。”高速环卫工人黄大妈笑呵呵说道。

贵阳石油积极响应“零售比武竞赛活动”并结合当下旅游高峰时期车流人流大幅增多的实际情况，为解决广大司机和户外工作者“急难愁盼”的现实困难，“吊堡司机之家”从软硬两方面着手升级。软件上，组织员工进行服务提升培训，从一言一行、一颦一笑等细节提高员工团队的整体服务水平。

硬件上，升级服务标准，免费为司乘客户提供洗浴、休息、餐饮、加水、手机充电、Wi-Fi 等增值服务项目。司机之家休息室全天 24 小时为客户服务，全力满足旅游高峰时段的客户需求，创造更加便利舒适的“家”环境，提升客户的满意度。

2013 年 8 月 8 日吊堡加能站成立至今的 10 年间，吊堡站与贵遵高速和吊堡村携手共进，同发展共进步，取得了良好的成绩。2014 年，吊堡加能站获评贵州省总工会“贵州省五一巾帼标兵岗”和“工人先锋号”；2016 年，获评贵阳市共青团市委“青年文明号”；2021 年，获评销售公司“青年文明号”；2022 年，获评中华全国总工会“2022 年最美工会户外劳动者服务站点”等荣誉称号。

“再多的荣誉都代表过去，未来我们将继续努力，奋发向上，带领全站员工再接再厉，用实际行动践行‘客户至上’的服务宗旨，打造更加温馨的‘家环境’，迎接来自四面八方的家人们！”每当人们看着吊堡站里满满的荣誉墙时，都会不约而同地为站经理周强竖起大拇指，而他总是这样自信又谦虚回答道。

这位布依族“90 后”站经理，自加能站开业的第一天便来到这里，用实际行动诠释着十年如一日的坚守。10 年来，他兢兢业业，奋勇争先，多次被评为省市级优秀站长，2022 年获评贵州石油五星级站长荣誉称号。

Ⅶ 专题研究篇

一、能源转型背景下如何推动加油站转型

“双碳”目标背景下，我国能源结构加速调整，加油站业务也亟待转型。本文深入分析提出了分步、分类、分层、有序、差异化推动加油站转型的思考，分析出设施定位和补能方式转变带来的加油站转型方向、充电站点运营效率低、车与桩代差带来的设备更新迭代、快速充电需求和电网承受能力矛盾、充电客户体验感差等加油站向充电站转型过程中存在的问题，提出了加强政策引导、强化市场培育、创新服务和经营模式、探索新业务模式，以及调整技术进步和投资方向等加油站转型的相关建议。

（一）加油站转型提速

近年来，“双碳”目标背景下，我国能源结构加速转型。在交通领域，汽车加快电动化转型。加油站作为油气能源销售、交通补能和非油品销售中心，必须随之转型，并朝综合能源服务的方向发展。

1.“双碳”目标相关政策引导

中国提出 2030 年实现碳达峰和 2060 年实现碳中和的目标，时间紧迫。2025 年、2030 年和 2060 年，我国非化石能源消费比重分别达到 20% 左右、25% 左右和 80% 以上，能源转型目标明确。中国碳排放量全球最大，而且随着经济发展，碳排放仍在增加，实现“双碳”目标任务艰巨。我国各领域、各行业纷纷制定减排时间表、路线图和具体实施方案，能源结构调整总体发展方向是用能电气化、电力低碳化。交通运输业作为我国碳排放第三大行业，正在加快推动新能源汽车的发展和汽车电动化转型。

2. 新能源汽车市场发展加速

近年来，中国新能源汽车产销量快速增长，保有量持续攀升，产销量不断增长，渗透率屡创新高。2023 年，全国新能源汽车产销量分别达到 958.7 万辆和 949.5 万辆，同比分别增长 35.8% 和 37.9%。

汽车动力转型带动中国充电、换电、加氢等新型补能设施快速发展，对车用汽柴油的替代规模不断增大。根据新能源汽车使用经济性和使用率，2023 年对车用汽柴油的替代比例超过 10%。预计 2025 年，我国新能源汽车销量渗透率将达到 40%~50%，2035 年汽车保有量电动化比例将达到 50%，替代规模将愈加凸显，加油站必须加快转型。我国新能源汽车的产销量、渗透率和保有量变化趋势分别如图 7–1 和图 7–2 所示。

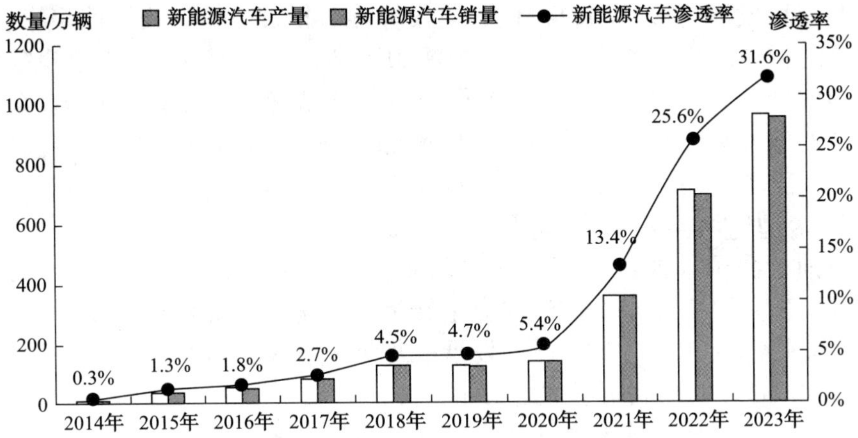

图 7-1　我国新能源汽车产销量和渗透率变化趋势

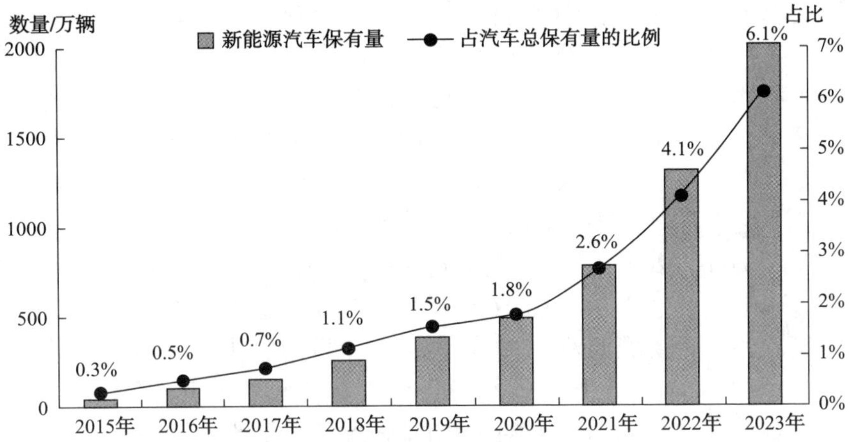

图 7-2　我国新能源汽车保有量变化趋势

（二）转型过程中存在的困难和问题

1. 转型过程中存在的困难

根据目前加油站相关业务的市场发展阶段和加油站富余用地情况，油—气合建站、油—电合建站比较常见，油—气—电合建站也相对容易实现。油—气—电—氢合建站在投资、建设和运营方面存在较大困难，因为氢燃料汽车及加氢站仍处于依靠政府“政策性”“补贴性”的培育扶植阶段。另外，加油站适合转型的类型缺乏顶层设计，省级和地市级成品油销售企业普遍对终端销售业务未来发展方向、发展速度以及加油站转型类型、转型节奏和转型发展规模比较迷茫。

受市场发展阶段、项目占地、建设标准、投资成本、投资回报率等多重因素的影响，我国加油站向综合能源服务站转型难度较大，速度也较慢。截至2023年底，某大型成品油销售企业仅建成综合能源服务站60余座。如果开发站外新能源补能站，要额外增加高额土地使用成本，在目前低使用率、低服务费的竞争环境中，多数处于亏损经营状态。

2. 转型过程中存在的问题

目前，我国新能源汽车以充电为主，占比97%以上。从补能方式转变来看，现阶段主要是从加油向充电转型，充电站、充电桩等基础设施迎来了建设热潮。在充电基础设施发展和加油站转型过程中面临着一系列问题，亟须解决，以保障转型的稳步推进。

（1）设施定位和补能方式转变带来转型方向的问题

加油站向充电站转型，营收水平将大大降低。首先，车辆由加油向充电转变是未来发展导向，但加油站向充电站转变，是从油气、非油品商业销售中心向新基建转变。新基建不以营利为目的，充电业务盈利水平在没有政策保障的前提下一定会大幅降低。其次，由于充电“去中心化”的特点，私家车、公交和市政车辆基本在居住地、目的地和专属充电站充电，公共充电站服务范围大幅收窄到出租车、网约车和少量补能私家车，服务车辆规模不足加油补能模式的10%。再次，加油站向充电站转型补能效率大幅下降。例如，2023年底，我国近12万座加油（气）站满足全国3.16亿辆油气汽车的补能需求，而16.5万座公共充电站和859.6万台公私充电桩仅满足0.2亿辆新能源汽车的充电需求。最后，由于充电进入门槛低，在激烈竞争的运营环境中，充电服务费大幅降低，甚至低至0.1~0.2元/千瓦时。因此，在加油站有限的面积内发展充电业务，仅是加油站经营业务的一个分支，承载不了油气企业终端销售业务的转型。加油站必须拓展经营服务范围，增加新的盈利点。

（2）充电站点运营效率低的问题

已转型充电站点在运营过程中存在“三高”“三低”“三离散”“收益率低”等问题。

“三高”是指高投入、高电力损耗和高故障率。加油站增设充电桩基本都需要增容，其费用高达40万~100万元/座不等，快充和超充充电桩价格不菲。例如，华为全液冷600千瓦充电桩60万元/台，另外还需要建设成本，站外站还需要高昂的土地使用成本。充电桩待机和充电过程中造成的电力损耗在10%左右。充电桩在充电过程中因温度过高造成的故障率高，因此运维投入高。

“三低”是指充电桩利用率低、充电服务费低、盈利能力低，导致充电业务盈利能力低，多数运营企业处于亏损状态。2023 年全国车桩比下降到 2.37：1，即一台充电桩平均仅服务 2.37 辆车，充电服务费大幅下降甚至出现零服务费，下游竞争愈加激烈。

“三离散”是指充电车型离散、充电功率离散、充电时间离散，影响站点补能运营效率。

（3）车与桩代差带来的设备更新迭代的问题

充电桩等设备更新迭代需求较快。随着耐高温、耐高压大功率半导体的量产和快充电池倍率的提升，我国如小鹏、理想、长安、长城、比亚迪、广汽埃安、路特斯、红旗等众多品牌，高压大功率车型规模化量产，预计 2026 年充电电压 800~1000 伏、充电功率 180~480 千瓦的车辆销量将达到 50% 左右。但是，由于投入产出比和车桩代差的问题，我国电压 800 伏及以上充电桩占比仅有 25%，功率 180 千瓦以上充电桩占比不足 20%，市场对充电桩更新迭代需求迫切。

（4）快速充电需求和电网承受能力矛盾的问题

客户希望通过大功率充电实现快速补电、节省时间，运营商希望通过大功率充电提高补能效率和场站利用率。但是，大功率充电桩存在对电网稳定运行影响大、增容更加困难、配电容量利用率低、输出功率可靠性低、噪声大等弊端，尤其是对电网稳定运行造成的影响和冲击短期内难以解决。例如，一台 480 千瓦的充电桩需要配置 500 千伏安的变压器容量，相当于一栋居民楼的配电量，一座超充场站配电 4000 千伏安相当于一个园区的配电量。如果都采取大功率超充模式充电，一座城市需要配套一座核电站来保障电动汽车的充电需求。

（5）充电客户体验感差的问题

目前，充电客户主要面临找桩难、充电烦琐、充不上、充不快、充不好等问题。

找桩难。加油站多在交通便利、主干道两侧、车辆汇集较多、视觉良好的位置，而充电桩多在停车场、居民区等位置，而且没有普及随处可见的程度，增加了用户找桩的时间。用户出行时，尤其是长途出行时，容易焦虑去哪里充电。

充电烦琐。运营商各有各的 App。客户在不同的充电场站充电需要下载不同的 App，并且需要预充一笔费用才能扫码充电，影响了客户的充电体验。

充不上。充电设施粗放式扩张，良莠不齐，导致一次充电成功率低于 85%。

充不快。我国多数充电桩充电功率低于 120 千瓦。相较于传统燃油汽车 5 分钟加满，新能源汽车的补能时间较长，充到 80% 一般至少需要 30 分钟。遇到节假日高峰时期，充电站排队概率会远远高于加油站，尤其在封闭的高速服务区场景。

充不好。我国充电桩多数为空冷，充电噪声高于 90dB，充电枪重量超过 15 千克，对女性用户不友好。

（三）加油站转型相关建议

针对我国加油站转型过程中存在的困难和问题，笔者提出如下建议，以推动加油站转型并促进充电等行业良性发展。

1. 完善政策体系，明确发展导向

为了促进充电良性发展，应在实践中不断完善充电行业支持政策和补贴政策体系，形成“中央政策指导，地方配套实施细则”的推进体系，有效引导公共、专用、企事业单位内部、私人等领域充电设施的发展模式。补贴逐渐由建设向运营转移，侧重直流公共桩补贴，并向保障型充电设施倾斜。然后补贴逐渐退坡，放归市场，通过市场竞争促进行业技术进步。

2. 培育充电生态，引导消费方式

充电是一种新的互联网消费方式，但充电基础设施被定位为新基建。我国充电市场由私人和运营企业为主导。为了保障行业的良性发展，必须在加强顶层设计的基础上，加快培育充电生态，引导消费方式的转变。例如，在公共充电场景增加新的消费场景，拓展服务范围，提高营收水平，使用户在逛店、购物、就餐、喝咖啡期间无感完成充电过程。

3. 提高服务质量，创新经营模式

提高充电服务的质量，从设备层面加强质量保障，从技术层面提高充电可靠性，从操作层面提高充电安全性，从覆盖层面提高充电便捷性，从平台层面提高充电体验。在提高充电设备质量、可靠性、安全性和便捷性的同时，尤其要注重提高充电基础设施的数字化和智能化水平，使充电桩成为信息桩、数据桩和网联桩。互联网地图可助力充电服务平台建设，并推动充电运营平台互联互通，实现相关业务跨界合作，探索综合能源服务模式，打造数字经济、平台经济，提高行业盈利能力。

4. 因地制宜，探索光—储—充一体化业务模式

光—储—充一体化发展模式，配套光伏发电和储能设施，具备自身发电能力，并通过储能实现自身对电网的虚拟增容，减轻电网压力，具备离网运行给电动汽车提供充电服务的能力，无须增容即可大幅降低建站成

本。以光伏发电养充电桩，通过电池储能赚取电力差价，充电成本可进一步降低，尤其适用于光照条件好、峰谷电力价差较大的地区。在此模式的基础上，可进一步衍生出光—储—充—放一体化微电网发展模式。该模式可在电网异常或用电高峰时段，实现由储能电池，甚至电动汽车向电网反向供电，充电站形成分布式微电网。

5. 关注氢能发展，及时调整转型方向

截至 2023 年 12 月，山东、浙江、蒙东等共计 11 个区域对分时电价的时间进行了调整。随着电价改革进程的逐步深化，平均用电价格下降预期明确，利好分布式制氢、用氢。随着氢能技术的不断发展，车用氢能产业链上的车贵、氢贵、站贵等痛点逐渐被一一解决，氢燃料汽车市场份额将会有明显提升。因此，要密切关注充电产业链和加氢产业链上的技术进步，分析技术进步可能带来的产业革命，研判未来能源结构调整的方向和车用补能市场的发展趋势，规避风险、灵活调整投资方向。

二、加油站光伏的经济性分析

当前，加油站光伏应用模式主要包括三种。一是“自发自用、余电上网”模式，即在加油站安装光伏组件，所发电量由站内自行消纳。自行消纳以外的电量售卖给电网公司，赚取收益。二是“光储结合”，即在加油站光伏组件的基础上增加电池等储能设备，将所发电量储备用于削峰填谷或者售卖。三是“充电售卖”模式，即在加油站引入“光伏 + 储能 + 充电桩”模式，形成综合服务站，实现太阳能创效。

（一）光伏自发自用模式的加油站适用性

综合对比来看，“自发自用、余电上网”模式在加油站应用中适用性较强。

1. 技术成熟

加油站应用太阳能技术主要是屋顶分布式光伏组件。当前，我国应用已较为成熟，在个人住宅、火车站商场等公共空间已有大规模应用。一方面，设备配置简单。加油站用电量不大，一般日用电在 200 千瓦时以内。当前，电压直接可以满足应用需求，不需要增加增压、输送等配电设备。另一方面，加油站场地较为充足。便利店、宿舍楼、综合楼以及罩棚等均可用于布置光伏组件。一般来说，500 平方米就可满足日发电 200 千瓦时的光伏组件布置。同时，不需要站内人员进行巡检、维护等工作。

2. 风险可控

首先，投资规模不大。根据近年来光伏组件市场价格估算，50 千瓦（满足日发电量 200 千瓦时左右）光伏组件的投资为 18 万~25 万元，且部分供应商愿意代为投资，不需要公司自主投入。其次，设备稳定性好。从应用情况来看，光伏组件的生命周期长达 25 年，且衰减程度保持在 2% 以下，整体损坏率偏低。当前，应用的站点基本没有光伏组件的损坏。再次，光伏组件运维、清洁的成本较低。一般非特殊区域的运维只需要一季度或者半年一次。相比而言，储能设备的衰减程度和损坏程度则较高，导致站点无法回收预期投资。最后，预期收益好。一方面，自发自用模式发电可以节省电费，特别是加油站用电时间段集中在白天用电高峰期，电价一般为偏高的“峰电”或者“平电”，光伏自发补充站内用电节省量较大。另一方面，余电上网可以利用光伏发电赚取收益。由标准站的分析可见，“自发自用、余电上网”的经济性较好，且前期投资额较低，应用最为方便。

3. 政策支持

在全国大力支持光伏产业发展的背景下，各地政府对“自发自用”支持较大。从流程来看，已由原来的核准制改为备案制，在加油站产权不存在纠纷的情况下办理时间较短。从与电网的结合来看，“自发自用”模式对当地电网冲击不大，所发电量一般在当地电网配电额度范围内，相比于储能、售电等模式更容易实现并网。部分区域的项目仍然有部分补贴，可以降低投资和运营成本。考虑到余电售卖与当地电网的并网政策、配额政策等，按照加油站用电量的情况进行估计，不考虑余电上网的收益情况。

（二）不同加油站用电情况分析

针对不同加油站用电情况进行随机取样调查后，得到了较为明确的结果。

加油站销量越高，用电程度就越大。这与加油站实际设备的运行负荷紧密相关。加油站用电途径，一是满足加油站运行需求，如加油机运行、视频监控系统、加油现场和店内基本照明；二是满足加油站员工生活需求，如用电、照明及取暖等。基于此，加油站运行中产生的电费存在一个合理区间。从宏观上估计不同站点的实际用电需求，可以作为加油站运营中效益部分的参考。为了精确计算不同销量规模站点的用电情况，以下使用 19841 座加油站的销量和水电暖费数据进行估算。

为了总结一般情况下的规律，先讨论单站情况下的基本费用。从理论上来说，加油站销量越大，吨油用电量就越低。以单座加油站为例，投运后加油站本身的运行费用是固定的。随着销量增加，加油机运行功率增加，使用的电费随着增加。在此基础上，整体费用是增加的。但随着销量的增长，固定费用平均会摊薄到销量中。因此，随着销量增长，单站的吨油费用是逐步降低的。

根据加油站用电量与电价的情况，可以大致估算出不同水平站点的单日用电情况。本研究根据全国各省市一般工商业平均电价（见表 7–1）对加油站用电情况进行估计，数据是按照各区域峰谷电价及用电情况计算得到的算术平均值。其中，内蒙古电价为蒙东电网和蒙西电网的平均数据；河北电价为河北南网和北网的算术平均值；西藏电网为“一大两小”格局，且骨干网架并未全境贯通，故均不统计在内。本研究使用全国平均电价（0.6684 元 / 千瓦时）进行估算。

本研究估算的全国各省市加油站用电量范围（见表 7–2）采用的具体参数如下：加油站运营天数按照 350 天计算；考虑到太阳能设备一般不考虑用电下限，因此计算了不同省份用电量的平均值；通过典型省份的站经理问卷调研，对部分省份数据进行了修正；考虑到加油站的工作性质，一般工作高峰期集中在峰价电以及平价电阶段，使用算术平均值计算用电量有一定的高估。

表 7–1　全国各省市一般工商业平均电价　（元 / 千瓦时）

省市	平均电价	省市	平均电价
新疆	0.4578	重庆	0.6961
青海	0.4589	江苏	0.7054
宁夏	0.5520	广西	0.7075
云南	0.5615	四川	0.7121
山西	0.5715	辽宁	0.7173
河北	0.5773	海南	0.7199
贵州	0.6207	广东	0.7264
福建	0.6392	天津	0.7277
甘肃	0.6552	黑龙江	0.7291
山东	0.6559	湖南	0.7511
河南	0.6568	浙江	0.7519
内蒙古	0.6656	湖北	0.7577

续表

省市	平均电价	省市	平均电价
陕西	0.6712	北京	0.7668
江西	0.6804	上海	0.7670
安徽	0.6892	吉林	0.7976

表 7–2　全国各省市加油站用电量范围　（千瓦时 / 天）

省市	3000 吨以下	3000 吨～5000 吨	5001 吨～10000 吨	10000 吨以上
江西	49	88	134	230
上海	49	90	119	207
福建	50	80	144	183
四川	53	81	118	158
安徽	55	93	108	151
湖北	59	112	151	209
浙江	61	92	119	170
重庆	69	107	145	202
江苏	70	106	151	227
贵州	74	123	161	187
海南	76	116	203	282
黑龙江	77	118	170	216
吉林	77	148	172	231
广西	80	107	143	187
湖南	81	139	184	251
西藏	81	123	165	228
河南	85	115	116	190
内蒙古	88	115	147	183
甘肃	96	147	197	267
广东	98	136	203	296
辽宁	99	189	218	274
山东	100	121	131	168

续表

省市	3000 吨以下	3000 吨～5000 吨	5001 吨～10000 吨	10000 吨以上
云南	106	143	167	303
河北	112	200	168	202
新疆	114	152	201	240
陕西	128	181	268	382
北京	151	180	263	322
宁夏	152	207	230	284
青海	158	228	269	404
山西	167	216	230	367
天津	174	179	324	395

（三）加油站光伏设备经济性测算

1. 区域光照情况分析

根据中国气象局风能太阳能评估中心划分标准，我国太阳能资源地区分为以下四类。

一类地区，资源丰富带。全年辐射量在 6700~8370 兆焦 / 平方米。全年日照时数为 3000~3300 小时，相当于 230 千克标准煤燃烧所发出的热量。主要包括青藏高原、甘肃北部、宁夏北部、新疆南部、河北西北部、山西北部、内蒙古南部、宁夏南部、甘肃中部、青海东部、西藏东南部等地。

二类地区，资源较富带。全年辐射量在 5400~6700 兆焦 / 平方米，全年日照时数为 2200~3000 小时，相当于 180~230 千克标准煤燃烧所发出的热量。主要包括山东、河南、河北东南部、山西南部、新疆北部、吉林、辽宁、云南、陕西北部、甘肃东南部、广东南部、福建南部、江苏中北部和安徽北部等地。

三类地区，资源一般带。全年辐射量在 4200~5400 兆焦 / 平方米，全年日照时数为 1400~2200 小时，相当于 140~180 千克标准煤燃烧所发出的热量。主要是长江中下游、福建、浙江和广东的一部分地区。这些地区春夏季多阴雨，秋冬季太阳能资源尚可。

四类地区，资源最少带。全年辐射量在 4200 兆焦 / 平方米以下，全年日照时数为 1000~1400 小时，主要包括四川、贵州两省。

按照各省市太阳能有效利用小时数（见表 7–3）的情况，可以对各省市有效发电小时进行估计。估计原则如下：按照省市所在区域的最低有效小时数进行估计；如果省市跨越了不同区域，则取平均值；一年按照 350 天进行计算。

表 7–3 各省市太阳能有效利用小时数 （小时）

省市	理论有效日照	平均每天日照	省市	理论有效日照	平均每天日照
重庆	1000	2.9	辽宁	2200	6.3
贵州	1000	2.9	山东	2200	6.3
四川	1000	2.9	云南	2200	6.3
广西	1400	4.0	海南	2500	7.1
黑龙江	1400	4.0	北京	2600	7.4
湖北	1400	4.0	河北	2600	7.4
湖南	1400	4.0	山西	2600	7.4
浙江	1400	4.0	天津	2600	7.4
江西	1400	4.0	甘肃	2700	7.7
安徽	1800	5.1	新疆	2700	7.7
福建	1800	5.1	青海	2900	8.3
广东	1800	5.1	陕西	2900	8.3
江苏	1800	5.1	西藏	2900	8.3
上海	1800	5.1	内蒙古	3000	8.6
河南	2200	6.3	宁夏	3000	8.6
吉林	2200	6.3	—	—	—

2. 区域光伏设备规模估计

考虑到设备有效性、倾角摆放等问题，实际有效发电小时数按照理论数据的 50% 进行计算。因此，可以得到加油站光伏设备基本配置情况估算的公式如下：

$$加油站所需电量 = 光伏组件规模 \times 有效光照时间 \times 50\%$$

基于相关数据，可以计算出不同省市、不同规模加油站光伏组件配置规模（见表 7–4）。考虑到光伏组件有固定的规模，现在主流单晶太阳能组件单块容量为 425~455 瓦，尺寸为 2094 毫米（长）×1038 毫米

（宽）×35 毫米（厚）。按照最接近的规模 440 瓦计算，小数直接按照上一档设备规模估算，可以得到不同省市、不同规模加油站光伏组件的配置需求。

表 7–4　不同省市、不同规模加油站光伏组件配置规模　（千瓦）

省市	3000 吨以下	3000 吨 ~5000 吨	5001 吨 ~10000 吨	10000 吨以上
福建	20	32	57	72
上海	20	36	47	81
西藏	20	30	41	56
内蒙古	21	27	35	44
安徽	22	37	43	59
海南	22	33	58	80
吉林	25	48	55	74
江西	25	44	68	116
甘肃	26	39	52	70
河南	28	37	37	61
江苏	28	42	59	89
湖北	30	57	76	105
新疆	30	40	53	63
河北	31	55	46	55
浙江	31	47	60	86
辽宁	32	61	70	88
陕西	32	44	66	93
山东	33	39	42	54
云南	34	46	54	97
宁夏	36	49	54	67
四川	38	57	84	111
广东	39	54	80	116
黑龙江	39	60	86	109
青海	39	56	66	98
北京	41	49	71	88

续表

省市	3000 吨以下	3000 吨 ~5000 吨	5001 吨 ~10000 吨	10000 吨以上
广西	41	54	72	94
湖南	41	70	92	126
山西	46	59	63	99
天津	48	49	88	107
重庆	49	75	102	142
贵州	52	87	114	132

按照市场询价，光伏组件单价按照 3.55 元 / 瓦进行计算，电缆、施工安装费用（含调试）、设计费用、工程保险费等其他设备设施按照 5 万元 / 套进行计算，在不考虑增配电压、固定支架、监控系统（如视频监控、智能化数据分析监控平台）、其他措施费、不可预见费等的基础上，可估算出不同省市、不同规模加油站单站光伏投资额（见表 7–5）。

表 7–5　不同省市、不同规模加油站单站光伏投资额　　（万元）

省市	3000 吨以下	3000 吨 ~5000 吨	5001 吨 ~10000 吨	10000 吨以上
福建	12	16	25	31
内蒙古	12	15	17	21
上海	12	18	22	34
西藏	12	16	20	25
安徽	13	18	20	26
海南	13	17	26	33
甘肃	14	19	23	30
吉林	14	22	25	31
江西	14	21	29	46
河南	15	18	18	27
江苏	15	20	26	37
河北	16	25	21	25
湖北	16	25	32	42
辽宁	16	27	30	36
陕西	16	21	28	38

续表

省市	3000 吨以下	3000 吨 ~5000 吨	5001 吨 ~10000 吨	10000 吨以上
新疆	16	19	24	27
浙江	16	22	26	36
山东	17	19	20	24
云南	17	21	24	39
宁夏	18	22	24	29
四川	18	25	35	44
广东	19	24	33	46
黑龙江	19	26	36	44
青海	19	25	28	40
北京	20	22	30	36
广西	20	24	31	38
湖南	20	30	38	50
山西	21	26	27	40
重庆	22	32	41	55
天津	22	22	36	43
贵州	23	36	45	52

单片硅晶 440 瓦的面积为 2 平方米。在不考虑倾角以及屋顶罩棚符合的情况下，可以计算出不同省市、不同规模加油站光伏组件占地面积（见表 7–6）。

表 7–6 不同省市、不同规模加油站光伏组件占地面积 （平方米）

省市	3000 吨以下	3000 吨 ~5000 吨	5001 吨 ~10000 吨	10000 吨以上
上海	88	160	212	366
福建	90	142	256	324
西藏	90	136	182	252
内蒙古	94	122	156	196
安徽	98	166	192	268
海南	98	148	260	360

续表

省市	3000 吨以下	3000 吨～5000 吨	5001 吨～10000 吨	10000 吨以上
吉林	112	216	250	336
江西	112	200	306	524
甘肃	114	174	234	316
河南	124	168	168	276
江苏	124	188	268	402
湖北	136	256	344	476
新疆	136	180	238	284
河北	138	246	206	248
浙江	140	210	272	388
陕西	142	200	296	420
辽宁	144	274	316	398
山东	146	176	190	244
云南	154	208	242	440
宁夏	162	220	244	302
四川	170	258	378	504
广东	174	242	360	524
青海	174	252	296	444
黑龙江	176	270	388	492
广西	182	244	326	426
北京	186	222	322	396
湖南	186	316	418	570
山西	206	266	282	450
天津	214	220	398	484
重庆	220	340	462	644
贵州	236	392	514	596

3. 区域光伏设备经济性测算

根据前文分析，不同区域的光伏组件应用效率存在差异。同时，结合当地电价，不同规模的光伏组件的经济性也不同。根据不同规模加油站的用电情况及所处太阳能资源区、当地实际电量，可以计算出不同省市、不同规模加油站的光伏组件内部收益率（见表 7–7）。

本研究主要测算不同规模加油站的内部收益率、静态投资回收期两个指标。考虑到光伏组建投资本身不会取得收益，将光伏所发电量与当地平价电价进行计算后，假设为加油站光伏项目的收入，不考虑与税相关的问题计算；光伏设备的折旧按照行业标准，在残值率 5% 的情况下按照平均年限折旧；计算期限与加油站评价期一致，以 20 年为期进行计算。考虑到光伏行业成本变化趋势及政策走向，计算过程中不考虑光伏电价和设备等方面的补贴。结合光伏项目要求情况，考虑的加油站均为产权、证照等不存在纠纷的自营加油站，因此不考虑屋顶租赁等其他费用的发生。

表 7–7　不同省市、不同规模加油站光伏组件内部收益率　（%）

省市	3000 吨以下	3000 吨 ~5000 吨	5001 吨 ~10000 吨	10000 吨以上
北京	14	16	18	19
天津	14	15	17	18
陕西	13	14	17	18
内蒙古	11	12	14	15
宁夏	10	12	12	13
甘肃	9	12	14	15
吉林	9	13	13	15
辽宁	9	11	12	13
山西	9	10	11	12
西藏	9	12	13	16
海南	8	11	14	16
河北	7	10	10	10
青海	6	8	9	10
山东	6	8	8	9
广东	5	7	9	10
河南	5	8	8	10
云南	4	6	6	8
江苏	3	5	7	8

续表

省市	3000 吨以下	3000 吨～5000 吨	5001 吨～10000 吨	10000 吨以上
新疆	3	5	6	7
湖南	2	4	5	6
上海	2	6	7	10
安徽	1	5	5	7
黑龙江	1	3	4	5
浙江	1	2	4	4
广西	0	2	3	4
湖北	0	4	5	6
福建	–1	3	5	6
江西	–3	0	2	4
重庆	–5	–3	–2	–2
四川	–6	–4	–3	–2
贵州	–7	–5	–4	–4

从内部收益率情况来看，可以将相关省市分为三类。

（1）光伏设备投资具有经济性，不同规模站点的收益均满足基准收益的区域。具体包括北京、天津、陕西、内蒙古、宁夏、甘肃、吉林、辽宁、山西、西藏、海南 11 个省市。

（2）光伏设备投资必须达到一定规模后才能满足基本收益情况的区域。具体包括河北、青海、山东、广东、河南、云南、江苏、新疆、上海 9 个省市。

（3）不同规模的光伏设备投资均无法达到基本收益标准、经济性不足的区域。包括湖南、安徽、黑龙江、浙江、广西、湖北、福建、江西、重庆、四川、贵州 11 个省市。

需要说明的是，测算没有考虑具体的峰谷电价情况。有些区域在白天的工商业用电价格为谷电。这种情况下，用平均价格测算的收益偏高，要结合单站实际情况进行测算。

在具备经济性的基础上，可以根据站点数量估算各省市总投资额度、光伏发电量，以及节省电费情况。进一步可根据当地碳排放因子测算减排效益和减排量。

（四）单站不同模式的经济性测算

为了对加油站应用光伏系统的主要模式进行对比，本文从经济性角度进行了量化比较（见表 7–8）。主要分为以下五个步骤。

表 7–8 主要经济评价数据和指标

序号	项目	单位	自发自用	离网储能	光储售卖	自发自用（宁）
基本数据						
1	总投资	万元	23.21	50.75	466.91	20.67
1.1	建设投资	万元	23.21	50.75	466.91	20.67
2	年均销售收入	万元	6.6	6.6	75.72	4.05
3	年均总成本费用	万元	1.1	2.43	22.46	0.98
4	年均利润总额	万元	5.5	4.18	53.26	20.67
经济评价指标						
1	内部收益率	—	23.25%	4.93%	9.3%	13.48%
2	投资回收期	年	4.2	12.2	8.8	6.7

1. 统计加油站用电情况

加油站用电情况分为两大类型。一是加油站用电设备，包括生产设备、电器设备、信息系统和安全技术防控设备。二是加油站照明设备，包括罩棚照明和便利店照明。从样本情况看，80% 以上加油站的日用电量在 200 千瓦时以下。因此，本文使用日用电 200 千瓦时作为“标准加油站”的用电量。

2. 计算光伏设备规模

光伏发电系统主要由太阳能电池、控制器、逆变器和蓄电池（如有）组成。其中，太阳能电池是光伏发电系统的关键部分。太阳能电池板的质量和成本将直接决定整个系统的质量和成本。考虑到不同区域有效日照时间存在差异，需要根据当地气象部门出具的报告或资料作为测算标准。

以北京市为例进行测算。7 时电站输出功率为微功率，8 时达到 1/5 功率，9 时为 2/5 功率，10 时为 7/10 功率，11 时为 9/10 功率，12 时到 14 时为全功率输出，之后输出功率逐步回落。一般日均用电在 200 千瓦时以下，50 千瓦的光伏组件能够满足应用需求。与 50 千瓦光伏组件对应的储能系统按照 50 千瓦 /100 千瓦时设计，可以保证基本储能和站内用电。

对应的“充电售卖”模式下，储能系统按照 500 千瓦 /1500 千瓦时设计，可以保证售卖负载，充电桩（120 千瓦）按照 3 台设计。

3. 调查投资市场价格

当前，太阳能相关系统和组件的整体价格水平较稳定。本文选取多个报价平均值。光伏设备购置费市场价格水平约为 3.1 元 / 瓦、充电桩为 10 万元 / 台、储能设备市场价格水平约为 2.7 元 / 瓦。工程前期费用目前市场水平约为 0.05 元 / 瓦。安装和施工费用，包括安装工程费、建筑工程费等，当前市场价格平均水平约为 0.4 元 / 瓦。无形资产投资为零，基本预备费按照 2% 计算，不考虑涨价预备费、棚顶或屋顶加固等费用。

4. 测算投资、收入和成本

投资方面，计算期取 20 年。其中，第一年即可建设投资并投入运营。固定资产中残值率为 5%。储能系统和充电桩修理费按照固定资产原值的 3% 计算。储能系统按照寿命期 10 年计算，设计期限内需要更换一次，更换费用为投资费用的 50%。其他制造费、其他管理费、销售费用均为零。

收入方面，将光伏发电产生的自用电费计为收入。电价按照所在区域每天的峰谷平电价进行计算。考虑到余电上网量较小，本文在保守测算原则下不计上网卖电费用。光伏设备第一年衰减为 2.5%，以后每年衰减 0.7%。充电桩按照每天有效充电时长 3 小时计算，服务费按照 0.6 元 / 千瓦时计算，销售价格为 1.6 元 / 千瓦时。“自发自用”及“光储结合”模式没有实际增值收入，不涉及相关税费问题。但“充电售卖”模式要考虑增值税和所得税。

5. 测算财务指标

综合考虑发电补贴、峰谷平电价、设备投资、发电收益、设备维护、功能衰减等情况，测算投资效益和静态投资回收期。三种模式在北京市的总投资分别为 23.2 万元、50.7 万元、466.9 万元，内部收益率分别为 22.25%、4.93%、9.3%，静态投资回收期分别为 4.2 年、12.2 年、8.8 年。考虑到北京市工商业电价偏高，使用宁夏地区的标准站（日耗电 200 千瓦时）“自发自用”模式计算相关财务指标，得到该区域投资为 13.48%，静态投资回收期为 6.7 年。

（五）加油站光伏设备经济性的一些说明

1. 估算过程中，建议以消纳比例 80%、平均功率占比 70% 估算装机规模

加油站与生产企业的园区用电规律存在明显区别。用电负荷随着顾客

流量有明显的高峰低谷，并非类似生产的持续稳定负载耗电。很多时候，光伏发电的高峰期与加油站的用电高峰期存在差异。因此，要提升光伏设备的经济性，最优的方式是根据平均每个小时的用电规律进行评估。但是，实际测算时，大部分加油站没有记录分时的详细用电数据。这就需要结合每日的平均用电情况进行估算。从经验来看，以消纳比例 80%、平均功率占比 70% 为主要指标确定装机规模，加油站分布式光伏的经济性较好。

自用比例 80% 以上时，“自发自用、余电上网”项目的经济性好。库站用电属于一般工商业用电（电压不满 1 千伏）。电力价格按照高峰、平段和低谷的时间分布来计取。加油站白天光照较为充足时段内的用电量占全天用电量的 2/3 以上。此部分的用电价格大多为高峰价格和平段价格。因此，在光伏作用时间内节省的电量，收益以较高价格测算。自发自用以外的“余电”，主要通过“上网”的方式销售给电网。这部分电量的售卖价格按照当地燃煤发电基准价执行。从 2021 年电价数据来看，各省市燃煤发电基准价大部分低于平段电价，高于低谷电价。光伏发电的上网收益以相对偏低的价格测算。

平均功率占总装机规模的 70% 左右，可以满足大部分站点的用电需求。库站用电规律分布一般符合“双峰”特点，即早晚高峰功率高、用电量大，中午功率低、用电量小。这与生产企业功率平稳持续的特点有所差异。在估计光伏装机规模时，应考虑平均用电功率而非峰值功率，以免装机规模过大导致经济效益不足。从多个站点测算经验来看，日间站内平均功率占总装机规模的 70% 是较合理的水平。

2. 实际操作中，注意对电价规律的分析和政策的实际跟踪

（1）要关注峰谷电价的时间变化。截至 2023 年 12 月，共计 11 个区域（山东、浙江、湖北、辽宁、青海、宁夏、甘肃、新疆、内蒙古蒙东、内蒙古蒙西、河北南网）对分时电价（峰、谷、平等）的时间进行了调整。此类政策直接影响了以“自发自用、余电上网”模式的分布式光伏项目的收益。随着我国电改进程逐步深化，平均用电价格下降预期明确，叠加多地分配给户用光伏的并网容量已接近枯竭，项目经济性下降及并网管控趋严或导致分布式光伏装机需求在 2024 年进入深度调整期。成品油销售企业库站光伏项目并网难度加大，且项目经济性有所下降，在规划布局方面应做好相应考虑，必要时与分布式储能项目进行联动部署。

（2）要关注光伏并网的剩余容量。2023 年，国家能源局发布《国家能源局综合司关于印发开展分布式光伏接入电网承载力及提升措施评估试点工作的通知》以来，山东、黑龙江、河南、浙江、广东、福建等省市已经选择了试点县（市）开展分布式光伏接入电网承载力及提升措施评估试点工作。比如，浙江省发布了《关于发布分布式光伏接入电网承载力情况的公告》，并具体公布了部分试点县（市）的开展情况。分布式光伏并网可能对电网的电压偏差、频率偏差、谐波、三相不平衡等电能质量，以及短路电流、保护配合等安全方面产生影响。多个省市进行了区域级别的划分，并给出了剩余的承载容量。各成品油销售企业在开展分布式光伏部署时，要与当地备案部门做好沟通工作，以保证分布式光伏能够并网，有效提升其经济性。

三、不同类型典型加能站经营情况剖析及改进方向探讨

（一）典型加能站运行情况

1. 光伏发电

典型站点：华南某综合能源补给站

某综合能源补给站安装了 186 千瓦容量的屋顶分布式光伏（见图 7–3），由第三方负责投资近 80 万元，办理项目实施所必需的各级政府许可文件、电网接入批复，以及负责电站的检修、维护和故障处理。光伏电价为 0.6 元 / 千瓦时（峰平谷项目的峰、平时段为 0.6 元 / 千瓦时；谷时段按电网同期同时段电价结算）。项目在综合服务楼、辅房和汽服间的 1500 平方米闲置屋面和 500 平方米停车位上安装了 460 块 405Wp 多晶双面双玻太阳能电池组件和 2 台逆变器组成的光伏发电系统，自发自用，余电上网，已正常运行 2 年，无设备停机情况发生。2021 年 9 月 15 日—2023 年 9 月 30 日（运行 746 天），该综合能源补给站总发电量 379423 千瓦时，平均单月发电量 15258.3 千瓦时（单日最高发电量 948.8 千瓦时），自发自用比例 59%（余电上网量 151122 千瓦时），运维成本 0.1 元 / 瓦，平均单月节省电费超过 2000 元，增加了光伏能源的消纳，弥补了太阳能发电不连续性的不足，形成了可持续发展的能源利用方式。

2. 充电

充电目前采取“场地租赁”和“收益提成”的方式，油气非按照现有成熟的管理方式开展。充换电业务由第三方建设，管理依托对方的一整套机制。综合站整体基础管理和安全管理由站级统一管理。布局上进行区域划分，油气电基本实现物理隔离。

图 7–3　某综合能源补给站屋顶分布式光伏俯视图

典型站点 1：西北某充电站

某闲置加气站利用旧址土地，盘活闲置站点，开展新能源业务，成功打造为一座“充电 + 非油”的能源站。该站与第三方出租汽车公司合作利用车辆端优势，加之优越的地理位置，为充电站提供了大量的固定客源和流动客源。该站建有 2 台分别为 720 千瓦和 360 千瓦的分体式直流充电桩，共计 20 个充电车位，依托先进的产品设计理念和坚实的设计技术，充电功率灵活调配，兼容智能双枪终端（GB/T 20234.3—2015）和 HPC 液冷终端，可实现所有车型全功率快充。自 2023 年 5 月投入运营起至 9 月 30 日，该能源站已累计完成充电量 8.5 万千瓦时，充电车次 3200 次，服务费超过 30000 元，分成近半数。

典型站点 2：华南某综合能源补给站

某综合能源补给站与第三方公司合作，采用“五折采购储能充电桩、对方提供运营服务、充电桩收益五五分成”的合作模式，安装了 2 台双枪储能充电桩（见图 7–4），每台配置 40 千瓦输入功率，适配性强、高储能、安全、可移动，安装方便。项目在 2021 年 8 月 28 日至 2023 年 10 月 15 日共计 780 天的运营期中，充电总量 202799.49 千瓦时（日均充电量 259.1 千瓦时），总充电 13291 车次（日均 17.1 车次，单车充电量 15.25 千瓦时），总充电时间 286514 分钟（日均充电时间 367.33 分钟，单车充电时间 21.56 分钟），日均单枪充电 6.06 车次。截至 2023 年 10 月，总服务费超过 16 万元。

图 7-4　某综合能源补给站储能快充站

3. 换电

换电目前采取“场地租金、固定收益 + 提成”的方式，随着新能源汽车井喷式增长，该模式收益较低。为了更好介入换电业务运营和换电产业市场，开发模式正逐步转为合资合作或自建自营模式。

典型站点：西南某换电站

某换电站（见图 7-5）换电区设置于加油站进口区域（动线右侧），占地面积 150 平方米（不含换电站进出车道占用面积）。换电区设置为单仓单工位（右仓），建有 1 个额定功率 300 千瓦的奥动 4.0 型撬装换电站（双仓共 12 块电池，配监控室、消防箱，无电池存储仓）、1 个 360 千伏安变压器及相关配件。日均换电 258 次，换电量可达到 2400 千瓦时，车辆从进入换电站至换完电出站只需 60~90 秒，单站年收益近 10 万元。

图 7-5　某换电站

4. 加氢

典型站点 1：河北某加氢站

加氢站建设分为自建自投、场地出租两种方式。自建自投模式可有效完善网络布局，但受资源和市场影响，具有一定投资风险。某成品油销售企业采用自建自投方式在河北建设某加氢站（见图 7–6），但由于冬奥过后，冬奥会配套氢能公交已全部调走，加氢站目前停运。当地市政府正在匹配氢能公交专线，待专线开通后加氢站正常运营。加氢站建设如果采用场地出租方式可以直接获得投资收益，效益稳定、风险较小。

河北该加氢站运营情况：运营 5 个月，合计接近 188 万元运营成本，共盈利超过 81 万元。加氢站分别从海泊尔制氢厂、交投壳牌制氢厂和华北石化采购氢气，采购成本（含运输费用）均为 38 元 / 千克。加氢站自 2021 年 2 月 8 日投运，历经两次测试赛和冬残奥会正式比赛，共运营 151 天，销售氢气超过 9.5 万千克，日销售超过 620 千克。该加氢站运营成本接近 188 万元，其中折旧小于 112 万元，电费 24 万元（日电费 1600 元）、人工成本 50 万元、办公物料 0.15 万元、信息系统维护费 1 万元、差旅费 0.5 万元。运营期间销售单价为 70 元 / 千克，销售毛利超过 30 元 / 千克，共获毛利超过 300 万元（含税），（不含税）毛利接近 270 万元。

图 7–6　某加氢站

典型站点 2：华南两座加氢站

目前华南地区有两座加氢站的运营网点加氢量稳居行业前列，加氢量已稳定在约 2700 千克 / 日，近期有望突破 3000 千克 / 日。两站盈亏平衡分析如下：

其中一座油氢合建站，按二级油氢合建站设计，项目规划面积 2944 平方米，总投资 3611 万元，5 年达标油氢可研日销量 16.5 吨和 600 千克，财务内部收益率接近10%，投资回收期接近10年。按照商流费700万/年、吨油毛利汽油1375元/吨、柴油358元/吨、氢气差价20元/千克测算，油品年销量达到6000吨（汽柴比1∶4、日均16.5吨）、氢气年加注约18万千克（日均接近500千克），能够实现盈亏平衡。2023年上半年，该站共销售油品接近0.45万吨（日均超过22吨）、加注氢气接近13万千克（日均约715千克）、非油收入接近25万元，发生商流费约246万元，氢气购进成本34.5元/千克，销售单价35元/千克，政府补贴20元/千克，实现利润总额超过152万元。预计全年油品销量1万吨、加注氢气34万千克（日均932千克）、商流费616万元、实现油品毛利超过560万元、氢业务毛利680万元，建站补贴600万元，实现利润总额超过1220万元。

另一座纯氢站，项目规划面积3354平方米，项目总投资接近1800万元，项目5年达标可研日销量1.4吨，财务内部收益率超过10%，投资回收期接近9年。按照商流费400万/年、氢气差价按20元/千克计算，氢气年加注约20万千克（日均接近550千克），能够实现盈亏平衡。2023年上半年，该站共加注氢气超过16万千克（日均920千克），发生商流费超过150万元，实现利润总额超过175万元。预计全年加注氢气超过30万千克（日均销售超过870千克）、商流费365万元、氢业务毛利接近640万元、建站补贴不足500万元，实现利润总额超过765万元。

（二）存在的问题

1. 新能源业务转型建设难度大

服务站点场地需求大、初期投资成本高，油品、加气（氢）等场景需要商务、应急、住建、市场监督等多部门审批，建站与收效周期长，商品和功能运营更加复杂，用地资源、场景落实、后评价及运营管理压力大。效益方面，部分选型选址不具备投资经济性，如一些高速服务区的充电桩利用率低，单桩充电服务费低；安全方面，“油气氢”属于危险化学品，充换电、光伏与危化场所的安全标准均较高；管理方面，多业态商品的管理，对管理人员自身素质和业务能力提出挑战，需要通过信息化、数字化和智慧化的技术提升站点运营效率。

2. 新能源业务转型规划不完善

目前尚缺乏量化地对站内外新业务选型及需求场景选址的衡量标准，新能源转型面临选型选址困境，成品油销售企业发展方向不明确，转型热情不足。导致落实时决策简单化，片面以平行化为主增加功能，如充换电等。新旧业务间融合衔接不足，易导致现场布局混乱，车流动线不佳。

3. 新能源业务转型制约大

新能源领域的核心资源如电力资源并不由加油站运营主体掌握，现阶段新能源业务的开展模式以租赁合作为主，将新业态嵌入原有油气业务中，具体维护运营工作由第三方公司承担，风险降低的同时在一定程度上缺少主导性，规模较小，发展缺乏专业化。

（三）改进方向

1. 规划标准先行，优化站点布局

秉持“一次设计、分布实施”的原则，制定综合能源服务站整体规划方案，总体布局、统筹推进、有序实施，以至少可预见的5年为一个周期，根据市场需求和地区发展规划，合理调整加油站网点布局，提高能源供应效率，留有足够的安全距离和行车动线，避免业务交叉互相干扰。推出量化可参考的选址选型方法，为成品油销售企业新能源业务转型的落地指明方向。

2. 业务融合发展，重塑服务体系

推动加油站向综合能源服务站转型，综合能源服务站集成加油、加气、充电、换电、加氢等能源补给服务与非油服务于一体，不断拓展服务范围、完善服务细节、提高服务质量、升级服务内容。在保持安全间距的前提下，使场地得到充分利用，达到“闲置场地”价值最大化。同时做到各个功能的协同效应，实现新旧业务融合发展、有序接替。优先选择开发合建站，通过集约土地和共用站房、罩棚等设施降低投资成本，降低土地、房建投资成本，节约人工成本。

3. 信息化为支撑，向新能源转型

利用物联网、大数据等技术手段，实现加油站的智能化管理，提高运营效率。搭建数字化和智能化平台，依托更加信息化和智慧化的管理手段支撑多种商品高效运营，建立新能源运营数据库，并定期进行分析，为日常运营及后续建设提供数据支持。同时，石化企业依托强大的技术、资金、市场、品牌、组织优势，应充分整合自身资源，逐步将新能源业务上升为成品油销售企业的重要板块和主体，参与新能源重大项目建设。

四、成品油销售企业智能数字化改造融合发展的典型经验与做法及技术经济分析

伴随着物联网及AI技术的发展，业务数字化浪潮逐渐涌入各行各业。

更大的业务量、更宽的业务边界，以及指数级增长的海量数据，对加油站内 IT 基础设施的性能、可靠性和易用性等提出更高的要求。加油站亟待向高效率、智能化的方向逐步演进，通过数字技术推动加油站场景多元化和业务新增长。

（一）加油站现阶段问题亟待数字化技术支撑

加油站是油品零售行业最主要的生活化服务场景。随着油品零售行业需求增速趋缓，降价、油非互动等传统促销模式收效有限，普遍面临四方面问题。

1. 客户服务体验差

客户引流方面，App 用户未能有效转化为价值客户；入口服务方面，高峰期加油车辆多，加油排队拥堵；客服提升方面，顾客消费信息获取不完整，黏性不强；前庭提升方面，车主需要到柜台付款，影响加油效率。

2. 油站整体效益低

油非互促方面，加油和非油品销售未有效结合；客户营销方面，无精准客户画像，无法进行精准营销；自助服务方面，自助服务程度低，基本依靠人工服务。

3. 基础设施运维难

IT 设备方面，大多数加油站内无专用机房，IT 设备数量多达 10 余个，需占用 2~3 个机柜空间，部署杂乱、难度大；设备运维方面，故障节点多，故障率 1~2 站 /（省・日），依赖人工报障，运维时间长，运维成本接近设备的 2.5 倍。

4. 安全监管力度弱

卸油监管方面，卸油作业规范依赖人员意识；运营监管方面，工作人员和客户行为规范无法实时管控；设备监管方面，设备数据采集、状态监管依赖人工检查，设备故障、状态异常等风险事件发现不及时。

因此，成品油销售企业的发展思路发生了转变，加油站行业正由“以价格为中心”向“以用户体验为中心”转变。

（二）北方某成品油销售企业实例

1. 提出“智慧服务、智慧管理、智慧营销”新需求

北方某成品油销售企业响应“在油品销售板块实现智慧化销售、数字化运营、一体化管控”的要求，对下属 100 多座加油站开展业务创新与数字化转型升级工作，基于加油站用户、经营管理者及加油站员工等不同角

度，提出了“智慧服务、智慧管理、智慧营销”的新需求。

（1）智慧服务

以加油用户体验为中心，识别 VIP 客户、主动服务，提升加油效率、客户一致性体验。

（2）智慧管理

关注核心运行能力，以数据驱动有效提升运维效率和决策效率；节省人力，降低风险，基于 AI 的分析和智能监管，保障卸油过程及加油站运营本质安全。

（3）智慧营销

基于大数据分析建立客户画像，辅助营销促销规划、客户忠诚度提升、油非互促，实现加油站营收与利润增长。

2. 智能化解决方案

基于该公司的需求，华为从智慧服务、智慧营销和智慧管理三个方面入手为其打造了加油站样板点，提供了端到端的一体化服务，助力加油站实现人车物的可视和安全管理，提升顾客体验、经营和管理效率。

该智慧加油站解决方案（见图 7–7）是通过在中心侧搭建数字平台，建立视频采集规范、物联接入标准和统一的站级数据模型，对站内原本孤立的加油机、液位仪、支付平台等业务子系统进行整合并形成综合分析平台，实现对各站级数据的远程智能统管。

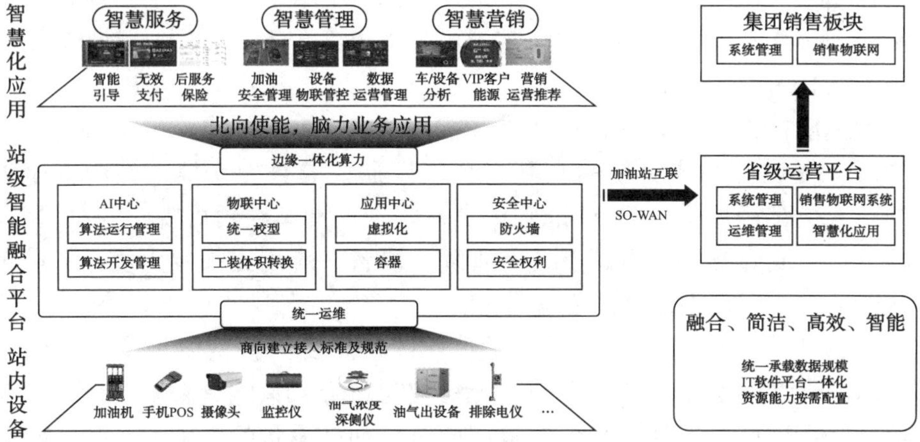

图 7–7　智慧加油站解决方案

同时，结合加油站现有基础资产设施和业务系统应用，在加油站端侧推出首款一体化、简运维的边缘智能融合平台，集成计算、存储、网络、

AI 算法等，在站级创新实现一体化的 IT 集成服务，构筑全物联、全感知的应用开发能力，满足多种智能化业务需求。

华为为该公司提供的智慧加油站（见图 7–8）解决方案具有以下特性。

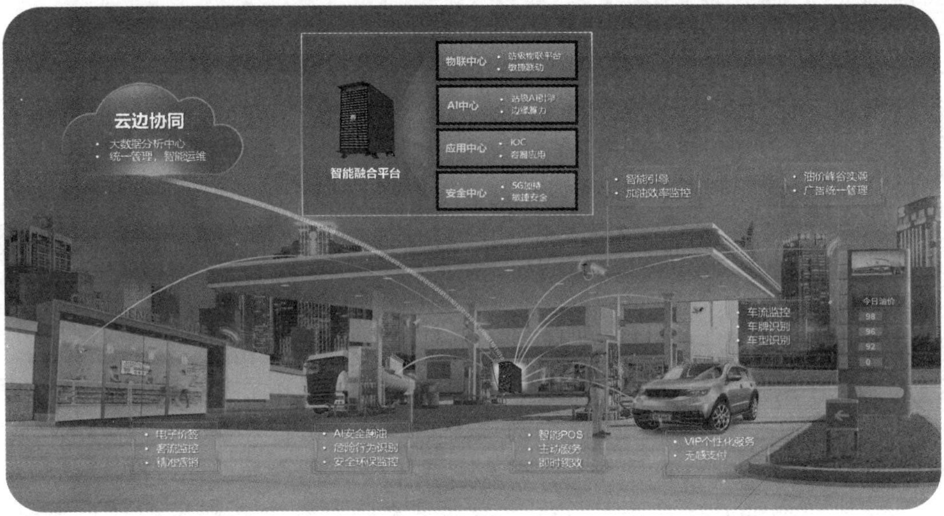

图 7–8　智慧加油站示意图

“All in One”全栈一体，极致集成。智能融合平台采用可在室内办公环境部署的小型化全栈专用设备——FusionCube 500，集成计算、存储、网络、安全、AI 全栈一体，整机高度不到 23 厘米，支持灵活扩展，节约 54% 空间占用；功率精准分配，常规市电上电 5 分钟即可用，让加油站方便用、放心用、用得好。

数据敏捷处理，简易管理运维。智能融合平台通过算法云上训练，边缘推理，提供可在线更新的高算力。依靠强大的算力支撑，站内安全加卸油、人员车辆危险行为 AI 准确识别，实现加油站经营可视、安全可管、风险可控。同时支持 2 万站点统一管理，设备、应用无须专人值守，可远程智能运维，实现加油站的极简管理。

云边协同，应用灵活部署。新业务场景需要创新型应用支撑运营管理，然而许多加油站设备已老旧，无法按需扩容，只能重新采购设备，使得业务开发周期长、部署慢。在复用原有加油站设备的基础上，智能融合平台基于 AI 智能引擎，通过云边协同方式实现华为及第三方算法云上开发和训练，可远程一键下发至站点，实现新业务上线周期缩短 50%，有效助力站级应用快速开发迭代。

3. 经济技术分析

智慧加油站建设有效帮助加油站业务打破传统印象，助力“人·车·生活”生态圈建设，帮助成品油销售企业实现营收增长，帮助普通民众在加油站获得更多生活便利服务。

（1）智慧服务

在图像识别技术、大数据、AI 等技术加持下，智能引导、一键加油、无感支付、非油业务精准推送等业务需求得到了高效解决。加油效率提升 60%，单辆车加油时间从 6 分钟左右压缩到 3 分钟，不仅提升了加油站的通行效率，而且减轻了工作人员的负荷，进而提升了整个加油站的经营效率。

（2）智慧管理

用 AI 替代了人工监督，实现 7×24 小时全方位实时监测分析。智能监管人员作业和车主行为安全并告警，做到操作过程全可视、危险动作全识别、作业记录全可溯，用可靠的数据支撑加油站的业务运营。同时，加油站的基础资产和 IT 设备完成物联统一接入和管理，实现了设备状态实时监测和远程统一运维，设备运行和维护的效率大幅提升，有效帮助加油站资产数据管理，并为运营和决策提供数据支撑。

（3）智慧营销

相比于传统加油站宣传形式比较单一，较难提供舒适、优质非油业务服务的问题，智慧加油站基于视频 AI，成功建立精细化客户画像，合理利用客流资源，实现精准营销。实现了有针对性地推送油价涨幅信息和商品促销活动，加强了 VIP 客户关怀及营销推荐，增强了用户黏性，提升了加油站非油业务的销量。

（4）标准化

智慧加油站建设过程中积累沉淀了三大标准化能力，即业务流程标准化、设备和接口的标准化、数据标准化。既能满足省市公司对各站点统一建设规划的能力需求，又能支撑不同区域差异化的业务需求。通过营销能力的数字化和现场管理的数字化，助力加油站实现增收、增效的目标。

（三）南方某成品油销售企业实例

1. 业务场景与需求

该公司下辖 21 家地市级分公司、2300 多座加油站、1650 座便利店、40 座油库和 1000 多个加油卡售卡充值点，形成遍布全省的营销网络和日趋完善的服务体系。但是，随着行业数字化转型发展的深入、新业务不断引入、油站业务全面上云、带宽需求不断扩大，该公司现有业务部署的效率不足以保障业务快速上线，在后期运维方面可能带来应用识别能力低、流量调度难、关键业务管理难等一系列问题。

（1）加油站进入 3.0 时代，WAN 出口流量激增

加油站 1.0 时代只有单油品业务，业务数据量很少；2.0 时代增加了非油业务，业务数据量随之增加。当前加油站进入 3.0 时代，新业务快速涌现，信息系统也进行快速迭代升级，WAN 出口流量占比由最初的 20% 激增至 80%。

（2）单一接入难以支撑支付业务发展

随着业务的持续发展，支付手段由最初的现金、加油卡等简单支付方式，逐步演进至微信、支付宝、车牌支付、ETC 支付等在线支付，非现金支付业务中断将给油站造成巨大经济损失，单一网络接入方式难以支撑支付业务的发展。

（3）应用识别能力低，多业务管理难

加油站除核心油品业务、非油品进销存管理外，还有视频监控业务，需经常被省、地市公司安全管理人员调用查看，而视频业务消耗带宽量非常高。现有网络设备无法识别关键应用，调度优先级级别低，导致业务高峰时突发流量是平均流量的 2~3 倍，冲击关键应用。

（4）加油站网点分散网络运维困难

加油站数量庞大、布局分散，网络互联服务需要专业人员人工开局，业务配置复杂、周期长、运维压力大。

2. 智能化解决方案

为了满足加油站业务全面上云的业务需求，支撑未来“油气氢电服”综合能源服务站业务发展，油站、地市 / 省公司、总部之间需要有稳定、安全、高效的网络环境支撑。

（1）SD-WAN 对行业智能化的价值

SD-WAN 作为一种创新的网络架构，具备适应性强、灵活性高和可扩展性好的特点，成为未来网络发展的重要方向，对加油站行业智能化有重大价值。

满足多元化需求。传统的网络架构往往受限于单一的出口，无法应对企业的多元化需求。SD-WAN 设备通过智能路由功能，可以根据应用需求自动选择最佳网络路径，并控制和优化流量。这不仅可以提高网络性能和可用性，还可以避免网络拥塞和延迟，提供更快、更稳定的网络连接。

提供全面的安全防护措施。安全一直是企业网络的头等大事，而 SD-WAN 设备能提供全面的安全防护措施。通过集成防火墙、入侵检测和预防系统（IDS/IPS）等安全服务，SD-WAN 设备能保护企业数据免受网络威胁和攻击。同时，SD-WAN 设备还可提供端到端的加密和安全隧道，确保企业数据的机密性和完整性。

简化网络管理和降低成本。传统的网络架构通常需要复杂的配置和管理，需要花费大量的人力和时间。而 SD-WAN 设备通过集中控制和集成管理平台，可实现对整个网络的集中管理和监控。这不仅可以降低管理复杂性，还可以提高工作效率。此外，SD-WAN 设备还可以利用低成本的公共互联网连接替代传统的昂贵专线连接，降低企业的网络运营成本。

提供更好的用户体验和支持云应用。随着企业对云服务的依赖越来越高，传统网络架构的性能和可用性往往无法满足需求。而 SD-WAN 设备通过优化网络连接，可以提供更快、更稳定的云应用体验，提高员工的工作效率和满意度。

SD-WAN 对行业智能化的价值主要体现在满足多元化需求、提供全面的安全防护措施、简化网络管理和降低成本以及提供更好的用户体验和支持云应用等方面。

（2）智能解决方案

该公司的 SD-WAN 组网方式为网络架构，包括以下组件：

SD-WAN 控制器。负责管理和配置 SD-WAN 网络，包括 VPN 隧道、路由策略、负载均衡等。

SD-WAN 边缘设备。又称 SD-WAN 网关，它是 SD-WAN 网络的入口和出口，负责将数据流量从本地网络传输到远程网络。SD-WAN 边缘设备包括路由器、交换机、防火墙等功能。

SD-WAN 管理平台。iMaster NCE 管理平台提供 SD-WAN 网络的监控、报告和分析功能，帮助管理员了解网络性能和故障。

组网方式采用省公司、运营商 / 公有云 POP 机房上联 CPE 与北京总部、公有云 IDC 互联，作为一张 SD-WAN 一级广域网；下联通过省内专线 +Internet（固网 /4G/5G）与市公司、油库、油站 CPE 互联，作为 SD-WAN 二级广域网。

（3）实现智慧能力提升

通过 SD-WAN 网络解决方案，该公司实现了多链路混合使用、低成本宽带流量卸载，降低连接成本；深度应用应用识别、业务区分服务，保障关键业务；有线 /5G 混合网络，网络动态调整，分担或互备；以业务为中心、流量全网集中可视，可视化运维；同一网络的多业务虚拟专网，业务隔离，安全可控。

3. 经济技术分析

该公司基于华为加油站互联解决方案完成了600座加油站和29座油库的“SD-WAN+5G”组网改造（见图7-9），先后攻关了运营商网络兼容、新老设备兼容、网络架构兼容等难题，实现了“隧道式”部署，高效承载了运维、OA、监控等业务。一条虚拟隧道即一条虚拟光纤网络，以数字加密实现安全传输。

该公司升级SD-WAN线路，替代MSTP点对点专线，有线/5G混合网络动态调整，多链路智能选路混合使用，有效使加油站带宽提升100%，网络通信费对比传统MSTP专线节约400万元/年。网络部署零配置开局，集中运维，以业务为中心、流量全网集中可视，且部署效率由原本运营商将近1个月的专线布设周期，大幅缩短至1天，降低了大规模分支组网专线线路成本及人工部署成本，高效响应网点业务开展。

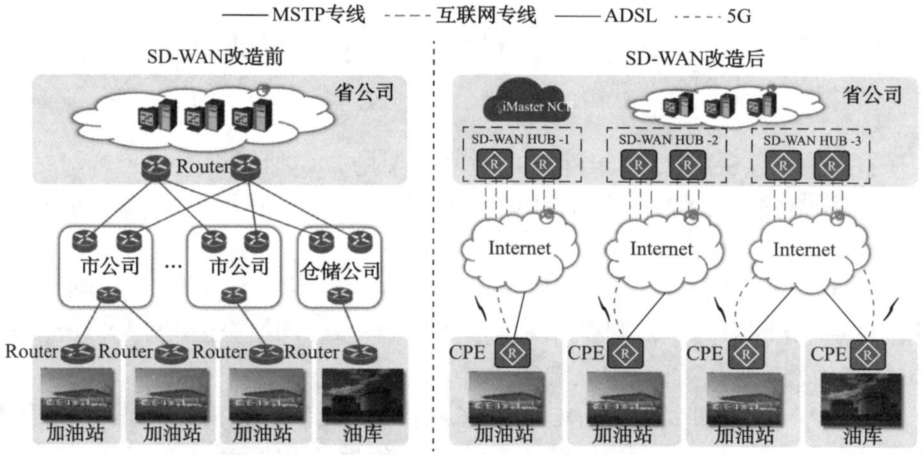

图7-9　该公司SD-WAN网络架构示意图

五、生物柴油推广困难原因及目前有效推广经验

生物柴油是一种以大豆、棕榈等油料作物，动物油脂、餐饮垃圾油等为原料油，通过酯交换或热化学工艺制成的可代替石化柴油的再生性柴油燃料，被业内称为“绿色柴油”。

作为可再生能源、绿色清洁燃料，生物柴油受到了国内外的广泛重视。数据显示，全球生物柴油的产量从2015年的2800万吨增至2023年的5620万吨。东南亚正在积极发展棕榈油生产生物柴油，北美和南美则正在积极发展豆油生产生物柴油，欧盟则正在积极发展菜籽油生产生物柴油。为发展生物柴油，中国进行了不少探索，但多数收效甚微。值得注意的是，上海形成了独特的生物柴油发展经验。

（一）推广近20年仍未获得理想成果

生物柴油燃料性能好，可用于家庭供暖、交通运输等，用途多样。抗爆性能较为优良，运输、储存、使用过程中的安全性更高。拥有广泛的原料来源，可利用植物油或动物油进行生产，具有较好的可持续性。

发展生物柴油能够充分利用社会中的“地沟油”等废弃物，助力解决“地沟油”流向餐桌的现实难题。同时可有效利用适合种植大豆、棕榈等生物柴油原料的土地。

相比于石化柴油，生物柴油可减少约80%的温室气体排放，具有很好的环保性能。在我国实现“双碳”目标的征途上，加大对生物柴油的推广应用，既顺应全球能源多元化趋势，又能在一定程度上缓解对进口石油的依赖，进一步提高我国的能源利用率，完善能源供应，从而在保障国家能源安全的同时减少碳排放。

从“十五”起，我国开始发展生物柴油，相对来说起步较晚。我国一直鼓励发展生物柴油产业，相继出台了一系列政策。例如，2023年11月20日，国家能源局发布《关于组织开展生物柴油推广应用试点示范的通知》，指出通过组织开展生物柴油推广应用试点示范，拓展国内生物柴油的应用场景，探索建立可复制、可推广的政策体系、发展路径，逐步形成示范效应和规模效应，为继续扩大生物柴油等绿色液体燃料推广应用积累经验。国家能源局将对符合条件的试点示范项目优先纳入制造业中长期贷款项目予以支持，并积极推进建立生物柴油碳减排方法学，推动将生物柴油纳入国家核证自愿减排量（CCER）机制，加快实现生物柴油的绿色价值。同时，还将会同有关部门，统筹现有资金，对符合条件的试点示范项目研究予以支持。

但是，总体来看，我国目前生物柴油的产能较低，推广近20年仍未获得理想成果。主要受制于原料。一方面，生物柴油原料来源广泛，造成了收集难题。另一方面，在棕榈、大豆等生物柴油原料种植方面，因为缺少规划、监督和指导，导致难以形成规模，使生物柴油原料供应不稳定。

此外，地方对生物柴油的重视程度不够，缺乏具体完善的发展规划，没有形成完善的原料收集体系、规范等，例如对“地沟油”、动物油脂的收集，制约了我国生物柴油产业的发展。

原料供应不稳定、不完善，生物柴油生产难以形成规模。因此，我国生物柴油发展和推广没能达到预期效果。

（二）上海市政府的重视带动生物柴油推广

餐厨废弃油脂，俗称“地沟油”，是生物柴油的原料之一。数据显示，我国每年消耗食用油约3000万吨，其中20%~30%成为废弃油脂。2023年，上海市每天餐厨废弃油脂收油量300余吨，每年餐厨废弃油脂收油量6~8万吨。其流向问题成为上海市政府关注的重点。

上海市政府希望通过市场引导来解决生物柴油的出路问题，从而实现“地沟油”从收集、运输到末端处置、利用的闭环管理。

为推动餐厨废弃油脂资源化再利用，阻止其回流餐桌，上海市科委于2013年启动了《餐厨废弃油脂制生物柴油混合燃料在柴油公交车的示范应用》课题。2014年，生物柴油成功应用于上海市巴士一汽的公交车上。随后，上海市奉贤区环卫车辆开始试用生物柴油。但是，此后4~5年时间里，上海市生物柴油的消耗量不到400吨，十分有限。

为推广生物柴油的使用，上海市多次召开市政府专题会，研究餐厨废弃油脂制生物柴油应用方案和餐厨废弃油脂制生物柴油标准的制定。

2017年4月，上海市政府召开了废弃油脂处置专题会议，邀请石油石化在沪企业代表参加，旨在通过B5车用柴油来实现餐厨废弃油脂的闭环管理。会上，中国石化上海石油表示，餐厨废弃油脂制生物柴油常态化应用于车辆，既保障了市民食品安全，又促进了资源循环利用，率先表态将积极做好这项低碳环保工程，践行中国石化“为美好生活加油”的庄严承诺。

2017年8月1日，上海市政府专门召开餐厨废弃油脂制生物柴油标准制定情况汇报会，决定由上海市食品药品监管局牵头组建工作班子，规划、安监、消防、环保等部门配合，尽快落实B5车用柴油在加油站的销售事宜。

2017年10月16日，为贯彻落实《国务院办公厅关于进一步加强“地沟油”治理工作的意见》及上海市政府专题会议精神，进一步推进餐厨废弃油脂资源化利用，上海市食品药品安全委员会办公室正式下发了《上海市餐厨废弃油脂制生物柴油（B5）应用推广试点工作方案》，为上海地区推广生物柴油奠定了坚实基础。

（三）中国石化上海石油积极响应，推广之路迎来突破

《上海市餐厨废弃油脂制生物柴油（B5）应用推广试点工作方案》下发后，中国石化上海石油响应政府号召，成立专项工作小组，全面进行B5车用柴油项目建设。其主要做法如下。

1. 成立工作小组统筹布局

上海石油成立B5车用柴油工作小组，由业务分管领导挂帅。经营管理部负责总体推进，统筹协调政府部门和生产厂家，做好资源采购、入库、调和、配送和价格制定等工作。零售管理部负责统筹网点布局、组织营销活动。数质量科技部负责B5车用柴油的全环节检验工作，确保销售的0号B5车用柴油质量合格。政工部负责舆论宣传，物流中心负责配送，各分公司负责终端销售。各部门各司其职、协同作战，共同推进B5车用柴油的试点推广工作。

2. 建成B5车用柴油调和基地

上海石油改造闵行油库，对扩大B5车用柴油发货规模、保障上海B5车用柴油市场供应起到了至关重要的作用。根据市政府要求，2018年5月，上海石油启动闵行油库B5车用柴油调和基地建设项目。同年7月，该项目基础建设基本完工；8月，B5车用柴油调和基地正式发油。

改造完成后，闵行油库拥有2座200立方米锥底BD100原液储罐、2个卸油鹤位、3个发货鹤位。BD100原液通过槽车运输至油库，卸车后进罐储存。通过在线调和技术，形成完整的B5车用柴油调和系统，日调和能力1000吨，进一步满足了市场日趋增长的消费需求，切实保障了上海地区B5车用柴油的市场供应。

3. 构建全区域销售网络

扩张销售站点数量。从站点试点到上海全区域销售网络，上海石油循序渐进，逐步提升B5车用柴油的网点覆盖率，为终端销售提供充裕的站点。结合防渗漏综合改造，对区域市场调研采样，增加B5车用柴油罐，调整0号车用柴油罐，不断扩大销售规模。截至2023年底，B5车用柴油供应网点数量增加至258座，覆盖上海市全部14个行政区域，占上海石油在营站的45%。

优化站点布置。上海石油积极利用B5车用柴油的网点规模优势，在生物柴油的转化率和站均销量上做文章，向量效齐升不断前行。开展B5车用柴油专题分析，不断总结归纳运行过程中的得失。从站点到分公司再到各职能处室，展开讨论，发现问题，解决问题，整理归纳推广过程中的可

取之处，有针对性地推广好的办法、思路。对供应站点做好销量监控工作，优化站点布置，调整油枪位置，做细做实，促进B5车用柴油扩销增量。

4. 营造全员营销氛围

加强相关培训。上海石油通过培训班、B5车用柴油工作群，普及生物柴油的特点、优点、属性，交流推销技巧和雷区规避法。从销售方和顾客两个既对立又统一的立场，围绕B5车用柴油价格更优惠（每升比同号车用柴油优惠0.3元）、使用性广泛、燃烧更充分、润滑性更好（降低发动机系统和缸套摩擦，增加发动机使用寿命）、更具环保性（降低二氧化硫和硫化物的排放约30%）、更安全可靠（闪点高于汽油柴油）、可源头解决“地沟油”等优势，根据不同阶段销售推广的特点、不同的客户群体，提出问题，归纳整理汇编成册，印制统一的B5车用柴油推广手册。

实现100%开口率。上海石油要求对柴油客户，一线员工做到100%的开口营销。一方面，柴油客户单笔加注量大，客户有时间接受简短的B5车用柴油普及课。另一方面，市场从认识到逐步接受，需要投入大量的人力物力去培养、引导消费习惯。而开口率，成为推进这项工作的基础。

5. 引导正向社会舆论，鼓励客户消费转变

2017年10月30日，餐厨废弃油脂制生物柴油（B5）加注启动仪式在上海市奉贤区庄行加油站举行。上海石油成为全国乃至世界首家B5车用柴油试点推广的企业，意味着餐厨废弃油脂制成的生物柴油终于走出了实验室阶段，打通了市场化的“最后一公里”。

上海市领导出席仪式并讲话，在现场加出第一枪餐厨废弃油脂制B5车用柴油。上海石油在《劳动报》上策划生物柴油专版，邀请新华社记者进行现场采访。相关报道不仅刊发了英译版，而且被翻译成十几种文字刊登在国外十余家媒体上。新闻媒体对上海石油举办的B5车用柴油调和设施项目发油仪式给予了高度关注。

为了让公众认识B5车用柴油，上海石油除了大范围的站点供应，配合政府、社会、企业的宣传，还积极实施价格调整策略。B5车用柴油比0号车用柴油优惠0.30元/升。通过让价屏、吊旗、F旗、风旗、名片等展现价格优势，促使车主来算一笔经济账。以综合比较成本优势，促进客户消费习惯改变。

（四）推广路上实现共赢

在上海市政府的带动下，上海石油积极响应政策，配合政府下发的方案，与上海市政府一起，在生物柴油推广方面收获了亮眼的成绩。

1. 切实增强市场竞争力

成品油市场的竞争越来越激烈。作为上海市政府指定的 B5 车用柴油调制销售公司，上海石油在政府部门的大力支持下，率先开展了 B5 车用柴油推广项目。在整体汽柴油市场需求降低、消费低迷的局面下，通过配合参与政府的政策推动执行，实现了与政府的合作共赢。

2. 销量增长幅度明显

在 B5 车用柴油的推广使用上，上海石油既有站点数量的优势，又有总量领先的优势，有利于将 B5 车用柴油作为新的增长点，为企业可持续发展提供新的动力。2017 年推广以来，上海石油 B5 车用柴油销售增势较为明显。截至 2023 年底，B5 车用柴油累计销量突破 220 万吨，年均销量约 50 万吨。

3. 优化 B5 车用柴油全产业链

上海石油大力度深耕 B5 车用柴油这个新兴市场，建立完善考核机制，鼓励提升单站 B5 车用柴油的销量，从总量优势转化为站均量的优势，加快提升 B5 车用柴油的转化率。同时，在上海市政府的财政支持下，价格让利对用油客户起到了重要的减负作用，有效刺激市场，促进地方循环经济全面发展。

4. 解决“地沟油”回流问题

上海石油持续不断探索一条环境保护与转型升级、提质增效、经营发展协同共进的发展道路，积极发挥企业力量，解决“地沟油”可能发生的回流问题。B5 车用柴油推广销售以来，上海石油已协助消化餐厨废弃油脂制 BD100 原料 8.4 万吨。随着 B5 车用柴油销量不断扩大，“地沟油”问题将得到更全面的遏制。

5. 提升企业社会形象

“地沟油”问题是社会的难题和痛点，尤其是回流到餐桌造成的食品安全问题，极大地影响人民群众的身体健康，冲击食品生产销售行业，严重扰乱市场竞争。通过积极参与“地沟油”处理，上海石油树立起了负责任、勇担当的企业形象，形成了一套可复制推广的先进经验。一方面有利于与政府开展更多合作，拓宽合作空间；另一方面有利于面对社会大众展开正向交流，建立有别于以往的新型国企形象。

（五）推广之路仍有阻碍，还需尽快做出调整

尽管上海市在生物柴油推广上取得了成效，但我国生物柴油的推广之路仍然道阻且长。

欧盟为鼓励生物柴油的生产，给予了财务上的政策鼓励，免除了生物柴油 90% 的税收；美国环保署（EPA）制定了可再生燃料标准计划（RFS）来推动替代燃料利用；奥地利在 1991 年就颁布了世界首个菜籽油甲酯生物柴油标准……

从国际和国内的相关经验来看，促进我国生物柴油的发展，各地政府要进一步深入了解当地生物柴油发展的现状，给予政策支持，加大补贴力度，连同相关企业做好发展规划，并制定科学合理完善的标准。

各地区应加强部门协调，收集并梳理各地生物柴油原料来源，加强部门协作，例如调动各部门对城市"地沟油"进行收集，通过实践总结经验，迅速建立起合理的"地沟油"运输、加工、利用等完善的体系机制，保障生物柴油原料的稳定供应。

面对生物柴油是新兴事物的现状，各地区要进一步推进宣传工作。可利用线上线下等渠道，对社会大众进行科普，帮助社会大众了解生物柴油的意义和前景等内容。

石油企业应顺应趋势，重视生物柴油的发展，积极响应政府号召，投身生物柴油推广应用试点示范工作，促进生物柴油广泛应用和发展，为人民美好生活助力。

在推广过程中，"政企联动"是推动生物柴油产业快速发展的关键要素。在生物柴油这一全新领域的开拓初期，政策为市场提供了稳定的外部环境和方向指引，也为企业开拓空白市场提供了必要的激励措施。企业则应充分利用资源优势和政策支持，发挥市场引领作用，与政府一道推进生物柴油走进大众，有效扩大市场规模。

六、建立标准异业合作模式，高效拓展第三方营销资源

传统异业合作模式缺少互联网工具支撑，通常只能采取简单的"卖货"方式开展异业合作，灵活性差、落地效率低。随着各行纷纷布局互联网平台，传统模式下的异业合作已无法满足业务需要，且因无法实名认证 C 端客户身份，容易滋生黑产套利，企业面临非法洗钱等合规经营风险。中国石化基于不同合作伙伴类型、客户资源质量、预期投入营销资源规模等各种因素，建立异业合作标准模式，支撑"总对总"全国统一性与属地个性化两级异业合作高效落地。

（一）建立异业合作标准，大幅提升资源落地效率

1. 成品油经营面临多重挑战，单一营销难达量效目标

随着国家全面放开成品油零售经营市场，民营、外资加油站异军突起，“不带票”资源、地方炼厂油品以低成本涌入市场，带来巨大让利空间。除了油品价格优惠外，洗车 / 擦车、添加玻璃水等现场免费服务几乎已成为民营加油站的“标配”。

与此同时，互联网技术迅速发展。资本市场通过平台聚合的轻资产模式入局，与民营加油站形成抱团态势。如团油、高德地图、百度地图等互联网平台，通过技术赋能、流量扶持整合民营加油站，并采取平台补贴等低价策略引流。

在国家政策的大力支持下，截至 2023 年底，我国新能源汽车保有量已超 2000 万辆，占汽车总量的 6.07%。新能源汽车加速替代燃油汽车，部分城市出租车、公交车等公共交通已实现全部替代，导致成品油需求缩减，对加油站销量造成明显冲击。

总之，成品油经营面临着行业发展趋势下行与市场充分竞争局面等多重挑战。如果采取传统降价方式参与竞争，短期看局部站点增量见效快，但长期来讲，总量未见明显提升。因客户流动性强，单纯依靠企业自身营销投入还会直接影响企业利润，而且活动只能触达现有客户，无法借助第三方平台提高活动吸引力。如何在激烈的市场环境下稳固市场份额，实现低成本的高质量客户拉新与召回，是中国石化成品油销售企业当下面临的突出问题。

2. 跨界联盟引进外部资源，有效降低企业营销成本

中国石化在全国拥有 3 万多座加油站、2.8 万余家易捷便利店、9000 余个洗车网点，具有无法复制的实体网络优势。顺应互联网时代趋势，中国石化积极推进数字化转型发展，打造了集“加油、加气、充电、购物、洗车”等多元服务为一体的综合车主服务平台，累计发展全渠道注册会员规模超 3 亿人，具备了更加灵活、开放的异业合作基础。

与此同时，银行、保险、车企、运营商等各行业头部企业出于回馈客户、提频促活、转化交易、构建生态等目的，对加油、洗车等车主高频刚需的消费场景具有强烈的合作诉求，且愿意在这些场景投入大量营销资源，以期达成目标。

通过发挥服务场景、客户规模、品牌影响优势，与各行业头部企业强强联合，共同投入营销资源补贴交叉客户，可以构建“三赢”局面。对中国石化而言，可借助合作伙伴的资源，有效降低营销成本投入，并获得外部平台

客户导流；对合作伙伴而言，借助中国石化刚需、高频、高单价的加油消费场景，可将资源精准投放至消费潜力巨大的高净值车主客群，有效提升投入回报率；对消费者而言，可同时享受多重权益，获得实实在在的优惠。

（二）梳理异业合作类型，建立合作保障体系

1. 建立第三方合作标准制度

中国石化在推进异业合作过程中，前期主要面临四个方面的困难：一是企业流程管理要求严苛，跨部门交叉协调工作烦琐，合作落地效率低下。二是信息化建设水平低、系统对接难度大，且缺少强大的自主研发团队，需求响应灵活性差、开发周期长、技术投入成本高。三是组织架构复杂，既有全国性“总对总”合作场景，又需要支持省市属地化合作落地。四是合作企业数量多，业务场景差异化，系统标准不统一，导致同一合作模式难以完全复制。

为了提升资源引进效率，规范合作流程，中国石化根据合作企业类型、客户特征、资源规模、技术要求等维度建立第三方合作标准制度，发挥互联网统一平台与统一会员优势，打造数字化营销工具，为快速引进第三方营销资源提供保障。

2. 梳理异业合作类型

通常异业合作的模式（见图 7–10）主要包括四种类型：一是积分兑换。将合作产品通过电子券的方式，上架至合作伙伴的积分平台。顾客使用合作方平台积分可直接兑换加油等权益产品，丰富兑换选择，提升消费体验，如银行信用卡积分、移动积分等。二是联合营销。通过在加油场景开展支付立减、积分抵现等营销活动，主要以银行、第三方支付企业为主，借助加油高频、高客单价的业务场景，促进持卡（开户）客户交易活跃。三是定向回馈。合作伙伴出资采购加油等权益赠送给其指定顾客，如 4S 店新车客户回馈、运营商资费套餐赠送权益等。四是其他合作，如企业利用各自业务优势打造具有市场竞争力的联合会员权益产品，互相引流拓客。

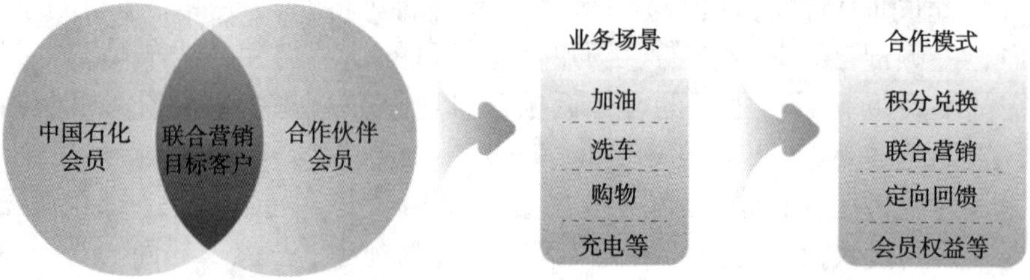

图 7–10　异业合作模式示意图

3. 建立标准化的异业合作保障体系

保障体系包括三个方面：一是制定异业合作管理办法，规范开展异业合作。办法主要针对合作企业类型、合作条件要求、技术对接模式、资源投入规模等具体情形进行明确，建立统一合作原则。不同业务部门、总部与省市各级企业的异业合作均不得违反原则性要求，以保障企业效益最大化，规避合作风险。二是建立异业合作标准协议文本，降低风险提升效率。虽然不同企业异业合作的具体业务模式、条件有所差异，但涉及的联合宣传、系统安全、个人信息、商业保密等条款具有普遍适用性，标准协议文本可简化缔约过程，极大提升合作效率。三是建立异业合作激励政策，充分调动企业积极性。如针对合作效果明显、引进第三方免费营销资源规模排名靠前的企业给予考核加分，对在异业合作推进过程中表现突出的具体部门、岗位人员予以薪酬激励等。通过激励措施提升企业和员工开发异业合作的主观能动性。

（三）三种技术解决方案，满足不同客户合作诉求

技术开发是异业合作执行落地必不可少的一个环节。按照异业合作业务模式的不同，有三种技术解决方案，具体包括 SDK（Software Development Kit，软件开发工具包）嵌入、API（Application Programming Interface，应用程序编程接口）电子券标准接口、第三方支付优惠三种类型，分别满足不同类型、不同级别企业客户的合作诉求。

1. SDK 嵌入模式，支持多个合作伙伴平台

易捷加油 SDK（见图 7-11）是中国石化自主研发的，集加油、洗车、购物、充电等多种业务服务功能于一体的加密、加固后的应用工具包，支持嵌入多个合作伙伴平台（宿主 App）。

图 7-11 易捷加油 SDK 示意图

对于中国石化而言，通过 SDK 外嵌“借船出海”，能够获得合作平台亿级营销资源的投入，并带来高净值新客户的增长，节省企业营销成本与

获客成本。对于合作伙伴而言，借助加油、洗车等高频高黏性的优势业务场景，可以丰富自有平台生态圈业务，提升端内用户黏性与交易活跃，从而带来更多商业转化机会。通过 SDK 嵌入可同步打通合作伙伴自有支付能力（如平安付、中国建设银行龙支付等），并基于支付通道实现积分抵现、支付立减、消费返券等多样化营销功能的打通，赋予合作伙伴更灵活、便捷的营销场景支持。当然，因为 SDK 嵌入涉及与合作方平台的联合登录、支付接入、资金对账、营销工具、退款开票等系列功能集成，通过 SDK 交易的客户均需遵守易捷加油实名认证、人脸识别等风控要求。

SDK 嵌入模式对接难度系数相对较大，研发成本高、时间周期长，仅面向会员规模大、营销资源多、技术能力完善的重量级合作伙伴开放。通常要求合作伙伴具有较强的技术研发能力与平台运营能力，以确保核心功能嵌入后平稳运行，并不断迭代升级。

2. API 电子券标准接口，仅需一次性开发

电子券是承载异业合作落地的重要营销工具。通常按类型可分为满减券、现金券、折扣券，按具体消费场景可分为充值券、加油券、购物券、洗车券等，可在线上、线下渠道进行核销使用。API 电子券标准接口仅需一次性开发，形成标准文档提供给合作伙伴，后续配合接口联调即可实现业务上线，能同时满足多家合作伙伴快速接入，可最大限度减少技术研发资金成本与时间成本，是应用较为普遍的异业合作模式。

3. 第三方支付优惠，最常见的联合营销模式

第三方支付优惠是指利用微信、支付宝、云闪付等移动支付平台开放的成熟营销能力，如支付随机立减、满额立减、支付返券等。主要适用于与银行、银联及其他第三方移动支付等企业合作。如银行基于活跃信用卡客户交易目的，开展微信绑定指定信用卡支付享受随机立减优惠，借助高频、高客单价的消费场景帮助合作伙伴达成活跃客户、促进交易等诉求。该模式主要利用第三方支付开放营销能力，采取绑定收单商户号即可实现活动配置，营销资金与常规订单资金到账时间一致（即 T+1 或 D+1）。资金风险小，受众群体广、参与活动门槛低、用户体验好，无须技术研发投入，属于轻量级快速上线的异业模式，是当前省市属地化异业合作最常见的联合营销模式。

但是，第三方支付通常费率较高，且需要提前预存资金。银行出于资金成本原因和自有支付体系推广的战略考虑，会控制在第三方渠道投放的营销预算。具体采取何种模式开展联合营销活动，通常需要合作双方对相关优劣势充分评估后，结合双方业务诉求进行选择。

（四）风险防控措施放首位

加油属于刚需、高频业务场景，加油券、积分等具有类货币属性，流通性强、兑现速度快，极易被不法分子利用，开展诈骗、洗钱、套票等违法活动，造成顾客资金损失，损害企业形象和国家利益。因此，异业合作过程中，风险防控必须放在首位。中国石化以客户为中心，围绕支持业务发展需要，着力建立贯穿“事前、事中、事后”的全过程风险防控体系。

1. 事前要“紧”，把好合作入门关

要对合作对象、合作场景、合作模式进行严格审核，只针对企业资信好、资金实力强、服务响应快、技术团队成熟且直接服务C端消费者的企业开展合作。明确营销资源直接投放到进行了实名认证的个人终端客户，而非使用场景不明确的中间商、贸易商。对发票、资金、结算等要求充分沟通，并通过协议进行明确，防范套券、套票风险。

2. 事中要“严”，实时监控异常情形

建立全流程系统监控体系，及时辨别异常账户，发现异常交易。一是建立实名认证体系，易捷加油SDK、API电子券接口，都与合作伙伴平台用户认证的实名信息进行校验。只有支付账户与易捷加油开户/开卡账户保持一致方可充值成功。在遵守个人信息保护法的前提下，最大限度确保交易的真实性，防范洗钱风险。二是建立动态数据跟踪机制，重点对高频交易、异地交易、异常时间交易、累计大额交易、累计失败交易、同客户不同账户（卡）交易、接近限额交易等情况进行识别，并对异常账户进行主动干预，通过多维度动态风险数据监控核实后，采取加入黑名单、冻结交易账户等限制消费措施。三是建立资金实时监控系统，保障异业合作资金安全。优先采取优惠资金“D（T）+1”到账模式合作；对确实需要进行周结、月结模式的业务合作，提前建立预付资金池，严格控制在预付资金额度内发放优惠权益。资金不足时进行系统提示，及时补足，否则权益发放失败。

3. 事后要“快”，迅速切断风险源

与合作伙伴建议常态化运营沟通机制，及时处理系统异常情况和客户投诉问题。对于与不同合作伙伴对接的易捷加油SDK、API电子券接口均建立渠道标识，并保持交易隔离。任意渠道发生极端异常情况，技术上具备渠道一键切断关停能力，保障风险可控，不影响平台其他功能正常使用。

（五）异业合作，年累计第三方营销资源超30亿元

1.“总对总”战略合作，全年累计加油订单超600万笔

2023年，中国石化与中国建设银行达成“总对总”战略合作，首次探索将一键加油通过SDK包形式嵌入建行生活App，并打通电子券营销、积分抵现能力，联合推出“周五加油日”会员品牌回馈活动，全年累计加油订单超600万笔，实现汽油客户拉新近30万人。

在成功试点的基础上，中国石化持续深化平台级异业合作。与平安集团签署战略合作协议，建立生态互通互融机制，利用SDK嵌入方式构建平安保险、银行、汽车业务等全渠道营销资源投放入口与客户资源导流通道。2024年1月在平安口袋银行率先实现功能上线，通过双方资源加持，打造加油八折车主主题活动。

与上海交通银行、广发银行、中国移动、一汽红旗、中国人寿等企业通过电子券工具开展系列加油、充值优惠活动，与中国银行、中国工商银行、光大银行、中信银行、银联云闪付、支付宝等超百家企业成功开展全国性或属地化营销合作，为合作伙伴提供了高频次、高单价、高产出的资源投放场景。以某银行为例，2023年开展的加油充值随机立减活动，平均投入带动比达53倍，大幅撬动了信用卡客户的持卡消费频次与消费金额，助力合作伙伴达成了拉新与促活的目标。

2.“分对分”异业合作，提升经营挖潜增效能力

省市层面，31家省市公司积极与属地化企业对接，拓展“分对分”异业合作，进一步发挥异业合作标准模式优势，提升经营挖潜增效能力。

以某省公司为例。近年来，由于市场竞争加剧、能源替代等因素的影响，该省公司面临的经营压力与日俱增。为更好地拓客、留客、锁客，该省公司加大异业合作创新，从单一营销转向联合异业合作，打出营销组合拳。

创新合作模式。通过与银联商务签订云闪付框架协议，以《商请函》模式，把所有业务流程锁定在省公司与银联商务之间，打通了省公司与其他第三方因各自内部监管要求造成的合作阻碍，以更丰富的第三方资源引流客群。

丰富合作业态。以总部提供的标准化电子券接口为技术支撑，引入第三方资源以预付款形式购置加油、购物、洗车电子券，用于银行、保险开展内部福利、客户权益赠送、积分兑换等活动。在把握资金风险的基础上，以公域流量带动私域流量增长。

引入数币新场景。自2023年年中开始，陆续启动了各渠道数字人民

币支付方式的开发。通过本地省级工行打通了线上数字人民币充值，通过银联商务打通了线下近 2000 个站点的线下数字人民币支付。

扩大合作范围。通过对地市公司开展考核激励、业务指导等方式，鼓励地市公司百花齐放，包括开展与政府合作发放消费券、与 4S 店合作开展购车赠送充值金活动、与银行合作开展开卡送福利活动。2023 年，该省公司全年开展异业合作项目 87 个，引入营销资源 6.18 亿元，同比增长 9.7%。

目前，中国石化总部与省市两级已与超 200 家知名公司开展了跨界合作，年累计引入第三方营销资源超 30 亿元，拓展纯新客户超 100 万人 / 年。借助外部资源既为企业大幅节约了营销成本，实现增量增效目标，又开辟了站外营销阵地，丰富了会员权益体系，实现引流拉新目标。同时，通过强强联合实现客户满意度、品牌价值进一步提升。

3. 标准化异业合作要注重技术手段可持续化

标准化的异业合作模式不是一成不变的，要结合实际业务模式的变化、技术手段的更新持续优化。总体而言可概括为三个阶段：一是统一策略，规范模式。明确异业合作的统一原则，建立标准化对接体系，规范化开展第三方合作，确保企业合作效益最大化。二是加强实践，完善模型。周期性复盘能力建设和方案实施推进过程中的效果，增强与合作方的异业营销联动、运营策略联动，提升合作广度和深度。三是沉淀模型，全面推广。将成功的项目实施经验进一步推广，助力企业三方合作项目的底池扩容，驱动线上平台的经营创造力，通过企业及合作方的外循环提升站外渗透，进而强化平台赋能，繁荣人车生态。

七、如何借助全国统一大市场拓展非油市场

建设全国统一大市场，即通过统一的基础制度规则、统一联通的市场设施、统一的要素资源市场、统一的商品服务市场、统一的市场监管以及破除地方保护部门分隔，来建设高效规范、公平竞争、充分开放的超大规模市场。加快建设全国统一大市场，对畅通国内大循环、激发市场活力、降低交易成本、释放内需潜力、巩固经济回升向好基础，发挥着积极的促进作用。

当前，非油业务已成为成品油销售公司的重要增长点。中国石化易捷凭借 2.8 万家便利店成为国内门店数量第二多的连锁便利店品牌，品牌价

值达206.97亿元。中国石油昆仑好客便利店总量近2万家，2023年品牌价值170.22亿元。成品油销售公司的非油业务覆盖面广、业务繁杂，其核心的便利店业务属于零售行业，汽车、餐饮、电商等业务是消费领域的重要组成部分。在建设全国统一大市场的过程中，非油业务将在扩内需、促消费中发挥重要作用。这既为非油业务的销售增长提供了广阔空间，又对非油业务的发展质量提出了更高要求。

（一）建设统一大市场中非油销售的困难和问题

1. 非油品牌管理能力不足

我国成品油销售公司的品牌运营管理能力存在不足，特别是非油业务存在一定的壁垒和混乱现象。

（1）存在重复开发

品牌开发主体分为总部和省级公司两级。不同主体各自为战，导致重复开发。同一商品品类下出现多个品牌，造成资源浪费。

（2）品牌运营规范未形成

尚未形成专业、系统的品牌运营规范，各品牌之间以独立运营为主，未形成相互促进、协调共赢的良性循环。

（3）品牌管理体制机制不健全

存在品牌授权不到位、使用不规范等问题。例如，省级销售公司未经总部授权，擅自将非油业务的核心品牌用于当地小范围销售的地方特产商品。

2. 管理科学化和数字化程度不足，导致采购、仓储、物流和销售效益较低

数字化是全国统一大市场建设的必要条件。部分成品油销售公司非油产品的生产、分配、流通、消费各环节数字化程度不够，没有形成“一张网”，在管理上存在壁垒，导致流程不畅通、信息不共享，影响市场开拓和效率。

（1）商品采购价格偏高，毛利微薄

当前，我国成品油销售公司非油采购一般顶层设计规定优先采用总部招标集采，各分公司按照合同约定执行，不在集采目录且不是竞品的商品才允许下级单位通过一定的流程进行得采。但在运行过程中，往往出现由于供应商考虑运输、结算等因素，购进价格较高，利润空间微薄。为了规避过期报废损失的风险，总部要求供应商必须无条件退换货才能入围，而供应商测算现实问题后，只能提高报价，陷入“购价高—销售乏力—滞

销—过期—退换货—购价更高”的怪圈。

（2）仓储配送管理不足

仓储物流配送能力是连锁便利店高质量发展、供货及时的重要保障，也是连锁便利店的核心竞争力。仓储物流环节出现备货不及时、分拣效率低下、运输排次不合理等问题，成了制约成品油销售公司发展非油业务的瓶颈。商品周转低下、物流运作不畅导致商品易积压、易临过期、增加二次运输成本、占用资金成本过高影响利润等不利影响。

中央仓功能不完善，专业化、现代化能力不足。部分成品油销售公司的整体中央仓未达成全面现代化，更多履行的是仓储转运职能，智能化、自动化不足，影响了仓储功能效率的提升。

配送时间固化。部分企业每月在固定时间由门店发起订货申请，但节庆、促销等客观因素对销量预测提出极高要求，仍需员工进行补充判定修正。对于门店缺货的特殊情况无法在批次中间补货，增加因库存不足带来的销量损失。

逆向物流管理缺失。目前针对门店退换货有相应流程，但考虑商品退换数量具有不确定性，安排专车处理退换货事宜不经济，实际退换货商品需等仓库下批次配送时才能将商品带回。执行过程中，会遇到拼车送货而无法按期带回退换货商品的情况，时效性无法保证，不利于与供应商约定时间，容易造成退换商品在门店积压。

配送计划及线路有待进一步优化。部分企业借助自己研发的程序，初步解决了基于人工经验分配车次及线路不够科学的问题。但在实际运行过程中，仍可能在特殊情况下系统无法识别并计算出最优行驶路线，影响配送效率。遇到司机临时变更配送计划的情况，需联系技术人员删除任务后重新下发，影响其他站点配送任务的正常分配。

（3）流程烦琐，营销组织管理不足

目前商品促销分为总部统一制定、地方公司制定和站点自行组织 3 种。但公司级促销因审批烦琐、周期较长，部分公司出现促销审批下发时间紧迫，促销开始没反应、热卖就断货的状况。同时，站点级促销需要起草方案、站点发起、公司审批，部分基层员工积极性不足，缺乏主动思考经营和促销。应优化审批流程，实施促销方案表格化、简单化，以业绩指标衡量站点工作效果，切实扩大一线授权范围、增强主观能动性。

3. 区域效应不明确

统一大市场是在维护全国统一大市场的前提下，结合区域重大战略和区域协调发展战略的实施，优先开展区域市场一体化建设。目前，京津冀一体化、长三角、大湾区及成渝双城经济圈等区域，政府在要素资源和市场平台设施等方面推出了一系列推动市场区域一体化的措施。但目前成品油销售公司尚未融入区域一体化，难以借此提质增效。

4. 网上销售平台未发挥矩阵效应

目前，各地成品油销售公司建立了网上销售平台，也积累了大量的忠实粉丝。长远来看，它对加油站非油业务发展有着重要作用。但非油销售的网上平台基本处于各自为战的状态，各地成品油销售公司网上商城的名称、端口、管理不统一，在一定程度上致使客户体验不佳、广告效应差。这不利于产品的销售，对提升品牌影响力也产生了一定的阻碍作用。

（二）发展统一大市场的经验和建议

1. 利用旅游大市场，释放出行消费潜力

2023年国内出游人次48.91亿，比上年同期增加23.61亿，同比增长93.3%。国内游客出游总花费4.91万亿元，比上年增加2.87万亿元，同比增长140.3%。各地政府采取多项措施联动，刺激消费。销售公司应利用油非互促、便利店及全国分公司协同等优势，参与各地旅游推广、消费券发放等活动，提高吃穿用等基本消费品质，释放出行消费潜力。

（1）配合地方旅游部门，参与活动扩大营销

在哈尔滨冰雪节期间，东北某成品油销售公司乘势而上，推动商旅文融合服务，给予全国旅游者良好的消费体验，展现了强有力的品牌说服力。该公司1100余座加油站不仅为外地游客提供秋林格瓦斯、红肠烧鸡、马迭尔冰激凌等特产一站式购齐服务，而且在加油站配备了多种免费商品和免费服务。该销售公司牡丹江加油站设置“油导游”，路线导航、景点咨询、食宿地一应俱全。东极加油站是中国最东端的加油站，在通往黑瞎子岛和抚远口岸的必由之路上，全力做好抚远市政府推出的“日出东方 热雪东极”、中国东极冰上马拉松等系列冰雪文旅活动的服务保障工作。全方位打造温暖舒适的旅途驿站，推动商旅文融合，加大营销力度。

（2）利用油非互促、全国联动优势，引流顾客消费

淄博烧烤节期间，当地某成品油销售公司开展外地车辆加油满赠活动，92号汽油满200元、95号98号汽油满260元赠送特色礼品。争取到地方政府烧烤代金券、特色纪念品等免费营销资源，总价值80万元以上，节约了营销支出，增强了对省内外客户的吸引力。同时，协调省公司对接北京、天津、安徽、山西、河南以及山东各分公司，发放“进淄赶烤260减20汽油券”，6天发券2万张，进一步拓展引流渠道。

首届“烧烤节”期间，面对主要对手为社会商超的竞争，昆仑好客成为淄博首届“烧烤节”唯一超市，结合“烧烤节”游客消费需求，重点选取香烟、特产、零食、水果、饮料、雪糕、酒类、个护八大类商品进行销售，并推出现做烤肠、现煮馄饨、果切，开展提篮、推车销售，最大限度刺激客户消费。6 天时间实现销售收入 20 万元，日均 3.3 万元，毛利 5.2 万元，毛利率 26%。

2. 建立特色化三级供应体系，推动品牌建设

非油业务全国集采的目的是通过建立特色化三级供应体系，降低采购成本，统一运营模式。应推进加油站非油业务集采分销体系建设，强化统筹管理，塑造科学高效的销售体系。成品油销售公司需优化新发展格局下的顶层设计，推进各项业务向产业链上游延伸，打造高端、高品质、高附加值的自有商品与专业服务体系，推动品牌建设，不断提升满足顾客需求的能力，助力国家扩内需战略，引领零售行业发展，打造销售强板。

（1）构建高效互通的商品采购信息平台，降低采购成本

成品油销售公司应充分依托零售管理系统建立数据应用模板，搭建商品分级数据库信息，给站点提供商品可视化信息，制订科学的采购周期计划，力求达到精准订货、精细组货、精确结算、精致管控、精心分析。中海炼化去年制定了非油商品集采分销体系建设方案，分为中海炼化本部、三大区、省市公司三级负责推进集采分销方案。其中，全国集采商品覆盖面达到 60%，大区公司借助区域优势开发本区域内知名或二三线品牌商品，省市公司主要开发地方特色商品。三级供应商体系集采工作通过严格的价格把控，采购成本降低 2%~5%。

（2）强化品牌顶层设计，布局自有品牌

我国成品油销售公司非油业务的零售业态较为单一。一般加油站便利店经营的 SKU（最小存货单位）数量 600~2000 个，品类横跨食品和非食品两个大类。专业运营力量不足，对同一品类无法投入较大资源。建议成品油销售公司梳理已有品牌的发展现状，强化顶层设计，建立设计明晰、管理完善的品牌架构，对每个子品牌扮演的角色和发挥的作用进行准确定位，为已有品牌制定改进方案或品牌延伸，并对新品牌提前进行规划。当前，中国石油和中国石化的成品油销售公司已经开发了一些非油自有品牌，发展基础较好，宜采用多个自有品牌的架构，按照品类规划布局 6~10 个自有品牌，针对重点品类选用符合其特性的名称和商标，有利于消费者识别和品牌的营销推广。从便利店销量较好的包装饮料（包括饮用水、功能饮料、咖啡等）、家庭食品（包括米面油、干货、调料等）和日

用品（包括水杯、雨伞、生活用纸等）等品类入手布局非油自有品牌。在业务运营层面，针对各个子品牌，从质量、价格、包装设计、文化价值等维度进行较为深入的品牌定位，同时要注意与企业自身发展特点、行业竞争情况、核心顾客群体画像等要素进行有效匹配。

（3）快速反应构建时效性品牌

淄博烧烤节期间，当地某成品油销售公司快速打造“昆瓷”“昆小瓷”“昆飨客”“昆单农场”“昆鲜果园”自有品牌商品体系，在便利店设置以淄博陶瓷、美食、农产品为主的特产与柜台，满足外地游客“打卡”需求。

（4）结合地方特色，推进自有商品全国营销

东北某成品油销售公司结合地方特色和产品优势，强化促销宣传顶层设计，利用春节节日特点，先后开发年货定制海鲜礼盒系列产品、渔夫尚选、龙山泉啤酒和胜泉涌白酒等 12 种 42 个商品，销往 12 个省市公司，位居全国自有商品销量第一，全面打造了以家庭食品、酒类为特色的自有商品体系。

（5）利用产业链优势，提升企业品牌

新冠疫情初期，口罩成为高需求、高利润产品。中国石化旗下的易捷便利店反应迅速，以北京分公司为试点，在部分加油站推出平价口罩，又在短时间内向上海、广东等地区铺开。中国石油昆仑好客紧随其后。广东销售与白云山药业合作，在昆仑好客便利店售卖医用口罩。随后，北京、兰州、沈阳等各大城市的昆仑好客便利店陆续跟进，开售中国石油自产的医用口罩。两大集团公司利用优势，提升了企业品牌，满足了群众的需求。

3. 实现规模经济，提升物流仓储效率

未来零售行业之争就是供应链之争，实质是仓储物流之争。成品油销售公司应对经济活动开展标准化、信息化、数字化管理，以降低流通费用、实现规模经济，突破非油业务发展的瓶颈。

（1）“虚实”中央仓结合

部分成品油销售公司的关键问题是没有仓储能力、没有专业物流配送体系，导致效率低下，效益缩减。中海炼化仓储物流采取“虚实”中央仓相结合的方式解决了仓储物流问题：一是品牌直配，由中海炼化直接与品牌方签订框架协议，借助省市公司实体中央仓和品牌厂家经销网络，实现集采配送；二是经销代配，甄选具备全国或区域配送能力的服务商，借助服务商的仓库作为虚拟中央仓，实现门店集采配送。

（2）数智化优化提升物流运作效率

数据分析。在现有上级中央仓配送的基础上，推进供应链数字化转型，科学分析配送数据，优化配送区域和配送线路。建立区域性中心站点弹性仓储的机制，在仓配周期间隙增强应对市场变化的能力。

南方某成品油销售公司量身定制开发了“浙里好客”供应链管理 OMS 系统，实现门店订单提报、分公司审核汇总、供应商查收订单、中央仓统采统配的功能，配送能力进一步提升，采用周配送的方式进行配送。与此同时，在库商品可实现实时下单、实时配送。2020 年，该企业引入蜂巢 4.0 自动化智能设备，同时将 OMS 系统全面升级为 V2.0，为蜂巢 4.0 设备的运转提供了订单算法和系统融合，实现了蜂巢入库商品从“拆分收货入库”到“批量推送出库”的分拣自动化操作，形成了完整的供应链管理闭环。以单次采购 1000+ 订单、600 万货值为例，统一采购响应时间不超过 20 秒，统一配送响应时间不超过 60 秒。目前单批次分拣仅需分拣员 2 人，2 天内可分拣完毕，在节约人力、时间的基础上，分拣正确率在 98% 以上。

以销定配。实现系统能根据商品销售规律自动生成补货订单，并提交仓配系统配送，从而减少中间环节，提高配送效率。

临期预警。实现临期商品预警系统功能，对商品及时进行站间调配，根据数量制定不同层级的促销方案，规避经营风险。

4. 打破销售壁垒，建设立体营销平台

当前，我国机动车保有量 3.6 亿辆，中国石油有 1.7 亿张加油卡客户、每天 1100 万人次触达量；中国石化累计发行加油卡超过 3 亿张，活跃用户 2000 万人次。成品油销售公司拥有超级巨大的平台经济潜力。应打破传统商业模式，通过产业与金融、通信、保险、商品、旅游、文化、社交网络等服务业的跨界融合，全面聚合客户信息“流量”。以大数据中心建设为支撑，积极构建开放、灵活、可扩展的销售数据中台，通过对数据有效整合和精准分析，获取客户画像，为客户提供个性化差异化的商品和服务。与其他行业联合起来形成配套的客户服务体系，共同开拓新市场，全力促进“流量”变销量。

（1）线上线下协同提升销售规模

成品油销售公司打造具有石油特色的全渠道服务平台。运用自媒体运营、电商平台吸引线上流量，并通过向线下加油站便利店导流转化、直播电商销售转化等多种模式，充分发挥油非互促的特色优势，有效提升销售规模和销售质量，实现线上线下协同发展。

（2）培育文化栏目推广地方品牌

西南某成品油销售公司推出“刘叔说茶”栏目。主讲人是具有 25 年普洱茶研究经验的“老茶迷”，每周一晚 8 时在直播间为观众讲述云南普洱茶文化。短短两个月时间，此栏目已在云南汽车圈具备很高的知名度。茶文化是中国的大众文化，尤其在云南，普洱茶兼具了地方特色与中国文化的双重属性，很容易与消费者形成情感共鸣。该销售企业用茶文化提升了品牌知名度，是加油站非油业务从店销走向网销、从区域走向全国、激活线上线下两个平台两种渠道潜力的一次成功试验。

（3）全国地标好物一站购齐

2023 年 3 月，“特色中国”专区在易捷商城上线，并于 9 月借助“易享节”契机对外发布。该专区全面整合易捷全国性采购资源优势，为消费者提供一站式购买全国地标特产好物的便捷服务。截至目前，广西螺蛳粉、内蒙古牛肉干、湖南龙山腊肉、湖北小龙虾、浙江西湖龙井茶、云南过桥米线、新疆吐鲁番哈密瓜等地方农特产品，都已通过易捷商城“特色中国”项目卖向全国。

易捷坚持“实体服务 + 平台增值”的发展思路。上线“特色中国”是易捷持续打造智能化服务平台，用数字化销售渠道为地方农特产品销售插上“云”翅膀的成功实践。“易享节”活动期间，易捷服务销售额同比增长 25%。2023 年 10 月 10 日—14 日店庆日期间，全国易捷门店销售额达 50.8 亿元，966 家门店营业额突破百万元，创历史新高。

（4）联合第三方拓展营销线

南方某成品油销售公司依托遍布全省的 2300 个易捷便利超市门店和“石化到家”电商平台，联合多家第三方企业，拓展生鲜销售线上、线下两大渠道，提供“三到”服务，为农户经营、居民生活解决“销售”和“购物”的难题。除了“到家”外，货物还可以选择“到店”“到车”。“到店”是顾客可在线上下单，进站加油时顺便取走预购的生鲜套餐。“到车”则是无接触支付、蔬菜直送后备箱的特色服务。短短一个多月，“石化到家”平台已累计销售蔬菜水果 2600 多份。

（5）打破加油站壁垒，拓展站外销售渠道

2023 年，易捷采取自有商品进驻、门店进驻、联合开发、平台推广等方式不断探索在外部市场开店，扩大门店规模。5 月，易捷和中国融通商服集团合作，在内蒙古某军演基地投运军营超市 23 家，为军营人员日常购物提供便利和保障。8—9 月，湖北易捷相继在中国地质大学武汉南望山校区建成投营全国首家易捷校园折扣店，在长江大学投营全国首座易捷校园综合服务体，供应广大师生日常所需。易捷积极拓展站外销售渠道，打破加油站便利店的销售藩篱，为下一步打破壁垒、拓展非油营销进行了有益尝试。

八、加油机新国标对成品油市场影响分析

2023 年 11 月 27 日，第 13 号中国国家标准公告发布了 GB/T 9081—2023《机动车燃油加油机》，规定了机动车燃油加油机的技术要求、检验项目与检验方法、检验规则以及对标志、封印、包装、运输和贮存的要求。同时增加了电子系统安全性要求，有效提升加油机防作弊、防篡改的能力。新标准将于 2024 年 6 月 1 日正式实施。

（一）加油机作弊问题冲击成品油市场

1. 不法改造

2023 年末，湖北披露了一起加油机主板作弊案。执法人员发现，问题加油站将作弊系统安装到加油机上，员工可以调控加油站后台的参数。例如，生意好时把系统设置为少加 1% 的油，生意不好时设置为少加 2% 的油。以加油 60 升为例，实际加油量可能只有 58.8 升。以油品价格 8 元 / 升计算，消费者需多付 9.6 元。更为严重的是，原应在 ±3‰之内的误差可以调控至 200‰，相当于每辆车加的油会产生 20% 的偏差。

该案件是众多加油机作弊案件中的冰山一角。随着时代发展和科技进步，为提高加油站服务质量，完善加油站经营环境，我国逐渐淘汰机械式加油机，使用电脑式加油机。多年来，成品油市场的加油机作弊问题时有出现。不法分子私自改造加油机，通过改造主板、替换芯片、安装作弊软件等方式进行计量作弊，或篡改数据偷税。

例如，早年国家为保证加油公正性，利用税控芯片。后又改用监控芯片，进一步加强对加油机精确度的监管。不法分子研究可避开监控芯片监管的芯片，或窜改、替换芯片，使加油机许多数据监测不到、无法上报。

2. 影响恶劣

2023 年，浙江开启了新一轮燃油加油机计量准确性专项治理行动，在多地查处了多起加油机作弊事件。在嘉兴桐乡，一座加油站将 8 块主板全部更换成具有税务作弊功能的计控主板。后向税务部门补报了增值税销售收入，数额高达 1437.15 万元。

问题加油站通过不储存加油机中的“累计数据”，直接让销售数据“消失”，达到偷税漏税的目的。偷税漏税已成为成品油市场的乱象之一。2023 年，全国全年成品油消费量 3.66 亿吨，其中隐性资源供应近 1 亿吨，年偷逃消费税 1000 亿元以上，给国家造成了巨大的经济损失。

由此引发的不正当竞争，导致正规加油站面临着销量日渐低迷的困境，主营加油站面临的压力更大。中国石油、中国石化向消费者承诺“每一滴油都安全可靠”。《2022 年度“诚信加油万里行”调查大数据报告》显示，对全国 10 多个省市的 2836 座加油站的油品样本质量进行调查，油品整体合格率 97.50%，中国石油等加油计量合格率 100%。而这背后产生的巨大成本，导致主营加油站在面对不正当竞争时，经营压力倍增。

对于加油机厂家来说，能满足某些加油站的作弊要求，才能卖出更多加油机。“劣币逐良币”，2006 年开始，稳恩佳力佳等主流加油机厂商的销量逐渐不理想。

（二）国家出台新国标规范市场

加强成品油非法销售综合整治，加强成品油偷逃税综合整治，加强成品油制假售假综合整治，加强涉油违法犯罪综合整治……近年来，国家不断开展成品油市场综合整治专项行动。尽管如此，加油机作弊现象仍然频发。

早在 2008 年，我国颁布了 GB/T 9081—2008《机动车燃油加油机》标准。这是我国第一个有关加油机生产的标准，对当时的加油机市场起到了重要的指导作用。但旧国标已跟不上加油站行业的发展，无法满足国家的监管需要。新国标应运而生，对机动车燃油加油机重点修订了三方面内容，包括计量性能、防作弊性能、环保性能。计量性能方面，根据实际情况，按流量范围对计量性能进行了细分；防作弊性能方面，增加了电子系统安全性要求，通过校验功能和自锁功能实现；环保性能方面，根据环保要求，增加油气回收气液比要求。

1. 对核心部件进行绑定

窜改芯片、加油机主板等核心部件，调整加油机的计量功能等，是目前不法分子普遍使用的手段。针对窜改计量数据偷税漏税的问题，加油机新国标有了新的规定和解决方法。

新国标根据实际情况，按流量范围对计量性能进行了细分。规定监控微处理器应采用专用定制芯片、密文传输数据等技术，存储单元、实时时钟和监控微处理器集成封装在一起，并指示装置应采用专用定制加密显示芯，安全校验装置应具备数据加密存储的功能，并能保存至少 7 年的交易数据。规定各核心部件均用唯一 ID。加油机厂家要将唯一 ID 与加油机、加油站进行联网绑定，拆除零部件无法在其他地方使用。如果对加油机进行非授权操作或损坏其中的核心部件，加油机会立即在后台报警。规定上线加油机与公平计量平台联动，保证计量数据真实性，为更精准的税收统计提供了技术支撑。

2. 全生命周期溯源

新国标从源头完善内容，规定关键部件全生命周期内的身份识别及溯源，实现了加油机全生命周期内软硬件的安全保护和通信数据的安全。同时，实时比对加油机单次加油计量数据，在加油量异常后锁定加油机，从而防控作弊现象出现。

新国标通过唯一性身份编号等方式，确保关键零部件可实时追溯，压实厂商主体责任，督促升级核心代码，提升安全性管控措施。规定编码器、监控微处理器、计控主板、指示装置、安全校验装备应具备唯一序列号，不可更改；监控微处理器与编码器、指示装置间认证失败或运行异常时，能自动锁定加油机；监控微处理器与安全校验装置校验失败时，能自动锁定加油机；加油机关键电子部件计控主板、编码器、指示装置、智能控制阀（适用时）验证未能通过时，能自动锁定加油机，并记录、保存异常信息。同时，规定加油机关键电子部件应具备在在线校验系统中注册的功能。若是出现了加油机作弊问题，通过对关键部件的识别，即可查出该加油机到底来自哪个厂家。

3. 科学统一升级

部分加油站为了企业发展需要而私自改造加油机。例如，为加油机增加支付模块适应新的发展需要，以及应对国家环保要求、收集统计相关数据等改造加油机。部分加油机厂家会根据消费者提出的新要求升级加油机，但行业缺乏统一规定，在升级加油机的过程中缺少统一引导和管理。私改乱改加油机，容易影响加油机防爆功能，甚至失去防爆功能，导致加油机安全性能下降。

新国标实施后，行业有了统一规定，加油机升级将更加有序且科学合理，有效减少私改乱改现象。

4. 物联网在线监管

2019 年起，多省市按照国务院“放管服”的有关要求，建立加油站监测云平台，强化税控监管，通过“互联网 +”的方式来加强监管。一方面通过销售实时在线，将加油站机出销售数据实时上传至管理云平台，弥补社会加油站自主申报和税控系统数据易篡改的弊端；另一方面建立数据预警模型，与税务发票进项数据进行比对，及时发现和查处偷逃税行为。

新国标提出，加油机要配备具备互联网功能的校验装置，从而让加油机实时在线，实时监控加油机内各主要部件的具体变动。通过进一步利用“互联网 +”方式，实现加油机物联网在线监管，实时掌握加油机的一举一动，为厂家、政府及成品油销售企业提供了科学的监管渠道。

例如，过去加油机售出后，加油机厂家无从察觉私自改造行为，更无从管理改造行为。而根据新国标上线互联网校验装置后，即便有不法分子采用信号屏蔽的方法拆除、替换部件，在屏蔽时间过后，加油机的机出销售数据等还将继续上传到平台上。加油机厂家不仅能继续接收相关信息，而且能通过信息的断档判断对方是否存在作弊嫌疑。

（三）需要多方协作确保落地

为促进新国标的落地实施，加油机厂家需要与政府相关部门加大沟通力度，快速推动新标准加油机上线。

1. 加强沟通，多方协作

对加油机厂家来说，一方面要积极推广新标准加油机。目前，稳恩佳力佳已经在进行新加油机的推广试点，在全国共有 94 台加油机 /270 条枪，分布在北京、河北、河南、浙江、广东、贵州共 26 座加油站，包括中国石化、中国石油、民营油站，在线稳定运行超过 8 个月。加油机厂家可随时在监控平台上看到加油机的数据，察觉售出的加油机是否存在异常。另一方面要积极与地方政府职能部门，包括各地市场监管部门沟通，获得支持，开展合作，共同推广新标准加油机，共同实现加油机防作弊、防窜改技术能力提升，共同促进成品油市场的健康发展。此外，加油机厂家要加强与中国石油、中国石化、中国海油等大型石油公司的沟通，利用其平台推广新标准加油机。

对使用加油机的成品油销售企业来说，应积极响应新国标，支持地方职能部门或行业协会出台相关政策以引导推动新国标的落地实施。应积极采购新标准加油机，积极使用加油机智慧管理与服务平台以实施加油机全生命周期管理，带动整个行业重视加油机的统一升级。

2. 建立问责机制

为实现加油站行业的可持续高质量发展，相关企业要从自身出发，加强内部管理，进一步建立问责机制。

例如，南方某成品油销售企业根据新国标制定的新方案，客服中心将对 2023 年 8 月至 2024 年 7 月底的数质量投诉逐件跟踪处理，处理结果将报给销售公司备案，为将来的监管工作打基础。坚持用“重在预防、实事求是、快速响应、闭环管理”原则处理，规定各分公司须在 15 分钟内受理响应（三级投诉在 30 分钟响应），且于 30 分钟内（三级投诉不超过 60 分钟）或根据客户要求（客户提出回复时间要求）进行首次回复，在规定时间内办理完成或提出处理意见。同时，鼓励检举加油机作弊和驾驶员偷换油等违法行为，根据举报线索组织现场核查，情况属实的，将严肃问责。

建议成品油销售企业定期开展数质量专项检查，充分利用月度监督检查、神秘顾客访问、暗访加油等方式，分层级、分阶段开展常态化加油机计量准确性检查，加大加油站检查数量和检查频次，并重点排查加油机防作弊措施的落实情况和加油机作弊行为。一旦发现加油站存在作弊行为要严肃问责；情节严重的移交司法机关处理，坚决及时查处此类违规违纪行为。

九、国外石油公司加油站向加能站转型的经验与做法

低油耗汽车的普及，以及 2010 年之后兴起的全球电动汽车浪潮，持续影响着加油站行业的盈利性和整体数量。随着全球汽车行业的“碳中和”计划，欧洲议会批准 2035 年起禁售新的汽油动力汽车，加油站的业态变革和从现有经营结构中脱离已成为当务之急。国外石油公司的加油站加速向加能站转型。在转型过程中，bp、壳牌、道达尔能源等国际石油公司通过结合实际、扬长避短的方式积累经验。

（一）国外加能站现状

1. 加油站加剧缩减

近年来，欧美、日本等成熟市场经历了加油站行业整体利润缩水、加油站数量减少的过程。目前，美国的汽车保有量是世界之最，达到了 2.5 亿辆，2000 年有超过 1.7 万座加油站，目前大约有 11.5 万座加油站。欧盟 27 国及英国、瑞士、挪威等欧洲国家共有超过 12 万座加油站。其中，意大利 2000 年有超过 2.2 万座加油站，目前约 2 万座，居首位。德国 2000 年有超过 1.6 万座加油站，目前只有 1.5 万座，居第二位。英国

2000 年有 1.3 万座加油站，现在已经不足 8000 座。法国和西班牙目前各有 1.1 万座加油站，比 2000 年已经减少了数百座。日本的加油站数量在 1994 年达到了约 6 万座的峰值之后逐渐减少；2022 年，日本新增开业加油站 76 座，关闭 555 座；截至 2023 年，全日本的加油站数量不足 2.7 万座。

2. 加油 + 充电是主要模式

在国际上，类似于我国综合能源服务站的概念被称为 Integrated Energy Supply Service Stations（IES）或 All-in-One Energy Service Stations。从比较重视多种能源供应的欧洲和美国的发展情况来看，多数综合能源服务站的模式是加油 + 充电的模式。

早在 2020 年，德国政府就要求德国境内 80% 的加油站配备电动汽车充电设备。到 2023 年，德国已有 1/4 的加油站配备了电动汽车充电设备。在韩国，SK Energy 公司已计划在短期内完成 3570 个加油站的充电桩建设工作。挪威高速公路服务区的 Circle K 加油站提供电动汽车充电和快餐服务，电动汽车车主可以在 10 分钟内将车充满电，还能享用定制的卷饼和其他美食。

3. 加能站缺口巨大，进展缓慢

在新能源补贴、碳排放及消费复苏等多重背景下，欧美充电桩保有量保持高速增长，但远远落后于新能源汽车的增长速度，车桩比差距巨大。严重滞后的充电基础设施配套建设，正成为限制欧美电动汽车市场提速的重要因素。

目前，美国新能源汽车保有量约为 330 万辆，拥有公共充电桩 13 万多台，公共车桩比从 2011 年的 5.1 上升至 25.1，缺口仍然巨大。2016—2022 年，欧盟市场中的纯电动汽车份额扩大至 12.1%。区间内公共充电桩数量虽实现 6 倍增长，但远落后于纯电动汽车销量所呈现出的 18 倍增幅表现。2023 年上半年，欧盟国家电动汽车销量达到 142 万辆，车桩比高达 16∶1。

1995 年 5 月，世界第一座加氢站在德国慕尼黑机场建成，此后世界各国相继开始推动加氢站建设，目前全球加氢站总数超过 1000 座。其中，欧洲有 254 个加氢站，105 座在德国，法国有 44 座，英国和荷兰各有 17 座；北美共有 89 座加氢站；日本和韩国分别有 165 座和 149 座。

欧洲、美国和亚洲部分国家早就提出一系列要求加油站增设充电桩的政策举措。2017 年，俄罗斯出台规定，要求在加油站安装充电桩。英国宣布，拟立法强制加油站加装电动汽车充电设施。德国提出 2024 年底前

50% 的加油站要实现给电动汽车快速充电的目标，2026 年底前最少达到 75%，并将这一举措列入其 1300 亿欧元经济振兴计划中。但这一计划仅是针对加油站增设充电设施，并没有涉及加氢等其他业务。美国总统拜登上台以来，以应对气候变化为核心工作颁布了一系列法令，其中包括为电动汽车充电基础设施拨款 75 亿美元，目标是到 2030 年在全美范围内安装 50 万台公共充电桩；而发展到 2023 年，加油 + 充电的转型模式并没有加入其他类型的能源供应服务。

4. 加能站竞争激烈

欧洲公共充电市场虽由运营商主导，但参与厂商众多且差距较小，行业集中度较低。由车企主导的快充市场发展极不均衡。北美充电桩市场头部效应明显，头部轻资产运营商 Chargepoint 和全球新能源头部车企特斯拉重点布局快充网络。特斯拉是美国市场的最大参与者。高市场集中度造就高竞争壁垒，他国厂商进入难度较大。同时，大公司正介入并主导整合。Circle K 和 Pilot Company 等连锁便利店，以及沃尔玛等零售巨头，正在大规模投资充电站。美国快速充电网络的数量将从 2022 年的 25 个将增加到 2030 年的 54 个，从而改变市场格局。

5. 加能站发展不均衡

美国、欧洲市场中的充电桩均可分为交流慢充和直流快充两类。目前，美国市场中交流慢充充电桩占比约为 80%。在直流快充方面，特斯拉占据主导地位，当前拥有 1.7 万台快充电桩，拿下约 58% 的市场份额。欧洲的快慢充电桩占比均衡程度相比于美国更显极端，一、二级超快速直流充电桩占比仅有约 4.7%。

除上述充电桩网络的发展缺陷外，不均衡的建桩分布同样是两个市场所面临的共性问题。在美国，加利福尼亚州、得克萨斯州、佛罗里达州等经济发达沿海地区的充电桩总量远超其他各州，内陆高速路网沿线的充电桩建设则进展缓慢。在欧洲，荷兰凭借 11.2 万台充电桩成为欧盟内充电基础设施最完善的市场，德国则以 8.7 万台紧随其后。欧盟 42% 的充电桩设施集中在上述两国，仍无法应对电动汽车数量激增压力，满足消费者充电需求。

6. 加速建设加能站

在投资者和政府的减排压力下，欧洲主要石油公司的加油站加速转型，增加充电桩设置和发展氢能站。壳牌、道达尔能源、bp 等国际石油公司都已高调宣布在加油站部署充电桩业务。除在加油站布局充电桩以外，它们更倾向于单独设立充电站。

壳牌以 1800 亿美元收入名列充电桩市场第一，在转型发展充电站业务的国际石油公司中唯一上榜，远远领先于埃克森美孚、道达尔能源和 bp 等竞争对手。2021 年，壳牌与梅赛德斯－奔驰宣布合作，为电动汽车客户布局壳牌充电网络；壳牌还与 ABB 合作在德国推出了 Terra 360 充电桩。2022 年，壳牌首个由加油站改造而来的充电站在伦敦市中心富勒姆正式营业，该充电站包括 10 个 175 千瓦的直流快速充电桩，屋顶上设有太阳能电池板，充电器将由 100% 经认证的可再生电力供电。

目前，壳牌已在英国安装了约 100 个电动汽车充电点，计划到 2025 年在全英国的街道上安装 5 万台充电桩。壳牌及其旗下公司在全球拥有约 6 万台电动汽车充电桩，计划在 2025 年底将旗下充电桩增加到 50 万台。新增充电位有的建在新的充电站里，有的由加油站改造而来。壳牌还在部分加油站为燃料电池车辆提供加氢服务，目前在德国已经有 50 家加油站可以加氢。未来计划建立 50 多座加氢站，主要分布在德国、荷兰、英国和美国加州。

2023 年，bp pulse 作为 bp 旗下的电动汽车充电业务公司，运营着超过 27000 个充电站点，正积极参与扩建美国的电动车辆充电基础设施。计划到 2030 年，运营超过 10 万个充电站点。

道达尔能源更关注碳中和、低碳能源和技术，更关注综合能源，即 Multi-energy，而不是“站”。它收购了全球最大的太阳能开发商印度阿达尼公司 20% 的股权；获得了巴黎市特许经营权，运营 2300 台充电桩；收购 Charging Solutions 公司，其在德国运营 2000 台充电桩。基于欧洲的净零排放目标要求，道达尔能源设定了到 2030 年将其石油产品销量减少 30% 的目标。2015 年以来，该公司已经剥离了在意大利、瑞士和英国的加油站网络。在电动汽车方面，该公司正计划在欧洲的主要道路和大城市部署充电站。在氢能方面，该公司正在与法国液化空气集团合作开发欧洲卡车加氢站。

7. 转型面临成本与担忧

位置、成本、功率需求和转换时间，是影响国外加油站决定是否将现有基础设施全部或部分改造为电动汽车充电设施或其他能源供应设施的重要因素。

以美国为例，快速充电的硬件和软件成本可能为 5 万~50 万美元，基础设施的成本通常是这个数字的两倍，其中包括开荒、供电、许可证和承包商的费用。据估计，平均投资回报期可能为 7~10 年。

美国联邦政府、州政府和基于公共事业公司的激励计划可以鼓励商业企业购买和安装快速充电桩。但即使有了激励措施，进入这个领域仍存在障碍，其中地点是主要因素：根据美国能源部的数据，80% 的电动汽车充电是在家中进行的，这使得在城镇加油站增设电动汽车充电不太具有吸引力；当地加油站通常没有娱乐设施，无法在车辆充电时让人们保持娱乐。

房地产成本也是阻碍因素。传统的加油站可能有两个操作台，每个操作台配有 4 个液体燃料泵；而要保持和传统加油相同的利用率，可充电加油站将需要配备约 40 台充电桩。

加油站配置充电桩尚且阻力重重，加油站提供氢能、光伏充电等其他供能方式的转型前景并不明朗。

（二）国外石油公司的转型经验

1. 重视服务，增加黏性

国外加油站具有服务综合化 + 品牌多元化、设备自动化 + 服务自助化的特点。目前，加油站正在不断扩大服务范围。壳牌加快改造加油站以增加充电服务，同时完善加油站的服务，增强客户黏性。在德国，加油站属于特殊行业，可以不受相关法律的限制在周日以及节假日营业，因此具备了比普通超市和商场更大的灵活性。加油站不仅提供邮件收寄服务，而且提供初级的金融服务。壳牌在德国的 1300 家加油站已开始与德国邮政银行合作，通过自动取款机提供现金存取和账单支付服务。

意大利高速公路旁的服务站，发展成为集加油、修理、餐饮、购物等多项服务为一体的综合服务站。工作人员免费为车主检查机油、水、刹车油以及车胎气压是否符合标准，免费给汽车清洗前后风挡。如果汽车有故障，可以到周边的修理车间排除。

中东欧最大的石油炼化公司 Orlen 依托在 7 个国家的 3400 多座加油站，每天为超过 1500 万人服务。优质的咖啡和食品、便捷的洗车服务，是 Orlen 加油站必不可少的。

日本加油站最大的特点是普遍带有汽修服务功能。车主可以在加油站享受车辆的保养维修。

2. 加码零售，打造品牌

近年来，国际石油公司着重布局零售。根据伯恩斯坦研究公司的数据，bp 和壳牌售卖的咖啡相当于星巴克全球销量的 10%。据统计，给传统汽车加油的顾客在前院平均停留 5~6 分钟，电动汽车车主至少停留 10 分钟。吸引顾客进入加油站商店，意味着更多的潜在利润。bp 与英国玛莎百货合作，光顾有玛莎百货店的加油站顾客中，超过半数只是为了购物。壳牌计划到2025年将便利店网络扩大20%以上，覆盖全球5.5万座加油站。德国石油公司Aral近几年加强便利店业务，目前在1000座加油站与德国连锁超市REWE联合开办REWE to Go便利店。Aral的报告显示，平均每家便利店的年销售额为900万欧元，而且这一数字还在递增。

3. 重视并购，多维合作

国际石油公司采取并购、合资等方式，取长补短，扩充加能站领域，增加盈利。

壳牌连续收购3家重要充电公司。New Motion是欧洲最大的EV充电公司之一，Greenlots是美国电动汽车充电和能源管理软件及解决方案的领头羊，Ubitricity是英国最大的公共电动汽车充电网络服务商。

bp收购美国旅行中心服务商，该服务商公司在美国的高速公路上有281个服务点。bp与西班牙电力公司Iberdrola成立合资企业，到2030年将花费约10亿欧元在西班牙和葡萄牙建立快速和超快速电动汽车充电站网络。

在德国和荷兰，道达尔能源将加油站100%出售给加拿大便利店巨头Couche-Tard，其中包括德国的1198座和荷兰的392座。在比利时和卢森堡，道达尔能源和Couche-Tard将组建一家合资企业，共同拥有并经营619座加油站。通过与Couche-Tard的合作，道达尔能源将最大化通过非燃料销售来加速资产转型。未来，道达尔能源将专注于在这些国家开发新能源，如电力和氢能。Couche-Tard则提供咖啡、小吃等服务项目。

4. 根植技术，布局上游

国际石油公司通过结合实际、扬长避短的方式，利用现有技术优势探索面向新能源、新业态的转型发展。部分国际石油公司正积极布局锂金属上游资源开发。

埃克森美孚采用石油和天然气开采的钻井技术，获取地下1万英尺富含锂的咸水储层，锂将在现场转化为电池级材料。同时收购了位于美国本土阿肯色州的12万英亩土地，该区域估测拥有400万吨碳酸锂当量的储量。启动了斯马科弗锂矿开发第一阶段产能建设项目，预计于2027年建成投产。

雪佛龙表示未来或将进军锂产业。阿根廷国有石油公司YPF在2023年购买了位于卡塔马卡的一座锂矿，同时参与了该国锂电池的研发。2023年6月，Orlen投资了德国Circunomics公司。Circunomics是循环经济和电池监控解决方案领域的领先初创企业之一，目标是为电动汽车电池创建一个完整的闭环生态系统，从第一次和第二次生命一直到回收，即直到锂、镍和钴等稀土金属被回收，在新电池的制造中重新使用。

（三）转型过程中存在的困难和问题

1. 门槛降低，竞争者增加

欧洲建设加油站的门槛较高，几乎都被欧洲大型石油公司垄断。而充电站的建设门槛有所降低，未来石油公司将迎来很激烈的市场竞争。英国市场上目前有 30 多家快速充电营运商，背后不乏贝莱德和加拿大养老基金 OP Trust 这样的巨型资本。占到德国市场 20% 份额的 Utility En BW 则计划每年投资 2 亿欧元，到 2030 年建立 3 万座充电站；该公司表示将在奥地利、捷克和意大利北部部署充电网络。挪威集聚多家充电企业，一年内新增了 2000 座充电站，使充电站总数量达到 7200 座，远超电动汽车销售的涨幅。

2. 充电场景众多，加能站不具优势

国际石油公司期望动用庞大的加油站，搭建充电站等加能站网络，带动非能源业务发展。但在欧美，充电站的场景众多，国际石油公司光靠加能站不具备优势。以电动汽车普及率最高的国家之一荷兰为例，3/4 的车主在家中进行充电。加上夜间充电价格较公共服务站便宜得多，电动汽车车主普遍更倾向于选择独立充电服务商设立的专用充电站。这些站点比加油站的充电桩更可靠。因此，国际石油公司着力扩大场景，满足消费者的充电需求。bp 正在与英国的连锁超市 Waitrose 合作，计划到 2025 年在商店中安装 800 台充电桩。

3. 考验运营管理水平

加能站能新业务与油气业务相比，资产更轻，更考验运营管理水平。根据 bp 发布的数据，便利店 + 电动汽车充电业务的投资回报率低于石油和天然气勘探，大约为 15%，后者是 20%。

可再生能源和电力行业的竞争更加市场化，需要更高的营销和运营能力。这意味着国际石油公司既要坚持原有的投资收益率，又要打入新的竞争市场。对于新业务的投资回报，不仅要看项目的投资回报率，而且要看投资项目能带来的整体价值。

4. 需改变客户模式

过去，传统能源公司往往更重视上中游业务，较少与普通消费者直接打交道。现在，必须更多了解普通消费者的需要。从全球具有代表性的加油站品牌来看，国际石油公司分布较广，代表企业包括 bp、壳牌等。美

国、英国有较多大型连锁超市旗下的加油站品牌，如 TSCO、Costco 等，这些超市旗下的加油站品牌从客户出行的角度，着力于提升服务和客户体验，客户具有很强的品牌认知度和忠诚度，目前，它们正在大举进入充电站等加能站市场。随着加油站逐步多功能化，国际石油公司必须通过调整经营方式，为消费者提供多方面服务，获得顾客更多的认可，培养顾客的忠诚度，才能具备市场竞争力。

Ⅷ 大事记

一、2023 年加油（能）站发展大事记

（1）1 月 9 日，国家氢能动力质量检验检测中心正式投入运营。该中心一期总投资达 5 亿元，是首个国家级氢能检验检测中心，填补了国内氢能国家级检验检测平台空白。

（2）2 月 15 日，我国首个甲醇制氢加氢一体站在辽宁大连自贸片区正式投用。该站每天可产出 1000 千克 99.999% 高纯度氢气。相较于使用传统的制氢方式，综合成本可降低 20% 以上。

（3）3 月，在我国加油站向加能站转型的关键时期，《中国石油石化》杂志社集合行业内众多专家与从业者的智慧撰写的《中国加油（能）站发展蓝皮书（2022—2023）》出版，为国家、行业、企业以及研究机构等了解行业现状、把握发展趋势提供了参考。

（4）3 月 6 日，中国石油成立四川西油新能源有限公司。公司经营范围包括：发电业务、输电业务、供（配）电业务，输电、供电、受电电力设施的安装、维修和试验，碳减排、碳转化、碳捕捉、碳封存技术研发等。

（5）3 月 15 日，国家能源局印发《2023 年能源行业标准计划立项指南》，提出了包括氢能领域基础与安全、氢制备、氢储存和输运、氢加注、氢能应用和其他方面的规划，对发展加氢站有重要意义。

（6）3 月 21 日，中国海油环渤海新能源有限公司举行揭牌仪式。该公司将发展中国海油在环渤海区域的新能源业务，注重油气融合协同，聚焦渤海海域风电资源开发，择优开发陆上风光资源，积极探索储能、氢能、CCS、CCUS，推动发展多能互补综合能源供应系统。

（7）3 月 26 日，中国海油发布消息，我国首座深远海浮式风电平台“海油观澜号”正式启航。这标志着我国深远海风电关键技术取得重大进展，海上油气开发迈出进军“绿电时代”的关键一步。

（8）4 月 16 日，中国石油宣布用现有天然气管道长距离输送氢气的技术获得突破，为我国今后实现大规模、低成本的远距离氢能运输提供技术支撑，有利于加氢站的发展。

（9）4 月 20 日，中国氢能交易平台发布仪式在上海举行。作为中国首个氢能交易平台，将重点开发氢产品交易、氢价格资讯等主要功能，面向全国提供氢气生产、销售、运输、物流全流程数字跟踪服务、线上交易和结算服务。

（10）5 月 8 日，生态环境部等五部门联合发布公告，自 2023 年 7 月 1 日起，全国范围内全面实施国Ⅵ B 排放标准，禁止生产、进口、销售不符合国Ⅵ B 排放标准的汽车，国Ⅵ B 汽油正式上线。

（11）5 月 31 日上午，中国石化与泰国 SUSCO 合资项目交割仪式在泰国曼谷成功举行，标志着中国石化实现泰国零售网络布局零的突破。中国石化拥有了泰国零售、批发、贸易、航煤全业务牌照，将进一步提升中国石化品牌知名度和国际竞争力。

（12）6 月 30 日，国家税务总局发布 2023 年第 11 号公告，对包括混合芳烃在内的多种原料征收消费税的政策进行统一。多种油品消费税征收明确化，对于成品油行业的规范发展有明显的促进作用。随着相关产品消费税的征收要求逐步明确，油品税费漏洞将逐步被填补，有助于推动市场的公平化和规范化发展。

（13）7 月 19 日，国家标准委、国家能源局等六部门联合印发《氢能产业标准体系建设指南（2023 版）》，系统构建了氢能制、储、输、用全产业链标准体系，涵盖基础与安全、氢制备、氢储存和输运、氢加注、氢能应用五个子体系。在氢加注领域，加氢站设备、运行与安全管理等方面的标准将有助于保障加氢站的安全可靠运行。

（14）8 月 29 日，第一批来自中国石化燃料油公司供应的 25 吨中国石化品牌油品顺利到站，中国石化完成了斯里兰卡西部省马特格达镇加油站的划转接收与投营。该站是斯里兰卡 2023 年特许中国企业经营的 150 座加油站中的首座划转站，标志着中国石化正式进入斯里兰卡陆上终端零售市场。

（15）9 月 7 日，中国石油成功收购普天新能源有限责任公司 100% 的股权。本次收购是中国石油在充电领域的重要布局，有利于进一步完善新能源网络、打造“充电 +”产业生态，助力成品油销售企业向“油气氢电非”综合能源服务商转型发展。

（16）9 月 12 日，中国石化销售股份有限公司应用技术研究院揭牌。该研究院重点围绕油气氢电服等领域，在成品油与天然气经营管理效率提升、氢能技术应用与示范、充换电技术迭代升级、易捷节能环保产品研发、生物质与合成燃料先导性应用、行业标准完善等方面开展研究与应用。

（17）9 月 13 日，壳牌中国首座“十合一”综合能源站——武汉盘龙综合能源站正式开业，标志着壳牌中国零售与出行业务中规模最大、规格最高的综合能源服务站正式对外营业。该站打破了传统加油站的概念，集合了十大功能。

（18）10 月 25 日，中国石化（香港）有限公司与泰国 SUSCO 公司首座合资合作加油站——叻差拉披色路加油站在泰国曼谷正式开业，标志着中国石化品牌正式亮相泰国终端零售市场。

（19）11 月 17 日，中国石化首座超级充换电综合能源站——安徽石油大众综合能源站在合肥投营。该站集加油充电、换电、光伏、储能等功能于一体，拥有 142 个充电车位，是中国石化目前充电终端数量最多的站点。

（20）11 月 20 日，中国石化在香港新界凹头举办香港首座公众加氢站建设启动仪式，标志着中国石化在香港的加氢项目正式启动，揭开了香港氢能绿色能源产业发展崭新的一页。

（21）11 月 27 日，2023 年第 13 号中国国家标准公告发布了新国标 GB/T 9081—2023《机动车燃油加油机》，新标准将于 2024 年 6 月 1 日正式实施。

（22）12 月 8 日，我国首座商业化分布式氨制氢加氢一体站——广西石油南宁振兴加能站在广西南宁建成并成功试投产。相较于广西之前的用氢方式，成本降幅达 60%，为解决我国氢能产业发展面临的运输存储难题提供了新路径。

（23）12 月 15 日，中国石化首座炼油销售一体化“微管网”加氢站——淄博“微管网”加氢站正式投营。该站也是山东省首座管道输氢站示范项目，是“氢进万家”国家课题的亮点呈现，并开创了“气—站—车”一体化应用场景的先行案例。

（24）12 月 22 日，中国石油“油气氢电光非”全业态全场景综合能源站——江苏苏州花桥站正式投运。这是中国石油在全行业创新推出的首座集加油、加氢、加气、充电、换电、光伏、储能、餐饮、购物、健康、司机之家等多功能于一体的全业态全场景综合能源站，标志着中国石油成品油销售企业全面迈入加能全维度、服务全周期的新能源转型发展快车道。

二、中国石化销售企业充换电综合服务站设计建设指南（试行稿节选）

第一章 总论

1.1 宗旨和目标

1.1.1 以国家发改委提出“十四五”期间要形成适度超前、布局均衡、智能高效电动汽车充电需求的基础设施体系为基础，以科学布局新能源网络、打造综合能源服务商为目标，为统一电动汽车充电设施建设标准，提高建设效率，节约建设成本，大力推进电能与综合业态融合发展，销售公司组织编制本设计建设指南，用于指导各销售企业开展充换电综合服务站的选点、设计、建设等工作。

1.1.2 本指南适用于中国石化下属企业及关联企业实施的充换电站项目。

1.1.3 充电业务，坚持“能建尽建、自建快充”为主，对内盘活土地资产，对外侧重轻资产方式进行布局；换电业务，坚持自主建设、因地制宜、重点突破。

1.2 执行标准和规范

1.2.1 强制性约束条件

《汽车加油加气加氢站技术标准》GB 50156

《电动汽车充电站设计规范》GB 50966

1.2.2 推荐性约束条件

《电动汽车电池更换站设计规范》GB/T 51077

《电动汽车交流充电桩电能计量》GB/T 28569

《电动汽车充换电设施术语》GB/T 29317

《电动汽车非车载充电机电能计量》GB/T 29318

《图形标志 电动汽车充换电设施标志》GB/T 31525
《电动汽车充电站通用要求》GB/T 29781
《电动汽车充换电设施接入配电网技术规范》GB/T 36278
《电动汽车传导充电系统 第 1 部分：通用要求》GB/T 18487.1
《电动汽车交流充电桩技术条件》NB/T 33002
《电动汽车充换电设施建设技术导则》NB/T 33009
《电动汽车充换电设施规划导则》NB/T 33023
《电动汽车充电设施布局规划导则》T/UPSC 0008
《电动汽车充换电设施系统设计标准》T/ASC 17

1.2.3 其他约束性条件

《建筑设计防火规范》GB 50016
《建筑照明设计标准》GB 50034
《供配电系统设计规范》GB 50052
《20kV 及以下变电所设计规范》GB 50053
《低压配电设计规范》GB 50054
《建筑物防雷设计规范》GB 50057
《汽车库、修车库、停车场设计防火规范》GB 50067
《火灾自动报警系统设计规范》GB 50116
《安全防范工程技术标准》GB 50348
《建筑电气工程电磁兼容技术规范》GB 51204
《消防应急照明和疏散指示系统技术标准》GB 51309
《民用建筑电气设计标准》GB 51348
《建筑给水排水设计标准》GB 50015
《声环境质量标准》GB 3096
《电能质量 电压波动和闪变》GB/T 12326
《电能质量 公用电网谐波》GB/T 14549
《电能质量 三相电压不平衡》GB/T 15543

1.3 编制原则

1.3.1 严格执行国家和电力行业有关充换电设施设计的标准、规程、规范及国家有关安全、环保等强制性标准，并应符合中国石化企业标准及技术要求。

1.3.2 结合各地区的充换电现状及运营特点，在满足现有充换电需求基础上，技术配置可适度超前，力求安全、可靠、经济、实用。

第二章 总图

2.1 规划

2.1.1 汽车加油、加气、加氢站及综合加能站内均可设置电动汽车充换电设施。

2.1.2 销售企业电动汽车充换电站网点规划，应以销售公司充换电站总体规划为基础，结合所在地区电动汽车保有量、充换电基础设施现状及发展区域、目标用户、自有站点网络分布情况等多方因素综合统筹确定。

2.1.3 电动汽车充换电站网点服务半径，应结合现有销售终端网络服务范围、当地电动汽车的补能刚需及发展情况确定，中心城区一般小于等于3公里，城郊交界区一般小于等于5公里。

2.1.4 电动汽车充换电站点规划应满足城市规划、交通规划及电网规划等要求。

2.2 选址与布局

2.2.1 选址应与城市中低压配电网规划和建设密切结合，除了满足电动汽车充换电站供电稳定、相应自动化功能正常应用的要求外，还应符合下列规定：……

2.2.2 在营站设置电动汽车充换电设施。

2.2.2.1 站内应有充裕场地，满足车辆停车、行车、转弯半径等要求；

2.2.2.2 电动汽车充换电设施应布置在辅助功能区内，不应布置在加油加气加氢作业区内；

2.2.2.3 电动汽车充换电设施应设置电动汽车进出通道，宜靠近站内主要道路，并考虑电动汽车出入时对站内其他车辆交通动线的影响；

2.2.2.4 电动汽车充换电设施宜远离洗车设备、隔油池等设备设施；

2.2.2.5 电动汽车充换电设施宜靠近站内经营性建筑、设施，宜与经营性建筑之间设置人行通道；

2.2.3 关停站、闲置土地设置电动汽车充换电设施；

2.2.3.1 电动汽车充换电设施应靠近市政道路，且设有与市政道路相接的进出口；

2.2.3.2 关停站内原有工艺设施、危化品储存设施应妥善处理。

2.2.4 社会土地资源设置电动汽车充换电设施。

2.2.4.1 宜结合自有销售终端网点布局现状及规划合理设置电动汽车充换电设施；

2.2.4.2 应充分调研，确定电动汽车热力分布后再确定充换电规模；

2.2.4.3　宜靠近城市商业中心、大型居住区、出租车网约车出行集中区；

2.2.4.4　宜选址在24小时开放的停车场、停车库；

2.2.4.5　可选址在立体停车场、停车库内。

2.2.5　电动汽车充换电设施的选址应符合现行国家标准《电动汽车充电站设计规范》（GB 50966）、《电动汽车电池更换站设计规范》（GB/T 51077）及其他相关国家规范、地方标准的规定。

2.3　周边设施及配套要求

2.3.1　站址选择宜充分利用就近的给排水、消防及防排洪等公用设施。

2.3.2　选址应避开在干道的交叉路口和交通繁忙路段附近；与学校、医院等主要出入口宜大于50米。

2.3.3　不宜设在多尘或有腐蚀性气体的场所，当无法远离时，不应设在污染源主导风向的下风侧。

2.3.4　不应设在低洼和可能存在积水的场所，设备应在地面上独立设置，并应有良好防止雨水浸泡的措施。

2.3.5　不应设在剧烈振动或高温的场所。

2.3.6　不宜设置在地下管、井、池及地下室顶板之上。

2.3.7　现场条件应满足通信要求，宜选在有公用通信网络覆盖的区域。

2.3.8　当选用社会停车场的部分停车位设置电动汽车充换电设施时，宜配置人员值守或设置停车场管理系统。

第三章　供配电系统

3.1　电气设计原则

3.1.1　满足各项现行规程、规范和标准的要求。

3.1.2　充换电设施供配电系统应统一规划设计、实施，并应根据充换电设施的规模、容量选择电源电压等级和供电方式。

3.1.3　电气主接线应以安全、可靠、经济、实用、便于维护为原则。

3.1.4　充换电站电气设备的布置应遵循安全、可靠、适用的原则，并便于安装、操作、搬运、检修、调试。

3.1.5　设备选型要求先进合理，占地面积小，注重节能、环保，采用免维护或少维护的新技术、新设备和新材料，各项技术经济指标先进。

3.2　用电负荷

3.2.1　负荷等级

充换电站负荷等级一般情况下按三级考虑， 对于具有重大政治意义，且停电对社会造成重大影响的充电站可按二级考虑。

3.2.2 负荷特点

交流充电桩、非车载充电机、充电主机系统、换电站，与主回路直接连接的均属充电机的整流回路，作为充换电设施供配电系统的用电负荷，均与整流设备特性及其充电时的工作特性密切相关，属于非线性负荷，区别于其他普通用电设备负荷。

3.3 供电电源

3.3.1 充换电设施供电电源设计时应考虑以下几个方面：

3.3.1.1 充换电设施的负荷等级、类别、容量、分布以及供电距离等。

3.3.1.2 项目中除充换电设施外的其他负荷情况。

3.3.1.3 当地规划部门的相关要求，如对充电设备的配建和预留配比、选型以及运维管理等方面要求。

3.3.1.4 供电公司相关的供电方案、计量要求，如供电电压等级、可申请的电源容量、箱式变电站中变压器的容量限制等。

3.3.1.5 建筑特点如业态分布、室内空间条件、室外总图及景观等要求。

3.3.1.6 增设充电设施的既有建筑中，原有电源系统的裕量和使用情况。

3.4 供配电系统

3.4.1 高压配电系统

专用变压器组方案中，高压配电系统根据电源供应方式和变压器容量大小有不同的形式。当室外公共停车场的充电设施计算容量与当地电力公司的单路市电电源容量相当时，由电力公司提供单独的市电电源，采用环网供电方式，为充电设施专用的室外箱式变电站供电，线路保护设于电力公司的 10kV 开闭所内。

同一个工程中，当室外公共停车场充电设施的计算容量不足以占用一路市电电源，且和附近其他用电负荷容量可以合用一路市电源时，则可以采用由区域 10kV 配电所配出的一路 10kV 电源以环网方式为室外箱式变电站供电。线路保护设于区域 10kV 配电所内。

对于充电设施的专用变压器，当变压器容量在 800kV · A 及以下时，可以采用上述环网供电做法；变压器容量大于 800kV · A 时，则建议采用放射式供电。10kV 侧除了设置变压器本身的保护以外，其他按照当地电力公司相关要求设计。

3.4.2 低压配电系统

低压配电系统中的配电级数和保护设置不宜超过三级，各级配电系统的保护设置应考虑相互配合。

当单个充电设备容量在60kW以内且为多台集中布置时，为减少变电所低压配出回路，宜分区设置区域配电箱/柜。充电设备的低压配电系统宜自成系统，采用单独回路供电，便于计量和运营管理。

当单个充电设备容量达到90kW及以上时，宜由变压器低压侧馈出低压回路直接为每充电设备供电。

3.5 主要电气设备选择

3.5.1 箱式变电站

变压器采用节能环保型、无载调压干式变压器，接线组别采用Dyn11，变比10±2×2.5%/0.4kV，配电变压器能效等级不应低于《电力变压器能效限定值及能效等级》（B20052—2020）中的2级能效［引自:《关于落实国家变压器能效提升计划（2021—2023年）要求的通知》（集团工单能节〔2021〕2号）］；变压器回路采用负荷开关——熔断器组合单元。10kV侧变压器进线开关采用开关设备配套的熔断器保护；0.4kV侧开关采用开关自带的过流保护功能。低压开关柜采用固定式开关柜。

3.5.2 户外式低压配电柜

箱体IP防护等级不低于IP54，箱体采用下进线下出线方式。额定电流630A，分断能力50kA。进线选用塑壳断路器，配置瞬时、短延时、长延时保护、接地保护装置；出线选用塑壳断路器，设过载、短路和故障保护；末端配电回路每个充电设备单独设置A型RCD保护，其额定剩余动作电流不超过30mA。

3.5.3 非车载充电机

非车载充电机可采用一体式和分体式两种系统方案，单枪功率不小于30kW。

非车载充电机采用高频开关整流模式，应成套配置有源功率因数校正技术（APFC），确保功率因数不低于0.95。

非车载充电机应成套配置开箱断电、倾倒断电、浸水断电等安全功能。

非车载充电机的通信方式应具备以太网、4G/Wi-Fi通信接口。

室外型的直流充电设施具有防水、防尘能力，防护等级不低于IP54，室内型的充电设施防护等级不低于IP32。

3.5.4 交流充电桩

电动汽车交流充电桩技术要求：交流输入电压为220V、380V；电流为10A、16A、32A、63A。

考虑电动汽车的交流充电现状及未来技术发展的适应性，交流充电桩功率配置差异化对设备造价影响较小，推荐选用三相配置，电压380V，电流为 32A，对应功率为 21kW，同时适用于三相 21kW、三相 11kW、单相 7kW、单相 3.5kW 四档功率。

室外安装的交流充电设备防护等级不应低于 IP65，沿海等盐碱地区室外安装的充电设备还应具有防盐雾腐蚀能力，海拔高度在 2000 米以上地区应选用高原型充电设备。

3.5.5 电力电缆选型

0.4kV 和 10kV 配电线路采用铜芯线缆。由于充电设备属于非线性负荷，因此为充电设备供电的回路中中性导体的截面积应不小于相导体。电动汽车充电设备配电系统主干线截面积应根据充换电设备负荷容量、线路长度、供电系统容量和敷设环境等因素计算确定，其载流量与保护电器的整定值相匹配。并应满足额定电流要求，还需满足动、热稳定要求。

3.6 配电系统容量

3.6.1 充电站

充电设施配电系统容量根据充电场站内充电车位数量确定，目前主流快充设备充电功率为 30~120kW，故充电设施配电系统容量应满足如下要求：

$30N \leqslant S \leqslant 120N$

S：充电设施配电系统容量

N：场站内充电车位数量

充电设备可采用专用变压器方案，也可与加油、加气、加氢站共用变压器，但需要根据充电设备与其他负荷所占配电容量的比例，并根据 3.3 节要求进行设置。

3.6.2 换电站

3.6.2.1 乘用车换电站主体采用高箱集装箱，并对内部进行一体化充换电系统设计、电气模块化设计，对功能子系统集成优化，采用信息监控和多工位集约化，实现电池充换电自动甄选和存取，提高自动化水平。（注：“蔚来”标准换电站可储存 13 块电池，单通道换电；北汽标准换电站可储存 28 块电池，单通道换电，并可根据使用进行改造，还可存储更多电池组，也可改为双通道换电，同时为两台车换电以提高效率。）

3.6.2.2 为充换电区设置专用变压器，优先选择户外箱式变电站。单台箱式变电站的安装容量一般不大于 800kVA，前期应咨询当地电力部门；如需更大装机容量，可考虑设置多台箱式变电站并列使用，或者改为新建户内变电所。同一个工程中变压器的容量和规格尽量统一，以便于采购和设计标准化。换电站通常采用专用变压器组，目前大多采用500kVA和630kVA箱式变电站供电，可以利旧使用；新设备投放可根据容量需要采用800kVA箱式变电站。

3.7 电缆敷设

电缆敷设原则：

3.7.1 箱式变压器10kV进线电缆采用穿管敷设；

3.7.2 箱变低压出线、户外式低压配电柜动力出线电缆可采用沿桥架、穿保护管明敷、穿保护管埋地或沿电缆沟敷设等方式。宜按照工程实际情况，视施工安装、后期维护管理和用电安全等需求，并充分考虑经济性。

3.7.3 充电设备通信线缆应单独穿金属管或金属槽盒敷设，以利于电磁屏蔽和避免干扰。

3.7.4 电缆不得与油、气、氢、供热管道铺设在同一沟内。

3.8 防雷接地

3.8.1 防雷

充换电站内建筑物属于第三类防雷建筑物。防直击雷和雷电波侵入的措施如下：

3.8.1.1 防直击雷：充电棚采用钢结构的建筑形式，直击雷可通过钢构架、接地极与大地构成泄放通道、接地极采取热镀锌材料。在建筑物屋顶明装接闪网，并按防雷级别设置不同的网格，防雷引下线不少于2根，沿建筑物四周均匀对称布置。

3.8.1.2 防雷电波入侵：高压进出线宜采用电缆埋地敷设方式。低压电源端及信息系统配电线路首末端均装设电涌保护器。

3.8.2 接地

3.8.2.1 低压配电网采用直接接地，采用TN–S接地方式方法。

3.8.2.2 充电站的防雷接地、防静电接地、电气设备工作接地、保护接地及信息系统共用接地装置，接地电阻不大于4Ω。主接地网以水平接地体为主，辅以垂直接地体，水平接地体采用–40×4热镀锌扁钢，垂直接地体采用∠50×5等边角钢。

第四章 安全

4.1 充换电设施系统设计应在满足功能要求的前提下，通过合理的选址、系统设计和设备配置，提高本质安全。

4.2 电气设备应选用符合国家现行安全标准规定的电气产品。

4.3 电气安全设计应满足《汽车加油加气加氢站技术标准》（GB 50156）、《电动汽车充电站设计规范》（GB 50966）、《电动汽车电池更换站设计规范》（GB/T 51077）的规定。

4.4 充换电设施的防雷与接地、设备配电装置的电涌保护器设置应符合现行国家标准《建筑物防雷设计规范》（GB 50057）的规定。

4.5 配建充电设施停车场，其分类、耐火等级和消防设施设置要求等应符合现行国家标准《建筑设计防火规范》（GB 50016）、《汽车库、修车库、停车场设计防火规范》（GB 50067）和《火灾自动报警系统设计规范》（GB 50116）等的规定。

4.6 充换电设施的消防安全设计应满足《汽车加油加气加氢站技术标准》（GB 50156）、《建筑设计防火规范》（GB 50016）和《建筑灭火器配置设计规范》（GB 50140）的规定。

4.7 电动汽车充换电设施的噪声对周围环境的影响应符合现行国家标准《声环境质量标准》（GB 3096）的有关规定。

4.8 充换电设施的电磁兼容应符合现行国家标准《建筑电气工程电磁兼容技术规范》（GB 51204）的有关规定。

4.9 电池更换站的站址选择，应符合国家现行相关标准的环境保护要求。

4.10 充电站应配备绝缘棒、绝缘服、绝缘手套、护目镜等防护用品；条件允许时可配备除颤仪等急救用品。

2023 年 4 月

三、中国石化销售企业加氢站设计指导意见（试行）

1 总则

1.1 目的。为保证加氢站建设项目的设计质量，降低工程投资，规范设计行为，优化设计队伍，制定本指导意见。

1.2 引用依据。

《建设工程勘察设计管理条例》（2017 版）

《中国石化工程建设标准》（SEP-ENM-G2000—2011）

《中国石化固定资产投资项目设计管理规定》（中国石化建〔2011〕763 号）等国家标准和规范

《加氢站、油气氢合建站工程技术规范》（Q/SH 0770—2021）

1.3 适用范围。加氢站、油气氢合建站等项目的设计工作。

2 职责划分

2.1 各省市公司氢能项目专项工作组（部）是加氢站设计管理归口管理部门，主要职责有：

2.1.1 负责按规定择优选择项目设计单位，做好设计单位资质审查，建立设计比选机制。

2.1.2 制定设计质量控制标准和考核评价标准，对设计单位定期考核。

2.1.3 牵头组织相关部门和各参建单位审查设计方案。

2.1.4 对设计质量进行监管。

2.2 各企业零售、安全、业务、非油等部门对其主管工程内容的设计方案具体负责，包括：

2.2.1 对各自归口管理工程内容的设计方案组织审查，并对其质量审核把关。

2.2.2 监督指导项目建设单位按本指导意见程序对项目设计进行管理。

3 设计要求

3.1 承揽加氢站设计的单位应具备以下条件：

3.1.1 设计资质为燃气乙级或以上，具有压力管道、压力容器设计资质的单位优先考虑。

3.1.2 参与单个项目的设计团队不得少于9人。其中，结施、建施设计人员必须有注册建筑师、注册结构师资格，水、电等其他设计人员必须有工程师及以上职称，有专职的审核审批人员。

3.1.3 涉及加氢工艺、仪表、自控专业的设计人员必须具有不少于3个（各专业单独计算）以上加氢站相关专业的设计经历，有独立承担过不低于同等投资额项目设计的资历。

3.1.4 加氢站项目涉及加油（气）站改造内容，设计单位还应具备化工石化行业乙级及以上设计资质。

3.2 设计单位及其专职设计人员、审核人员的有关资料，报企业主管部门备案。

3.3 承担过中石化系统加氢站设计项目且设计质量较好的单位优先考虑。

4 设计质量管理

4.1 对须通过招投标方式选择设计单位的项目，按照招投标有关规定执行。

4.2 设计委托是设计质量控制的重要环节，严禁超等级、超范围委托设计。

4.3 工程设计包括初步设计和详细设计。

4.3.1 初步设计包括：

（1）设计可研。

（2）勘查布点图及勘察要求。

（3）设计总图（含设计总说明）。

（4）各专业设计（含设计说明）及概算。

初步设计应满足规范标准及审查审核的要求，作为依据性文件，应满足编制相应报告的要求。

4.3.1.1 可行性研究报告

重点针对区域氢能产业链进行全方位分析，包括但不限于区域氢能产业发展现状、氢源与配送、氢能汽车使用场景、相关产业政策等内容。

4.3.1.2　规模、路线与布局

在确定设计规模和技术路线前，应充分了解服务对象情况，特别是区域氢能汽车的数量、路线里程、加注频次，以及车辆接口通信技术协议和尺寸等信息。

4.3.1.3　平面与布局

（1）氢气长管拖车动线与其他车辆动线应尽量避免交叉，有条件的可设计氢气长管拖车动线专用车道。

（2）加油（气）站与加氢站合建项目，各功能分区应相对独立，且须注意加氢车道与其他车道的交叉设计，减少相互影响，有条件的可设置单独加氢罩棚。

（3）加氢站主要工艺设备应在符合防火间距前提下集约用地。

（4）场地条件允许时，结合经济发展需要，应做好 70MPa 加氢工艺装置、液氢装置的物理空间、预留现场制氢设施的规模，并应与所建加氢站、油气氢合建站的加氢能力相匹配。

4.3.2　详细设计指施工图设计，包括建筑、结构、工艺、仪控、电气防雷、给排水、采暖通风、弱电安防等各专业图纸。要求：

（1）各企业应组织编制加氢站项目安全设计文件或安全预评价报告。

（2）各加氢设备供应商提供各自设备工艺、电气等图纸，适当开放 PID 图给设计单位。

（3）工艺、仪控、电气防雷等专业的施工图纸，建议在确定加氢设备的技术路线、工艺特点、主材情况等内容后组织编制；针对个别条件要求较苛刻项目，可委托相关有资质单位编制 SIL 等级评估或 HAZOP 分析报告等。

（4）提供主要加氢设备的技术规格参数与选型参考。

（5）加油（气）站与加氢站合建项目，加氢站的 ESD 紧急切断系统应能与其他切断系统联动。

（6）现有加油（气）站增加加氢功能项目，在满足规范和当地行政部门要求前提下，建议沿用原有消防系统，尽量避免单独设置消防水池和消防泵。

（7）油氢合建站的罩棚上安装光伏组件的，必须满足规范要求防火间距，未能满足防火间距要求的不得安装；油氢合建站（加氢站）罩棚采取可靠的措施防止氢气积聚。

（8）加氢站、油氢合建站的外观形象按照销售公司零售管理部门下发的《加油站新能源视觉识别规范手册（试行稿）》执行。

4.3.3　为保证设计质量和效果，同一个建设项目可委托两个及以上的设计单位联合设计。

4.4 设计评审

设计评审是设计质量控制的重要手段，设计评审分为内部评审和外部评审。

4.4.1 内部评审分为初步设计评审和技术深度审查。

4.4.1.1 初步设计评审内容：

（1）设计文件是否符合各企业与其签订的设计任务书要求与国家相关的标准和规范。

（2）可研方案是否可行。

（3）初步设计图纸（设计说明及效果图），重点评审设计规模、总平面方案，运氢车辆、加氢车辆及其他车辆动线，设备平面布置图，防火间距等。

（4）设计的技术经济指标及项目概算书。

（5）其他需要审议的资料或需要说明的问题。

4.4.1.2 技术深度审查内容：

（1）设计文件是否国家相关的标准和规范。

（2）结施、建施、电气、给排水等是否满足使用需求。

（3）工艺、仪表自控、电气防雷等专业是否符合规范要求和使用需求，主要设备和管道管材的选型是否符合实际情况和使用需求。

（4）施工特殊要求及其他需说明的问题。

4.4.2 技术深度审查环节，企业应组织有经验的专业人员（可外聘）对设计方案进行详细审查。

4.4.3 项目开工前，企业还应组织各参建单位进行技术交底或图纸审查，该过程应在设计单位对详细工程设计全面交底的基础上进行。

4.4.4 外部评审主要包括业内专家审查、消防设计审核、安全设施设计审查、防雷装置设计审查、环境设计评价专篇审查、施工图审查等。

4.4.4.1 参照地方管理要求，或为了进一步提升项目设计方案的安全、可靠性，企业可组织氢能行业内顶级专家（相关规范的编写组成员）进行专业技术审查，出具专家评审意见。

4.4.4.2 第三方图审、“三同时”设计审查等行政要求的图审，要求各企业根据内部评审情况按国家有关规定开展设计的外部审核工作。

4.4.5 严格设计管理。对于已完成评审的设计方案，不得随意修改设计、扩大建设规模、提高建设标准；凡须对原设计进行重要修改，必须报企业项目主管部门，按规定程序会审、批准后，方可修改设计。

5 设计服务管理

5.1 文档管理：各企业应明确设计单位所需提供的主要设计文档，

包括方案及概算、勘查布点图及勘察要求、初步设计（包括规划、消防等职能部门所需报建图纸）、施工图、设计变更、竣工图及相关的电子版图纸等。

5.2 服务管理：各企业与设计单位采用工程设计合同约定设计的内容、进度、质量、资料等工作要求，协调、监督、检查设计服务质量。

5.3 各企业根据项目进展组织好方案审查会、设计交底会、工程调度会、质量分析会等各种协调会议。

5.4 设计单位提供相关的技术服务，确认技术条件，在技术附件上签字，必要时提供现场技术服务，参加设备检验等。

5.5 如有需要，设计单位应提供培训设计文件和资料，审查有关方案；参加各企业组织的相关验收交接会议，参加建设单位组织的考核标定等。

5.6 建设工程项目从设计开始至设计结束，设计单位应对设计质量、质量管理情况定期向各企业提出设计质量自检报告，以保证体系运转正常，设计质量受控。

5.7 在工程建设项目竣工验收后，设计单位应提交工程设计总结报告。

6 主要工作要求

6.1 精细化设计。加氢站项目设计既要根据终端客户情况选择等级规模，同时也要从合理布局、降低能耗、节省投资等方面逐步优化方案。设计方案应能体现前瞻性、安全性、可靠性、智能性，尽量选用成熟可靠的工艺，确保加氢站技术领先、质量稳定、功效优良。

6.2 合理选择团队。鉴于当下对加氢站主要设备的工艺特性、核心技术参数等方面的认识仍存在局限性，要求各企业选聘设计单位时应注重资质、规模、业绩和服务，原则上不允许选用没有加氢站项目设计经验的设计单位或团队。

6.3 专家评审，增加话语权。经前期调研了解，个别省市政府部门因对加氢站欠缺了解，认为加氢站的建设与运营存在一定风险，因而产生抵触情绪。对此，要求各企业加大与属地政府沟通力度，主动汇报加氢站的设计方案与评审结果（建议附上专家评审意见），普及氢气和加氢站的基本知识，多宣传系统内已成功商业化运营的案例。

2021 年 7 月 30 日